2026年度版

内定勝者

ChatGPTを
最大限に活用

すごい就活術

面接 編

キャリアデザインプロジェクト 編著

JN087449

実務教育出版

「どんどん内定が取れる人」の伝え方

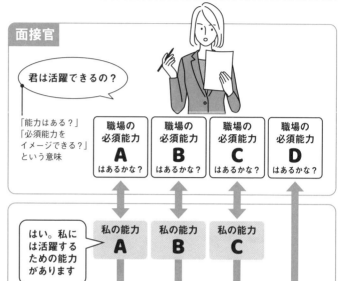

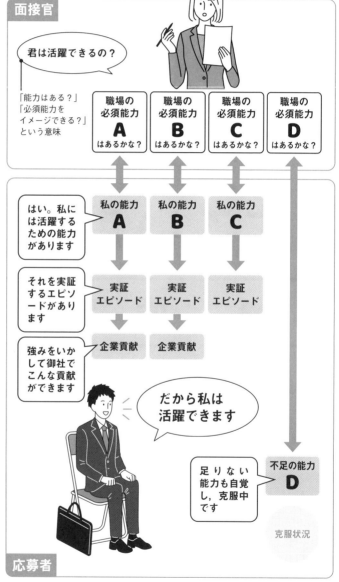

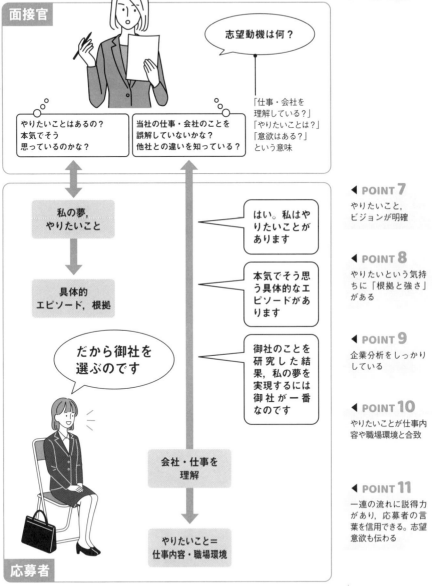

デキる人だけど「苦戦する人」の伝え方

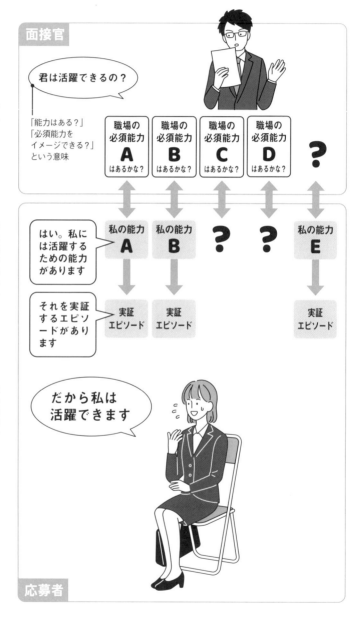

POINT 1 ▶

企業は普通，求める能力を明確には伝えない

POINT 2 ▶

企業が求める複数の能力を把握していない。従って自分の能力・強みのアピールが不十分。また，企業が重視していない能力を必死にアピールしている

POINT 3 ▶

自己PRの一連の流れに不備があるため，応募者の言葉に説得力がない。活躍もあまり期待できない

面接官

君は活躍できるの？

「能力はある？」
「必須能力をイメージできる？」という意味

職場の必須能力 **A** はあるかな？

職場の必須能力 **B** はあるかな？

職場の必須能力 **C** はあるかな？

職場の必須能力 **D** はあるかな？

?

私の能力 **A**

私の能力 **B**

?

?

私の能力 **E**

はい。私には活躍するための能力があります

それを実証するエピソードがあります

実証エピソード

実証エピソード

実証エピソード

だから私は活躍できます

応募者

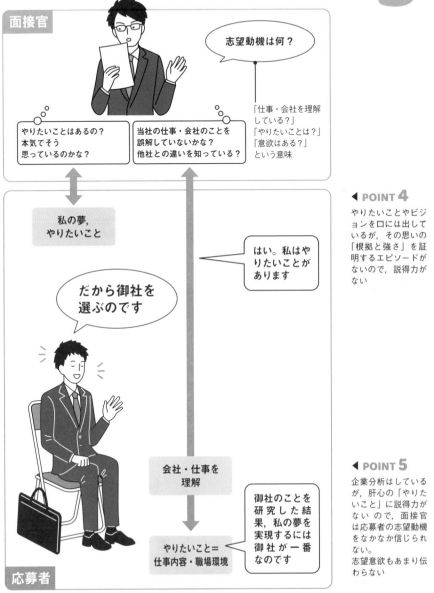

面接官

志望動機は何?

「仕事・会社を理解している?」
「やりたいことは?」
「意欲はある?」
という意味

やりたいことはあるの?
本気でそう
思っているのかな?

当社の仕事・会社のことを
誤解していないかな?
他社との違いを知っている?

私の夢,
やりたいこと

はい。私はや
りたいことが
あります

だから御社を
選ぶのです

会社・仕事を
理解

御社のことを
研究した結
果,私の夢を
実現するには
御社が一番
なのです

やりたいこと＝
仕事内容・職場環境

応募者

◀ POINT 4

やりたいことやビジョンを口には出しているが,その思いの「根拠と強さ」を証明するエピソードがないので,説得力がない

◀ POINT 5

企業分析はしているが,肝心の「やりたいこと」に説得力がないので,面接官は応募者の志望動機をなかなか信じられない。
志望意欲もあまり伝わらない

「就活を勘違いしている人」の伝え方

POINT 1 ▶

企業は普通，求める能力を明確には伝えない

面接官

君は活躍できるの？

「能力はある？」
「必須能力をイメージできる？」という意味

職場の必須能力 **A**	職場の必須能力 **B**	職場の必須能力 **C**	職場の必須能力 **D**
はあるかな？	はあるかな？	はあるかな？	はあるかな？

POINT 2 ▶

企業が求める複数の能力を知らない。そもそも，ビジネス社会で求められる能力がどういうものかをよくわかっておらず，「まだビジネス社会に出る準備ができていない」と企業は判断する

活躍できます。なぜなら私はこんな人間だからです → 私の長所

リーダーでした

周囲からの私像

具体的エピソードもあります → 具体的エピソード

具体的エピソード

具体的エピソード

だから私は活躍できます

POINT 3 ▶

自己PRになっていないため，企業も評価のしようがない

応募者

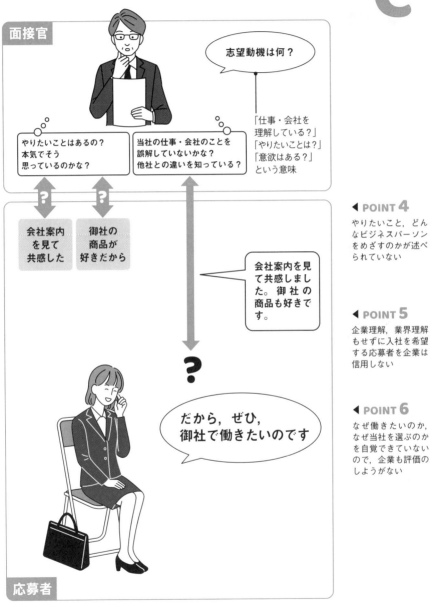

就活攻略キーワード

イノベーション	企業が求める能力の一つ。新たな考え方や技術，ノウハウにより起こす，斬新な取り組み，構想のこと。
インターンシップ	学生が企業で経験する職業体験のこと。期間は1日，5日間，長期がある。また無償のものと有償のものがある。
エピソード	エントリーシートや面接で応募者が自分のことを説明するために伝える過去の経験。
ガクチカ	「学生時代に頑張ったこと」の略語。エントリーシートや面接で必ず質問されること。
キャッチフレーズ	自分のセールスポイントや特徴を一言で言い表すための言葉。表現。
キャリアプラン	入社後の仕事人生計画。どんな能力を身につけて，どんな大人になりたいか，など。
グループディスカッション	応募者がグループになって，与えられたテーマについて議論し結論を出すタイプの面接。
ケース問題	面接官がビジネス課題を設定し，課題解決の打ち手を応募者に回答（提案）させる面接での設問の一種。
コミュニケーション	対人間でスムーズに意思疎通をはかること。
コンピテンシー	仕事で成果を上げるために，企業が重視する資質（思考・行動特性）。
サービスマインド	企業が求める能力の一つ。相手のことを考え，相手に満足してもらう接し方，行動をとろうとする姿勢。
セールスポイント	自分の強み，長所，アピールできるところ。
チームプレー／チームワーク	チームの成功とチームのメンバーのために自ら貢献できる行動をとれること。
テンプレート	成功に導くためのひな形。本書ではエントリーシートの書き方のテンプレート（ひな形）を用意している。略してテンプレとも言う。
ネガティブ	消極的，悲観的，悪いイメージ。
ノウハウ	物事を上手く行うために秘訣，コツ。
パーソナリティ	企業がチェックする応募者の人柄や基礎学力，性格など。仕事で求められる能力と対比して用いられる。
ハイスペック	採用選考でアピールできる材料（学歴，実績，専門スキル，経験）が多くあり，かつレベルが高い。
バックグラウンド	背景，これまでの生き方。
パフォーマンス	仕事で生み出せる成果。
ビジョン	将来の目標，夢，構想，やりたいことなど。
フィット／フィッティング	応募者の考え，行動，価値観を，企業や仕事の実情に重ねていくこと。
プロフェッショナル	その道の達人，専門家。
プロンプト	ChatGPTに入力するテキスト（質問が指示）。
ポジティブ	前向き，意欲的，良いイメージ。
マインド	気持ち，姿勢，意識の持とう。
マネジメント	メンバー，作業時間，お金など，限られたものを有効活用しながらチームの目標達成を目指すチーム管理手法。
メンタルタフネス	企業が求める能力の一つ。精神力の強さ。逆境時でも，慌てず，落ち込まず，意欲的に行動できる気持ちの強さ。
モチベーション	企業がチェックする応募者の志望意欲，入社意欲を指す。
リーダーシップ	組織を率先して牽引する資質や能力。リーダーではなくても組織を牽引するリーダーシップは発揮できる。
ChatGTP	文章を生成するAI。知りたいことにAIが答えてくれる。
PDCA	計画（plan），実行（do），評価（check），改善（act）の順に考え，実行する，行動サイクルのこと。

ChatGPTで面接対策が劇的に簡単に！

はじめに

● **大半の就活生が，面接を受けて初めて思い知ること**

　面接は，どんな人が勝ち上がるのでしょうか？　学歴や経験が優れた人？いいえ違います。実際に面接選考が始まるとわかると思いますが，学歴も経験も秀でている人が次々と落ちる一方で，「何であいつが！」というような，特別な経験もしていない「普通の人」でも合格していきます。

　なぜ，そんなことが起こるのでしょうか？　実は，就活生が面接を受けて思い知ることがあります。それは，Web面接，対面面接に限らず，次のようなことです。

・自分がアピールする「経験」「強み」に面接官が興味を示さない
・自分が企業で「やりたいこと」に面接官が興味を示さない
・面接官に「なぜ？　なぜ？」と突っ込まれて回答に窮す
・「で，結局，当社で何ができる？」と突っ込まれて回答に窮す

要するに，"話せば伝わる"わけではないのです。

● **就活対策は「時間との戦い」**

　なぜ，伝わらないのか？　それは，「面接官が知りたいこと」と，「応募者が伝えたいこと」がズレているからです。また，「面接官が評価する能力」と，「応募者が評価されると思っている能力」がズレているからです。さらに，面接官は，応募者の答え一つ一つに，その「理由」と「根拠」を確認しようとして，「なぜ？　なぜ？」と突っ込んだ質問をしますが，応募者は突っ込まれることに慣れていません。そのため，会話がそこで途切れ，結果，応募者の思いが伝わらないのです。

　面接で重要なのは「学歴やこれまでの経験がすばらしいかどうか」ではあ

りません。あなたが志望企業で活躍できる人間であることを面接官に確信させるために，限られた面接時間内に，適切なエピソードを選択し，論理的に伝える技術を持っているかどうかなのです。

そして，もう1つ重要なのが，採用選考は「時間との戦い」ということ。大学3年次の夏から本格化するインターン選考や早期選抜採用はもちろん，企業セミナーでも面接を実施する企業が増えているため，「面接の機会」は大学3年次から早々にやってきます。したがって1日も早く，効率良く，企業に評価される「面接の型」を完成させることが非常に重要なのです。

そして，そのための強い味方が「ChatGPT」なのです。

● ChatGPTの活用で面接対策が一気に楽になる

本書『内定勝者』は，2004年に「2005年度版」が発行されて今年で20年目になります。20年目の今回の「2026年度版」から，エントリーシート編，面接編とも，ChatGPTの活用を踏まえた攻略法に大きく改変しました。それほど，ChatGPTは就活対策に，非常にインパクトがありました。

ChatGPTを活用する最大のメリットは「作業効率が上がる」ことです。本書『内定勝者』を制作している「キャリアデザインプロジェクト」は，実際に就活生向けに就活対策講座も行っていますが，これまで就活生が2週間かけて準備してきたことが，ChatGPTの活用により，1日で準備できるようになりました。使いこなすまで2週間かかっていたテクニックも，1日で使いこなせるようになりました。

面接対策は特に，「伝える『内容』を用意する」「『伝え方』を身に付ける」の2つが必要ですが，この2つの作業だけでも，ChatGPTを使いこなすことで劇的に楽になるのです。

● Web面接＆対面面接が上達する「シンプルな攻略法」がある

本書『内定勝者2026年度版』では，面接対策の作業効率が上がる独自のプロンプト（ChatGPT用）を多数用意しました。ぜひご活用ください。

（本書で紹介するプロンプトはダウンロードしてそのままコピーして使えます。ダウロードの仕方は22ページ参照。）

本書を活用することで，面接がぐんぐん上達するのを実感できるはずです。面接でアピールできる材料がどんどん増え，伝えたいことも論理的かつ端的に説明できるようになります。

　第一志望企業の内定を目指し，さっそく準備を開始しましょう。

キャリアデザインプロジェクト　リーダー　松永夏幸

はじめに　面接が上達する「コツ」がある

Part 1　面接の落とし穴に注意！　面接で落ちる人,受かる人の決定的違い

内定者たちはこう伝えた
みんなの内定実例　面接完全再現

「自分の強み」に関する質問

「志望動機」に関する質問

特別資料　企業が評価する 「経験談・強み」一覧

装丁／西垂水敦・市川さつき(krran)　イラスト／鈴木智子

Part7,8に掲載している内定実例について

・面接再現文は，内定者本人が再現した内容を基にして作成していますが，固有名詞など，若干書き換えた箇所があります。

・文中には，一部会話を省略した箇所があります。

・合併などにより，内定取得時と現在の企業名が違う場合は，原則として現在の企業名に合わせています。

・**人事の目**　で面接を解説しているのはCDPメンバーであり，内定企業の採用者ではありません。

・各実例に記載の以下の【アイコン】の評価は，内定者の特徴を表します。

ハイスペ	ハイスペ	本書では，多くのコンピテンシーを有している優秀な人。就活で企業から評価されやすく，学校もトップレベルなことが多い。
バランス	バランス型	欠点も目立たずバランスよくコンピテンシーを備えている人。
努力型	努力型	学校のレベルはそれほど高くないが本人の努力とコンピテンシーで評価が期待できる人。
体育会	体育会系	体育会に所属した経験がコンピテンシーの獲得につながり，採用でも一定の評価が期待できる人。
ユニーク	ユニーク系	ビジョン，考え方や，備えているコンピテンシー，経験，特技の組み合わせがユニークで印象に残る人。

企業名一覧

面接攻略に役立つテンプレート・シート無料ダウンロード方法

誌面の各種テンプレート・シートを以下からダウンロードできます。
https://cdproject.jp/book2026.html

ダウンロードして頂いた「mensetsu2026.Zip」フォルダ内の素材

ファイル名	利用ページ
W 面接編PART2_プロンプト一覧.docx	69ページ〜89ページ
W 面接編PART3_プロンプト一覧.docx	96ページ〜110ページ
W 面接編PART4_プロンプト一覧.docx	114ページ〜128ページ
W 面接編PART5_プロンプト一覧.docx	132ページ〜142ページ
W 面接編PART6_プロンプト一覧.docx	152ページ〜170ページ
X 面接編PART2_プロモーションシート.xlsx	79ページ

ChatGPTのプロンプトについて

　本書で紹介するChatGPTのプロンプトは，すべて上記の各Partごとの「プロンプト一覧」シートに収納されていいます。本書内の各プロンプトの左上に付いている「プロンプト ○-○」番号を，上記の「プロンプト一覧」シートでご確認のうえ，ご利用ください。

> **プロンプト 2-1** 志望企業の面接の質問傾向
>
> **#命令：**
> あなたは以下の企業の新卒採用の面接官です。優秀な学生を採用するために効果的な面接の質問と質問の意図を15個作成してください。

ダウンロード手順と注意点

- 上記URLからダウンロードされたフォルダ「mensetsu2026.Zip」はZIP形式で圧縮されています。圧縮フォルダを解凍（右クリックして「すべて展開」を選択）してお使いください。
- 解凍されたフォルダには，上記のWordファイルとExcelファイルが入っています。マイクロソフトのOfficeなど，WordファイルやExcelファイルを開ける環境が必要です。Officeの入っていないPCでファイルを開くには，WordファイルはGoogleドキュメントで，ExcelファイルはGoogleスプレッドシートに変換して開くことが可能です。その場合，Googleドライブを開き，WordファイルやExcelファイルをダブルクリックしてファイルのプレビューを表示してください。そしてWordファイルの場合は上部の「Googleドキュメントで開く」を，Excelファイルの場合は上部の「Googleスプレッドシートで開く」をクリックしてください。
- PCによってファイルのレイアウトが若干崩れて表示される場合がありますが，特に支障なくお使いいただけます。なお，ダウンロードサービスは予告なく終了する場合があります。

面接の落とし穴に注意！

面接で落ちる人,受かる人 の決定的違い

競争率の高い人気企業は,面接で,応募者のどこをチェックしているのか?

どんな人物が採用されるのか?

実は,大半の応募者がつまずく「意外な盲点」があります。

内定を獲得するためにも,「意外な盲点」を知り,同じ間違いをしないようにしましょう。

1

面接は聞かれたことに答える試験ではない

◆ 面接はそもそも何を試す試験なのか？

面接官は, 手を替え品を替え, さまざまな質問を投げかけてきます。すべてたった1つのことを見極めるための質問です。それは「この応募者は自社で活躍できる人材か？　その能力・資質があるか？」, それだけです。そして, 面接官がどこで見極めるかと言えば, 次の3つのモノサシで応募者を加点・減点しながら見極めます。「①パーソナリティ」「②コンピテンシー」「③モチベーション」の3つです。

◆ 特に重要なのは「コンピテンシー」と「モチベーション」

3つのうち, 特にチェックされるのが「コンピテンシー」と「モチベーション」です。「コンピテンシー」とは, 各企業が自社の仕事で成果を上げるために特に必須と考える「資質（思考・行動特性)」です。当然, 企業によって重視するコンピテンシーは異なります。たとえば商社は「チームマネジメント力」が, 出版社なら「旺盛な好奇心」が必須のコンピテンシーになるでしょう。26〜27ページに, 今企業が新卒採用や若手社員に期待するコンピテンシーを整理しました。採用年度ごとに, 特に重視する能力を数点絞り, 重要チェック項目とするのです。

また, 企業は「モチベーション」も重視します。モチベーションが低いと, 入社しても言われたことしかやらない, スキルアップも怠り, ビジネスの変化にもついていけないダメ社員になると懸念するからです。

つまり面接とは, 質問に答えるだけでなく, 面接の限られた時間内にコンピテンシーとモチベーションを面接官に感じさせながら「活躍できる人材だ」と, 面接官に印象づけた人が合格する試験なのです。

企業が知りたいこと

▼

「君は活躍できるの？　成果をあげられるの？」

そのために企業がチェックすること

▼

企業の3つの評価基準

1 パーソナリティ（人柄と基礎学力）

学歴や地アタマの良さ。人柄，品格，第一印象の良さ。優しさ，明るさ，協調性，信頼感があり，ビジネスマナーが身についていて，社会人として適切な言葉遣いと，スムーズな会話のキャッチボールができること。自社の社員，クライアントと良好な関係が築ける人物かどうか。

2 コンピテンシー（仕事で重視される能力）

仕事で成果をあげるために，企業が重視する能力（思考・行動特性）のこと。たとえば，「自己向上意欲」「チームを動かす力」「チャレンジ精神」「成果達成力」「リーダーシップ」など。求められるコンピテンシーは業界・企業・職種によって，また採用年度によっても異なる（26〜27ページ参照）。また，強みや能力を活かして仕事でどんな貢献ができるかもチェックされる。

3 モチベーション（志望意欲とキャリアプラン）

やりたいこと（ビジョン）とキャリアプラン。また，他社ではなくこの企業を選ぶ理由。それをやりたい「理由」や，やりたいことの「具体性」，また，企業選びの「理由」などから，企業は応募者の「志望意欲」の本気度，方向性を探る。

企業が期待するコンピテンシー一覧

分類	コンピテンシー	内容
自己追及	①自分を変える力／順応力	●状況に応じて，自分の考え方・やり方を変えられる力 ●過去のやり方を捨て，新しいやり方に順応できる
	②自己向上力	●より高い目標に向けて努力・挑戦できる力 ●自分の弱みや課題克服に向けて，努力・挑戦できる力
成果志向	③チャレンジ精神	●困難な状況，高い目標に挑戦できる力 ●失敗・挫折しても，その理由を反省し，次に活かせる
	④成果への執着心／限界突破力	●困難が多くても，成果達成まで絶対に諦めない ●不可能を可能にするための方法を見つけ，成果をあげる
	⑤イノベーション力／変革力	●既存のやり方，仕組みの問題点を変革・改善する力 ●既存のやり方，仕組みを刷新し，成果をあげられる力
	⑥課題解決力／戦略的思考力	●課題解決に向けて状況を俯瞰し，最善の策を立案する力 ●何をすべきか，どうやってすべきかを論理的に考えられる力
	⑦情報収集力／多様な視点	●質・量ともに十分な情報を集めたうえで，判断を下せる ●独自の情報収集術を持っている
思考力／メンタル	⑧学習の速さ／立ち上がりの速さ	●新たな分野のこともすぐに理解し，短期間で習得できる力 ●初めての分野でも吸収が速く，早急に期待に応えられる
	⑨分析力／計数感覚	●各種計数指標の分析に慣れている ●社会や仕事など，身の回りの状況や変化を数字で語れる
	⑩発想転換力／柔軟性	●思い込みにとらわれず，発想を転換してアイデアを出せる ●1つの課題に対して，解決策を幾つも考えられる
	⑪事務処理能力／几帳面さ	●ミス，ムラなく業務を効率良く安定して行える ●整理整頓が得意で，細かい作業や単調な作業もミスがない
	⑫メンタルタフネス／逆境力	●逆境や困難に陥ってもへこたれずに克服できる ●ストレスや重圧の中でも成果をあげるコツを心得ている

※各コンピテンシーの詳しい解説は本書Part9参照

自分の持つ経験や能力を，どのコンピテンシーとして強調すればいいのか，「内容」の欄を参考にしながら考えてみてください。業界・業種・企業によって，また，採用年度によっても重視されるコンピテンシーは異なりますので，33 ページも併せてチェックしてください。

分類	コンピテンシー	内容
創造性	⑬旺盛な好奇心	●経験，学習，吸収してきたことが多岐にわたる ●博識であり，かつ自分の足で確かめようという姿勢がある
	⑭クリエイティビティ	●ユニークなアイデア，作品，企画を創造できる ●創作時は常にオリジナリティを追求しようとする姿勢がある
	⑮新たな構想を打ち出す力	●自ら新しい構想，仕組み，組織を立案，実行できる ●構想を形にするために周囲の人を巻き込み統率できる
対人力	⑯コミュニケーション力	●立場，世代，価値観の異なる人と相互理解できる ●円滑なコミュニケーションを図るためのコツを備えている
	⑰人間関係構築力／対人感受性	●利害や考え方が異なる人と Win − Win な関係を構築できる ●組織をまとめながら，イニシアチブを発揮できる
	⑱交渉力／調整能力	●利害の対立する相手に，自分の主張を受け入れさせられる ●メンバー間の異なる意見を取りまとめながら統率できる
	⑲サービスマインド	●ホスピタリティマインドを発揮できる ●自分と関わる人たちの満足度を高めるような対応ができる
組織感覚	⑳チームプレー力	●チーム内での自分の役割を理解し，チームに貢献できる ●チームに貢献しながらチーム全体の生産性を高めていける
	㉑指導力／人材育成力	●他人の長所を伸ばし，短所を克服できるコツを知っている ●相手が自分の指示に素直に従うような信頼関係を構築できる
	㉒リーダーシップ／組織を動かす力	●チームを統率し，チームの生産性をあげられる ●チームを動かすポイントを理解している
ビジネス	㉓営業力／商売センス	●顧客第一主義を理解し，実践し，営業成果をあげられる ●何よりビジネス，商売が大好きで，実体験も豊富
	㉔起業家マインド／事業家マインド	●新たな事業，サービスを立ち上げようという開拓者精神 ●起業意欲を持ち，そのための準備・勉強をすでにしている

©キャリアデザインプロジェクト

2

面接で「加点」「減点」される仕組み

◆ 面接は「面接評価シート」に従って加点・減点される

面接で**「加点」「減点」**される仕組みを紹介しましょう。まず,各企業とも前述の3つの評価基準をもとに,特に重視するチェック項目を具体的に決めて「採用評価シート」を作成します。右ページに掲載したのは,大手国内メーカーA社の**「採用評価シート」**です。まさに,**「パーソナリティ」「コンピテンシー」「モチベーション」**に関するチェック項目が並んでいます。「成果思考」「構想力」「問題解決力」「対人影響力」が,A社が重視するコンピテンシーのようです。

◆ 面接合否は面接での総合評価で決まる

大抵の企業が,このような「採用評価シート」を作成して面接を行います。面接官による評価ポイントのバラつきを防ぐためためです。

面接官は直接「君には成果思考はあるか?」「構想力はあるか?」と質問しません。エントリーシートの内容を質問しながら,応募者の回答から,評価シートに書かれた能力・コンピテンシーやビジョンが感じられるかどうかをチェックします。そして「能力A」を感じれば評価シートの「能力A」欄に,「能力B」を感じれば「能力B」欄に「加点」していきます。そして面接の中で,企業が求めるコンピテンシーをどれだけ多く面接官に感じさせたかで総合評価が決まります。たとえば「私の強みは○○で,実績は□□です」とアピールしても,面接官からすると「確かに能力A,Bがあるが,能力Cや企業理解が感じられず減点したので,総合評価は○点。不合格!」とするケースは多くあります。

面接の評価,および合否はこのようにして決まります。

「採用評価シート」はこうなっている
（大手国内メーカーA社の場合）

大学	学部学科	氏名
○○大学	○○学部○○学科	○○○○

評定項目	着眼点	評定尺度
1　印　象	・表情，身だしなみ，立ち居振る舞いに好印象を受けるか？ ・ストレス耐性はあるか？ ・存在感はあるか？	A B C D E
2　入社意欲	・志望動機に説得力はあるか？ ・当社の仕事について勘所は掴んでいるか？ ・仕事で活躍しそうか？	A B C D E
3　コミュニケーション力	・頭の回転は速く，理解力はあるか？ ・言葉遣いが適切で内容はあるか？ ・場の空気は読めるか？	A B C D E
4　成果志向	・最後までやり遂げる責任感はあるか？ ・目的・成果達成に対する執着心は感じられるか？ ・目的意識を持っているか？	A B C D E
5　構想力	・発想力はあるか？ ・仕組みを打ち出せるか？ ・独自性はあるか？	A B C D E
6　問題解決力	・全体を捉える力はあるか？ ・手順を考え出す力はあるか？ ・分析力はあるか？	A B C D E
7　インテリジェンス	・価値観に深みはあるか？ ・多様な視点はあるか？ ・判断力に冴えはあるか？	A B C D E
8　対人影響力	・組織感覚はあるか？ ・誰とでも打ちとけられるか？ ・順応性，傾聴力はあるか？	A B C D E

備考欄　特筆すべき点，次の面接官に伝えたい点など

総合判定：この学生を――
　　　　ぜひ採用したい／採用したい／要再検討／採用したくない／絶対採用したくない

©キャリアデザインプロジェクト

3 Web面接＆対面面接で落ちる人の共通点

◆ 面接で印象が良くなる人，物足りない人，悪くなる人

エントリーシート選考を通過した応募者は，自己PRも志望動機も学歴も一定レベルに達した頼もしい人ばかり。しかし，いざ面接がスタートすると，Web面接，対面面接に限らず，話せば話すほど印象が良くなる**「内定が取れる人」**，話しても物足りない**「苦戦する人」**，話すほどに印象が悪くなる**「就活を勘違いしている人」**に分かれます。その差は，実は3者それぞれの「伝え方」の違いにあります（2～7ページ）。

◆ 合否の分かれ目は「伝え方」

「内定が取れる人」にはあって，「苦戦する人」「勘違いしている人」に足りない面接の伝え方は，以下のとおりです。

① アピールできる強み・能力が足りない
② モチベーション（志望意欲）が伝わらない
③ 「深掘り質問」にたじろぐ
④ 「揺さぶり／裏打ち質問」で欠点が露呈
⑤ ロジカルに話せない

面接を勝ち上がるのは，「凄い経験をした人」と思っている人もいるかもしれませんが，実際は違います。合否の差は，上記の**「伝え方」**の違いなのです。次ページから，合否の別れ目となる「伝え方」について詳しく解説していきます。

面接の合否の分かれ目

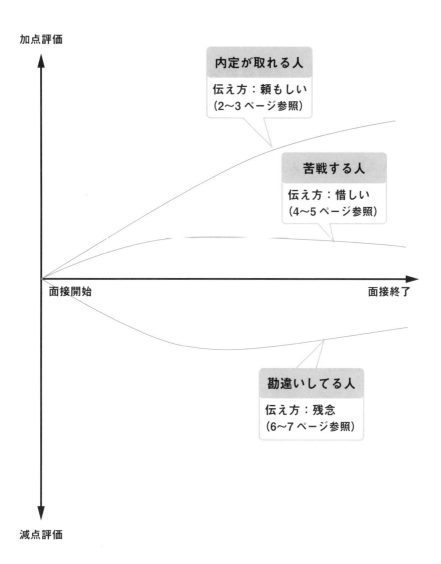

加点評価

内定が取れる人
伝え方：頼もしい
（2〜3 ページ参照）

苦戦する人
伝え方：惜しい
（4〜5 ページ参照）

面接開始　　　　　　　　　　　　　　　　　　面接終了

勘違いしてる人
伝え方：残念
（6〜7 ページ参照）

減点評価

4 合否の分かれ目① 強みを活かして企業に貢献できることを説明できない

◆ 企業が求める能力は複数ある

29ページの「採用評価シート」を見てもわかる通り,企業が求める能力は**複数あります**。従って,限られた面接時間中に,企業が求める能力が**"万遍なく"**自分に備わっていることを印象づけなくてはなりません。

「**どんどん内定が取れる人**」(2〜3ページ)は,企業が求める能力を理解し,それらが自分に備わっていることをエピソードを添えてアピールできる人。かつ,強みを活かして企業で貢献できること(CAN)も具体的に説明できる人たちです。

一方,「**苦戦する人**」(4〜5ページ)は,たとえば自分の「強み」が2,3個あってエントリーシートではそれをアピールして通過したかもしれませんが,面接では,企業が求める他の能力が備わっていることをアピールできずに,敗退してしまう人たちです。

◆ 企業が評価するのは「経験」よりも「コンピテンシー」

面接で,6〜7ページのような伝え方をする「**就活を勘違いしている人**」も少なくありません。1つ目の勘違いは「こんな凄い経験をした」と,経験をアピールすることに終始している点です。面接官は応募者の経験に興味はありません。経験の中に,企業が求めるコンピテンシーがあるかどうかを知りたいのです。2つ目の勘違いは,企業があまり評価しないことを「自分の強み」だとアピールしている点です。つまり,企業が求める能力や,そもそもコンピテンシーが何なのかを理解していません。

右ページのように企業によって求める能力は異なります。事前に志望企業が求める能力を把握し,"万遍なく"備わっていることを印象づけましょう。

注意！ 企業でこんなに違う！
「求めるコンピテンシー＆人物像」

●総合商社 A

目標達成力	★★★★★
組織・チームを動かす力	★★★★★
構想を打ち出す力	★★★★
論理的思考力・戦略的思考	★★★★★
ビジネス・事業センス	★★★★★
メンタルタフネス	★★★★★
国際感覚	★★★★
多様な視点	★★★★

●外資系コンサルティング会社 E

学習の速さ	★★★★★
分析・情報収集力	★★★★★
論理的思考力・戦略的思考力	★★★★★
問題を構造化する力	★★★★★
人間関係構築力・対人感受性	★★★★★
ビジネス理解・事業センス	★★★★
多様な視点	★★★★★

●大手電機メーカー B

理解力・学習の速さ	★★★★
コミュニケーション力	★★★★
人間関係構築力・対人感受性	★★★★★
論理的思考力・問題解決力	★★★★★
チームマネジメント力	★★★★★
自己向上力・順応力	★★★★★

●大手広告代理店 F

コミュニケーション力・プレゼン力	★★★★★
論理的思考力・戦略的思考力	★★★★★
メンタルタフネス	★★★★
情報収集力・好奇心	★★★★★
構想を打ち出す力	★★★★★
チームマネジメント力	★★★★★

●化粧品メーカー C

人間関係構築力・対人感受性	★★★★
コミュニケーション力	★★★★★
サービスマインド	★★★★★
情報収集力・情報感受性	★★★★
目標達成力	★★★★

●都市銀行 G

人間関係構築力	★★★★
メンタルタフネス	★★★★★
事務処理能力・几帳面さ	★★★★★
自己向上力・順応力	★★★★★
チャレンジ精神	★★★★

●旅行サービス会社 D

コミュニケーション力	★★★★
目標達成力・自己向上力	★★★★
サービスマインド	★★★★★
分析力・戦略的思考力	★★★
構想を打ち出す力	★★★

●ＩＴ企業 H

分析力・論理的思考力	★★★★★
チャレンジ精神	★★★★★
成果への執着心	★★★★★
イノベーション力	★★★★
学習の速さ	★★★★★

© キャリアデザインプロジェクト

人気企業の採用者に，採用選考での評価項目を示してもらった。ただし，これはあくまで，本書制作時の採用者の私見である。今回の採用選考の評価項目がこの通りになる保証はない。実際の採用選考の評価項目は，各社の経営戦略，事業戦略や，様々な立場の責任者たちの意見を参考にしながら決定する。

5 合否の分かれ目② モチベーション(志望意欲)が伝わらない

◆ 「やりたいこと」と「企業選びの理由」がフィットするか?

「○○がやりたいから, 御社を志望します」と言うなら, 「やりたいこと」を具体的に説明できなくてはいけません。また, 志望するなら, その**「理由」**も必要です。それらが"曖昧"だと, 志望意欲の本気度を疑われて, 不採用になります。

「どんどん内定が取れる人」(2~3ページ)は, やりたいことを**「具体的」**に説明でき, かつ, やりたいことのバックグラウンド(理由, 経緯)も明快です。また, 企業理解も深く, 他社でなく志望企業でないとダメな理由と, やりたいことを実現するために, 志望企業でないとダメな理由も説明できます。つまり, 「やりたいこと」と「企業選びの理由」が**フィット(合致)**するため, 志望動機に説得力があるのです。

◆ 良い志望動機と平凡な志望動機の違い

一方, **「苦戦する人」**(4~5ページ)や**「勘違いしている人」**(6~7ページ)は, やりたいことが"曖昧"だったり, 企業選びの理由が"曖昧"なのです。つまり, そもそも企業理解が浅いため, やりたいことと企業選びの理由がフィット(合致)しておらず, 志望動機に説得力がないのです。つまり, 面接官に, 本当に御社で働きたいというモチベーション(志望意欲)が伝わりません。

右ページのように, 志望動機にも**「レベル」**があります。会社を選ぶ理由も, 会社のHPや会社案内資料に書いてあることを繰り返すだけの, たとえば「御社の○○のスローガンに共感しました」では採用されません。内定獲得には, 志望意欲の本気度が伝わる伝え方が不可欠です。

企業理解度のレベル

上にいくほど，志望意欲の
本気度が伝わる

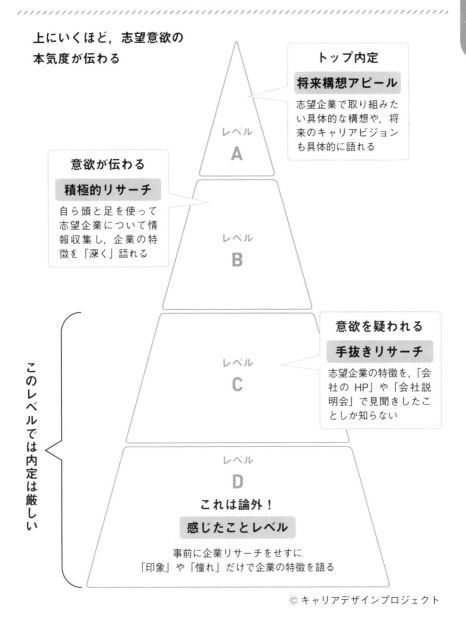

トップ内定

将来構想アピール

志望企業で取り組みたい具体的な構想や，将来のキャリアビジョンも具体的に語れる

レベル
A

意欲が伝わる

積極的リサーチ

自ら頭と足を使って志望企業について情報収集し，企業の特徴を「深く」語れる

レベル
B

意欲を疑われる

手抜きリサーチ

志望企業の特徴を，「会社のHP」や「会社説明会」で見聞きしたことしか知らない

レベル
C

レベル
D

これは論外！

感じたことレベル

事前に企業リサーチをせすに
「印象」や「憧れ」だけで企業の特徴を語る

このレベルでは内定は厳しい

© キャリアデザインプロジェクト

6

合否の分かれ目③
「深掘り質問」にたじろく

◆ 面接官は応募者の発言に「理由」「根拠」「目的」を求める

　面接官の「深掘り質問」に対応できるかどうか。これも合否の分かれ目です。面接は大抵,応募者に「自己PR」と「志望動機」を語らせることからスタートします。その後,面接官は応募者の発言にいちいち「なぜ?」「根拠は?」「目的は?」と,深掘り質問をしてきます。

「深掘り質問」例

　応募者:「私は,〇〇〇だと思います」

　面接官:「なんで?　なんのために?」

　応募者:「は,はい。それは〇〇だからです」

　面接官:「なんで?　その根拠は?」「~だとは思わないの?」

　応募者:「確かに……」

　面接官:「じゃあ,~の場合ならどう対応する?」

　応募者:「えーと……」

　_____

　応募者:「私は,〇〇〇をやりたくて御社を志望します」

　面接官:「それは,この業界,当社じゃなくてもできるよね。なんでこの業界?　しかもなぜ当社なの?」

　面接官は突っ込んだ質問を繰り返しながら,応募者の回答の中に「評価シート」にある能力・コンピテンシーを感じさせるフレーズやエピソードがあれば評価を加点していきます。別に圧迫面接をしているわけではありません。「深掘り質問」は,面接官には“普通のコミュニケーション”なのです。

　企業では,年齢,職種,価値観,利害関係が異なる人たちが一緒に働き,議論を交わします。「良い意見」「面白いアイデア」も,人によって受け止め

方はさまざま。議論が平行線をたどることも珍しくありません。したがって，意見やアイデアを伝えるには，相手がわかるように「理由」「根拠」「目的」を伝える努力が必要ですし，相手もそれを求めます。面接でも，面接官は応募者の発言に対して**「理由」「根拠」「目的」**を知ろうとします。企業では当たり前の行為だからです。

◆ 応募者は「深掘り質問」に慣れていない

しかし，特に応募者は**深く突っ込まれることに慣れていません。**面接の頻出質問（これまで頑張ったこと，自分の強み，企業の特徴など）には自分の考えを整理して臨んでも，深く突っ込まれると，とたんに言葉に窮してしまいます。話がダラダラと長くなったり，面接官と会話が噛み合わなかったり……。そうなると自分の意見が伝わらないだけでなく，面接官から**「この応募者は物事を深く考えられない人間」「思考体力が弱い人間」**とマイナス評価を下されます。

◆ 内定者は「深掘り質問」に回答しながら評価を加点していく

一方，「どんどん内定が取れる人」は「深掘り質問」に対して，「なぜなら〜」「なんのためにやったかというと〜」「根拠は〜」などと，順序立てて体系的に回答していきます。会話がスムーズに噛み合うだけでなく，**「この応募者は論理的（ロジカル）に話すことができる」**と好印象を与えることができます。また，会話の端々に，**企業が求める能力・コンピテンシーを感じさせるエピソード**を忍ばせて回答し，確実に評価を「加点」していきます。

7

合否の分かれ目④「揺さぶり／裏打ち質問」で欠点が露呈

◆ 60分の面接中に必ず「揺さぶり質問」が来る

2次,3次面接では,優秀な応募者に対し,面接官は逆に「欠点はないか?」と「粗探し」を始めます。**「揺さぶり質問」**をするのです。

「揺さぶり質問」例

- その研究レポートは分析が甘いのでは?
- 他にも何かを変革した経験はある?

「揺さぶり質問」では,応募者も想定しているであろう面接頻出質問ではなく,**"想定外の質問にどう対応するか"**を見ています。それによって,応募者の素の姿や,物事の本質を理解しているか,日頃から深く思考できているかが垣間見られるからです。上記の質問例の場合,むきになって反論したり慌てたりすると「気が強い」「ストレス耐性が低い」などとマイナス評価を下されます。反対に,「おっしゃる通りです」と素直に認めるだけでは,評価されません。自分に足りない部分を指摘されたり,質問された場合は,**素直に認めて,今後どう克服するか**を回答すれば,「自己向上力がある」と評価を「加点」できます。たとえば,以下が模範回答例です。

「おっしゃる通りです。もう一度分析し直し,次は,〇〇と□□を調査することで,結果の精度を上げたいと思います」
「ここ1,2年はそのような経験はございませんが,今後,世の中のいろいろな課題を解決して変革できる人間になりたいと思い,今,〇〇を勉強しております」

◆ デキる応募者ほど「裏打ち質問」に要注意！

　面接官は，粗探しをするために**「裏打ち質問」**もします。これは長所・強みの裏を勘ぐる質問です。たとえば，クリエイティビティが長所・強みの人は「単調な事務処理能力」に欠ける傾向があります。面接官は，秀でた長所・強みを備えている応募者は**「その長所特有の弱点・欠点を併せ持っていないか？」**と勘繰り，こんな質問を投げかけるのです。

> **「裏打ち質問」例**
>
> ・あなたは意志が強く，逆境に強そうですね。でも，人間関係でトラブルが発生しませんか？
> ・研究成果はすばらしいですが，将来的に技術職から営業職に配属されたらどうしますか？

　長所特有の弱点・欠点を持つことが露呈すれば，不合格になる可能性が高まります。しかし，こう答えれば減点評価を回避できます。

「逆境にめげない気の強さはあると思います。今は面接で緊張のせいもあり，余計にそのような印象があるかもしれません。ただ，私はいつも他人の意見をよく聞き，異なった意見を尊重する行動を心掛けています。たとえば〇〇の時には〜のように行動してチームをサポートし，チームで成果をあげることに貢献してきました。ですから，自分はむしろチームワークを取れるタイプだと自負しています」

　このように，**長所特有の弱点・欠点を自分は持っていないことを**，それとなくフォローする回答ができるかどうかが合否の分かれ目です。

8 合否の分かれ目⑤ ロジカルに話せない

◆ ロジカル（論理的）に話せないと Web 面接では特に敗色濃厚

　面接官は次々と突っ込んだ質問を投げかけてきます。したがって応募者も自分の意見を端的にまとめて，テンポ良く回答する必要があります。その際，前述の通り，面接官は「理由」「根拠」「目的」を知りたがるため，以下のように，順序立てて組み立てて伝えることが求められます。

　　応募者：「私は〜をしました。

　　　　　　目的は2つあります。1つは〇〇で，2つ目は△△です。

　　　　　　成果は〜で，そこで〜を学びました。

　　　　　　身につけたノウハウは，御社で〜の際に活かせます」

　順序立てて組み立てて話すことを「ロジカル（論理的）に話す」といいます。ロジカルに話せない人は「コミュニケーション力が低い」と思われ，1次面接で早々に敗退する可能性さえあります。また，Web面接では，話しがダラダラと長い人は敬遠されるため，コンパクトに筋道立てロジカルに伝える技術は特に重要です。しかし，「ロジカルに話す」だけでも不十分です。

◆ ロジカルに話すには，そもそも「仕事軸」で話すことが必須

「ロジカル」に話しても，面接官から必ず次の質問がきます。

「結局，君はうちの会社で活躍できるの？　成果をあげられる？」

　この質問に「ロジカル」に答えられるかが，合否の分かれ目です。

　この質問に答えるには，実は2つのことが必要です。

　一つは，これまで"自分が何を頑張ったか"という「自分軸」の話ではなく，"仕事でどう活躍できるか"という「仕事軸」の話ができること。落ちる人は，総じて「自分軸」のアピールばかりで，「仕事軸」でアピールすることが足

りない人たちなのです。

　もう1つは，活躍できるように，すでに努力・準備をしている取り組みも説明できること。本気で活躍したいと思うなら，自分に足りない能力に気づくはずです。足りない能力を自覚せずに，また補う行動もとらずに，「活躍する自信がある」とロジカルに伝えても説得力がありません。

「どんどん内定が取れる人」（2～3ページ）は，企業が求める能力で，自分に足りない能力があっても，それをどう補っていくかを説明できるのです。たとえば「御社で活躍するには○○の能力が必要だと思います。私はまだ未熟ですが○○に取り組んでおり，入社までには得意になってみせます」と，**足りない能力の克服計画**を伝えられる人たちです。

◆ 足りない能力を補う行動を示さないと説得力がない

　一方，**「苦戦する人」**（4～5ページ）や**「勘違いしている人」**（6～7ページ）は，ロジカルに話せても，足りない能力を自覚してもそれを補う努力が足りません。その結果，面接中に同じ「経験」や「強み」を繰り返し話すばかりで，「今こんな努力をしています」とアピールすることができません。面接官からすると「それはさっき聞いたから他の経験や強みを聞かせて欲しいんだけど」とか「足りない点があるのに放置しているのかな？」と，応募者が活躍できるイメージがわいてこないのです。

9 検証：落ちる人と受かる人の面接再現レポート

◆ 実際の面接再現レポートをチェックしよう

これまで，「面接に落ちる人，受かる人の『合否の分かれ目』」を説明してきました。次ページからは，面接不合格者と合格者の実際の面接の様子を再現し，面接官が応募者との会話の中で，実際にどのように「加点評価」「減点評価」しているのか，面接官の「心の声」も交えて解説します。

面接で落ちる人と受かる人は，面接で伝える「話の内容」も「伝え方」も大きく差があり，面接官の受け止め方もまるで違うことがわかるはずです。

◆ 落ちる人と受かる人で差がつく重要ポイント

特に以下に注目しながら，面接不合格者と合格者の面接再現レポートを読み比べると，両者が，どこで差がつくのかが理解できるはずです。

- 自分の強みの伝え方は，面接不合格者と合格者で違いがあるか？
- 限られた面接時間で企業が求める複数の能力（コンピテンシー）を面接官にアピールするにはどうすればいいのか？
- 面接官は，応募者のどんな言葉・会話に高評価をつけるのか？
- 面接官は，どんな志望動機に高評価をつけるのか？
- 面接官の深掘り質問の意図と，どんな回答に高評価をつけるのか？

それでは，さっそくチェックしていきましょう。

事例-1

面接再現①

人事コンサルの面接
不合格者の面接トークを検証

エントリーシートからわかる情報

高橋ゆみ（仮名）。国立大文学部3年生。心理学に関するゼミ所属。心理学やコミュニケーション学の研究に熱心。ボランティアで老人ホーム運営を手伝い，お年寄りに○○を教える。強みはさまざまな世代，価値観を持つ人と仲良くなれること。志望動機は，コミュニケーション能力を武器にコンサルタントを目指し，人事コンサルティング会社を志望。

高橋 家庭教師でお世話した小学1年生から，老人ホームで○○を一緒に作った90歳のおじいさんまで，幅広い世代の人たちとすぐ打ち解けられるのが私の自慢です。①大学でも心理学を学び，相手の立場に立って物事を理解し，相手の目線に立って話し掛け，相手と円滑にコミュニケーションを取る方法を身に付けました。この経験を，御社のコンサルタント職でぜひ活かしたいと思い，今回，応募させていただきました。

面接官 （自己紹介は大雑把だが，外見は爽やかで好印象だな。）
当社を選んだ理由は？

高橋 ②人と接する仕事，人を輝かせる仕事をしたいというのが一番の理由です。御社は……（中略）といったビジネスを展開しておられ，御社でなら人を輝かせる仕事ができると思ったからです。また，会社説明会で，社員の方の○○という言葉に大変共感しまして，ぜひ，こんな素敵な大人になりたいと思ったのも，御社を志望する理由です。

面接官 （会社説明会で聞いたことを言っているだけで，企業研究ができていない。しかし，大学でも心理学を学び，コミュニケーションの大切さを理解しており，人と接し，人を輝かせる仕事をしたいというのは本音だろう。コンサルタント職を志望するのも本音だろう。ただ，イメージで会社選びをしているようだ。ビジネスセンス，現実を直視する力があるのか試してみよう）

👍 ①のエピソードがあるので②の志望動機の本気度が伝わった。

コンサルタント職にはどんな能力が必要だと思いますか？

高橋 コミュニケーション能力だと思います。さまざまな業界・企業に対して，○○をコンサルタントし，相手が○○できるようにお手伝いするには，相手のニーズをくみ取り，相手が求めるものをきちんと提供する力が必要だと思います。

面接官 （ありきたりな回答だな）ニーズをくみ取るために重要なことは？

高橋 相手の方と信頼関係を築けるように努力します。

面接官 そんな悠長な時間もなく，すぐに相手のニーズを見抜いて，相手が求める提案をしないといけない時はどうしますか？

👍 深掘り質問が来た

高橋 スミマセン。先輩社員にアドバイスを求めると思います。

面接官 （この子は，お年寄りや子供と仲良くなれるコミュニケーション力はあるが，ビジネスコミュニケーション力はないな）

他にコンサルタントに必要な能力は？

高橋 チームワークと論理的思考力だと思います。

面接官 なぜ？

👍 深掘り質問が来た

高橋 チームワークが必要なのは……（中略／内容はありきたり）。

面接官 あなたにはチームワークと論理的思考力がありますか？

高橋 あります。○○のアルバイトでは……（中略／チームワークを発揮したとアピールするが，皆で励まし合うだけで評価に値するレベルではない）。また，③○○のアルバイトでは，社員の方に論理立てて話すことの重要性を教わり，コミュニケーションを取る時は論理的に話すように工夫しています。

面接官 （論理的思考力があると言うが，大したことはない）

論理的に話すために，努力していることは？

高橋 ④はい。『論理的思考力』という本を購入して……（中略／その本の活用法を説明）。

面接官 （日々努力する姿勢から自己向上意欲は感じられる）

👍 ③から自己向上意欲，④から行動が伝わり評価された

（中略）

ここまで，面接官は，応募者の誠実さや努力する姿勢，人と接するのが好きでコミュニケーションの大切さを理解している点は評価しつつも，人材ビジネスで活躍

> するイメージが持てていない。応募者に，ビジネスコミュニケーション力がなく，企業分析も乏しく，コンサルタント職にも理解が薄い点を懸念。不合格に傾きかけていたが，他に何か仕事に活かせる長所，能力がないか，質問を続けることにした。

面接官　当社に入ったらどんな仕事をしたいと思っていますか？

高橋　きちんと仕事を覚えて，早くコンサルタントとして一人前になることが目標です。その後は，御社は○○や○○事業も行っておられるので，いろいろなことに自ら手を挙げて参加し，自分ができる仕事の幅を広げていきたいと思います。

面接官　（君の真面目さはわかったから他の能力を感じさせてほしい）
　　　　多くのアルバイト経験で，一番利益貢献したと思う仕事は？

高橋　○○店のオープニングスタッフとして働いた時，各スタッフ1人につき1週間で50人の知人・友人を呼ぶことがノルマだったのですが，私はその5倍を集めました。

面接官　どうやって？

👍 **深掘り質問が来た**

高橋　友達が多いのが自慢で，50人の友達に声をかけ，その友達がまた友達を連れてきて，1週間で250人以上集客できたんです。

面接官　（それは良いことだけど，うちの会社で重要な能力ではない）
　　　　自分に足りない能力で，克服したい能力はありますか？

高橋　経済やビジネス，特に人材マネジメントを勉強したいです。

面接官　どうやって勉強していくつもりですか？

👍 **深掘り質問が来た**

高橋　当面は書籍を読んで勉強したいと思います。社会人の方が集まるセミナーや勉強会にも参加したいと思います。

面接官　人材ビジネスは，今後どうなると思いますか？

高橋　人事サービスのアウトソーシングが進むと思います……（中略／大した話ではない）。

> （後略）
> 　優しそうで人望の厚そうな人間だが，その後も分析力，ビジネスセンス，戦略マインドなどのビジネス能力が感じられず，不合格となる。

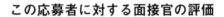

この応募者に対する面接官の評価

> **POINT**
>
> ①のエピソードがあるので，②の「志望動機」はある程度は伝わる。仕事で求められる能力については，④のエピソードがあるので，③のコンピテンシー「自己向上意欲」は伝わる。ただ，全体的に，この企業が求める能力水準には達していない。企業理解もできていない。もっと「企業理解」を深め，コンピテンシーを発揮した行動をもっと伝えて欲しかった。

　いかがですか？　面接官が応募者の回答にどんな反応をして，どう受け取るかわかりましたか？　この応募者の面接では，仕事能力も志望意欲もあまり伝わらなかったことがご理解頂けたことでしょう。

面接再現②

人事コンサルの面接
合格者の面接トークを検証

エントリーシートからわかる情報

白石倫子（仮名）。私立大文学部３年生。広告に関するゼミ所属。英検２級。論文コンクールに挑戦。「○○○サークル」に所属し，"金庫番"として３年間，サークルの入出金管理から決算まで１人でこなす。主なアルバイトはスイミングスクールのインストラクター。志望動機は，小学，中学時代に11回引越しを経験したことで，環境が人格と能力開発に与える影響に関心があり，人事能力開発分野のコンサルティングに従事したいため。

白石　私の一番の関心事は，環境が変われば意識が変わる，意識が変われば能力が開発される，ということです。私は小学，中学時代に11回引越しを経験しました。引越しにより，担任の先生や友達が変わるたびに，学力が上がったり下がったりした経験を持ちます。当時は，なぜ環境が変わるだけで勉強が好きになったり嫌いになったりするのかと不思議でしたが，①大学で広告心理学を勉強し，人間の心理状態の変化と行動パターンの関係を学ぶにつれ，「環境が変われば意識が変わる，意識が変われば能力や行動に影響する」のは間違いないと実感するようになりました。以来，②人の能力開発に興味を持ち，仕事も，このテーマを掘り下げていける企業に勤めたいと思うようになりました。御社は，人材マネジメントや能力開発に積極的で，私にとって理想の職場だと思いエントリーしました。

面接官　（問題意識やビジョン・志望動機は明確だな。それは評価できるが，逆に発想が凝り固まっているのでは？　また，コンサルタントは研究職ではない。その辺を理解しているか？）

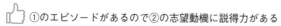①のエピソードがあるので②の志望動機に説得力がある

研究がしたいの？　コンサルタントは研究職ではないよ。

白石　私が目指すのはもちろんコンサルタント職ですし，私が喜びを感じるのは，人とフェイストゥフェイスで接し，直接，能力開発をお手伝いすることです。研究室ではなく現場に出たいのです。ただ研究は趣味というかライフワークとして，自分なりに掘り下げていこうと思っています。③実際，すでに○○という勉強会に参加し，いろいろな医師や大学教授たちに，個人的に質問したりもしています。

面接官 （ビジョン実現に向けた自己向上意欲は旺盛だな）

👍 ①のビジョン実現へ向けた③の行動が評価された

当社のコンサルタントのミッションは何だと思いますか？

白石 ④クライアントのニーズに応えることだと思います。あと，現場で学んだことや自分の努力で学んだことを，どんどん社内で共有して，会社全体のパワーを高めたり，あと，大切なのは，自ら利益を上げることです。

面接官 （仕事の勘所は押さえている。会社の組織力を高めようという意識もコンサルタント向きで評価できる）

👍 ④から企業・仕事理解が評価された

では，ある会社の社長に「営業部員のやる気も売上も落ちていて何か打開策はないか」と言われたらどう対応しますか？

白石 やる気と売上が落ちている理由を，営業部の方たちにインタビューします。また，⑤業界全体の売上やライバル会社の売上推移も見て，営業部の売上の低下がやる気の低下のためなのか，それとも景気や他の理由もあるのではないか，チェックします。多くの情報を集めたうえで，問題点をいくつか挙げて，対応策を考えます。その際，同様の問題点を抱えた他の企業で，見事にやる気や売上を回復したケースがないか，インターネットや新聞を調べたり，御社に資料があればそれを参考にしたりして，対応策を考えます。

面接官 （論理的思考力はある）

👍 ⑤から論理的思考力が評価された

（中略）
　この後，人材ビジネス業界の動向や自社の課題について質問されるが，きちんと意見を持ち，洞察力，分析力が備わっていることがわかる。

👍 つぎつぎとコンピテンシーが評価された

面接官 学生時代に身につけたことで，当社で活かせる能力は？

白石 まず，ポートフォリオマネジメントという意識を備えていることは，私の強みだと思います。

面接官 どういうこと？

👍 深掘り質問が来た

白石　私は学生時代に⑥「○○○サークル」に所属し，３年間経理を担当し，レシート精算から全体の予算・決算などを行ってきました。お金を管理するうちに，限られた予算を最大限に活かすには，何に多く使い，何は節約したほうがいいとか，お金の使い道にメリハリを持たせることが大切だと気づいたのです。私の父は会計士で，お金の使い道の戦略的配分をポートフォリオマネジメントというと教えてくれたのですが，その後は，⑦お金の配分を考えて，トータルで最大の効果を上げることを心がけるようになりました。この考え方は，仕事でも活かせます。⑧限られたお金を複数のプロジェクトに使う場合，どこにお金を使えば利益が最大化するか。お金に限らず，どの仕事に時間と労力を注ぐと最大の生産性を上げられるか，設計することも可能です。この発想で仕事も効率良く行えると思います。

面接官　（費用対効果の意識や戦略的思考力が備わっていそうだ）

👍 ⑥⑦から戦略的思考力が，⑧は「ノウハウ」が評価された

他には？

👍 揺さぶり質問が来た

白石　ゼミ仲間６人で，論文大会に論文を発表しました。その時，⑨グループのまとめ役としてリーダーシップを発揮しました。落選しましたが，チーム力を高める手応えは感じました。

面接官　どのようにチーム力を高めたのですか？

👍 深掘り質問が来た

白石　⑩大切なのはモチベーションを高めること。そのために皆がワクワクする目標を設定することです。この論文を完成させたら自分たちにどれだけ自信がつくか，読む人がどんなに喜んでくれるかをメンバーに伝え，その気にさせました。次に大切なのは，どんなゴールを目指すのか，目標を共有すること。それから何から手をつけるべきかをリストアップし，行動計画を立てること。目標を設定し，やるべきことを伝えたら，あとはモチベーションを上げることに専念することだと思います。

面接官　（チームを統率する力はある。会社でも活きるだろう）

👍 ⑨⑩からチームマネジメント力が評価された

（後略）
　この後もいろいろ質問されるが，総じて深く広く考える力があり，多くのコンピテンシーが備わっていることがわかり，合格となる。

この応募者に対する面接官の評価

POINT

①や③のエピソードがあるので②の志望動機やビジョンに説得力があり評価できる。④からも「企業理解」ができていることがわかり，志望意欲は伝わる。仕事能力は，⑤⑥の発言から「論理的思考力」をはじめ，複数のコンピテンシーが伝わる。また，⑦の経験・行動からコンピテンシー「戦略思考」が，⑧から独自の「ノウハウ」が，⑨の経験・行動からコンピテンシー「チームマネジメント力」が伝わる。全体的に仕事で活かせる「仕事能力」の高さも「志望意欲」の本気度も十分伝わる。

　この応募者の回答からは，仕事能力も志望意欲も伝わり，面接官に高く評価されたことがおわかりですね？　この応募者のように，面接ではコンピテンシーを感じさせるエピソード（経験や行動）を積極的にアピールしましょう。また，ビジョン実現に向けた行動や，企業理解ができていることもアピールしましょう。そうすれば，あなたに対する面接官の活躍期待値はどんどん高まります。

memo

10

合否は「事前準備」が全て。だからChatGPTが効果的

◆ 面接対策とは，いったい「何の対策」が必要なのか？

　結局，合否の分かれ目は60分間の面接で面接官に「この応募者は活躍できる！」と印象づけられるかどうかです。そのためには「コンピテンシー」が伝わるように話す必要があります。企業に貢献できることを説明する必要もあります。志望理由も説得力が必要です。ロジカルに回答する必要もあります。そのためには**「事前準備」**が不可欠です。準備不足で面接を乗り切るのは困難でしょう。では，どんな事前準備をすればいいのでしょうか？

　右ページが最短で内定を獲得するための面接対策の流れです。まずは**「面接の質問パターンを把握」**して，回答に必要な準備や作業の全体像をイメージしましょう。ステップ②で**自分の強みとそれを活かして企業に貢献できること（CAN）を作成し**，ステップ③では説得力のある**「WILL（やりたいことと志望理由）」**を作成します。このCANとWILLが面接で伝えるべき最も重要なメッセージです。ステップ④では，それらを踏まえて**「自己PR」と「志望動機」の全体の流れを作成します**。ステップ⑤でロジカルに話すコツを身に付けます。そして最後に頻出質問別の回答を用意して，志望企業の面接を想定した練習（模擬面接）をして，面接対策は完了です。

◆ 面接対策は「短期間で効率よく」。だからChatGPTが効果的

　上記の6ステップを，独力で取り組むには上達に時間がかかります。そこでChatGPTを活用します。本書では，面接対策の各ステップを大幅に効率化できる**ChatGPTのプロンプト（質問・指示）テンプレ**を用意しました。テンプレをコピペして自分の状況に合わせて書き換えるだけで効果的な回答が出てきます。また，**志望企業の面接を想定した模擬面接も行えるプロンプト**も用意しました。**ChatGPTがあれば，面接対策は3日で完了します！**

（ChatGPTのプロンプトのテンプレのダウンロード方法は22ページ参照。）

面接対策の流れ

面接対策の 7 ステップ	活用する ChatGPT のプロンプト

①面接の質問パターンを把握
面接の質問は 6 パターンしかないことを知る

- プロンプト「志望企業の面接の質問傾向」
→ 68ページ

②「CAN（強みと貢献）」を練る
自分の強みと企業に貢献できることを整理

- プロンプト「自分の強みを企業にどう活かすか」
→ 71ページ
- プロンプト「具体的に企業に貢献できること」
→ 73ページ

③「WILL（志望理由）」を練る
志望理由に不可欠な 2 大ポイントを確認

- プロンプト「夢・やりたいこと」
→ 75ページ
- プロンプト「志望理由の見つけ方」
→ 77ページ

④「面接でブレない軸」を練る
論理的に回答するコツを身に付ける

- プロンプト「自己 PR と志望動機の全体メッセージのリライト」
→ 81ページ

⑤ロジカル面接トークに慣れる
自己 PR と志望動機の全体メッセージを固める

- プロンプト「質問に PREP 法で回答」
→ 86, 88ページ

⑥ 頻出質問別回答と模擬面接
6 分野の頻出質問への回答を準備する

- 「私の強み」対策のプロンプト 7 選
→ 96〜110ページ
- 「志望動機・キャリアプラン」対策のプロンプト 6 選
→ 114〜128ページ
- 「弱点・人柄」対策のプロンプト 5 選
→ 132〜142ページ
- 「思考力」対策のプロンプト 7 選
→ 152〜170ページ

まずは ChatGPT を準備する

1 公式サイトにアクセスする

オープン AI の ChatGPT のサイト
（https://openai.com/blog/chatgpt）にアクセ
スし，「Try ChatGPT」をクリックする。

2 サインアップ（登録）する

ChatGPT のログイン画面が表示されるので，
「Sign up」をクリックする。

3 メールアドレスとパスワードを登録

まずはメールアドレスを入力する。次にパス
ワードを入力する画面が表示されたらパスワ
ードも入力する。

4 メールアドレスを認証する

入力したメールアドレス宛に届いたメールを開
いて「Verify email address」をクリックする。

54〜60 ページの ChatGPT の画面は 2023 年の 10 月時点のものです。将来，変更する可能性があります。

5 氏名，生年月日，電話番号を順に登録

氏名，生年月日を入力する。次に電話番号を入力する画面が表示されたら，電話番号も入力する。

6 届いたコード番号を入力

電話番号を入力するとショートメッセージで6桁のコード番号が届くので，コード番号を入力。これでアカウントの解説作業が完了し，ChatGPT を利用できるようになる。

7 チャット画面で質問の入力を開始

ChatGPT のサイト（https://chat.openai.com/）を開き，入力ボックスに指示や質問を入力。
なお，ChatGPT では，指示や質問のことをプロンプトと呼ぶ。ボックス横のクリックボタンを押すと，ChatGPT が回答を開始する。

新しいチャットの作成

回答が表示される

過去のチャットの履歴

回答が気に入らなければここをクリック

8 回答が表示される

ChatGPT からの回答が表示される。回答が気に入らなければ画面右下の「Regenerate」ボタンをクリック。さらに質問を続けたい場合は，同じ手順で再度入力ボックスに質問（プロンプト）を入力。
なお，話題を変えて新しい質問をしたい時は，画面左上の「New chat」をクリックし，新しい画面を開いて，新たにチャットを開始する。また，画面左には過去のチャット履歴が表示されている。履歴をクリックするとそのチャットを再開できる。

ChatGPT の基本②

就活での使い方の勘どころ

効果的な回答を引き出すコツは「質問力」にあり

漠然と「〇〇をテーマにしたエントリーシートを作成して」と質問しても漠然とした回答や，日本語も変な低品質な回答しか返ってきません。効果的な回答を引き出すには，質問（プロンプト）の入力方法に工夫が必要です。就活で使う場合，特に次のように工夫してください。

1 区切り文字を使う
質問は，頭に「＃」を付けて，「命令」「条件」「表現上の注意点」などの見出しをつけて「分割」して記載すること。質問や指示の構造が明確になり，ChatGPTが質問者の意図を汲みやすくなります。

2 役割を与える
「あなたは〇〇です」とChatGPTに役割を与えること。それに即した回答をしてくれます。

3 条件を追加していく
条件を具体的に指定していきます。特に就活ならではの文章構成（「結論」「概要」「課題」「解決策」「成果」「貢献」など）で書くように指定します。

4 自然な日本語で回答させるためのコツ
文字数の指定や，おかしな日本語の文章にならないように，表現の注意点も指定します。

Q

＃命令： **1**
2 あなたは優秀な就職活動中の大学生です。以下の条件と表現の注意点に従って，エントリーシートに記載する自己PRを書いてください。

3 ＃条件：
・応募先企業：トヨタ自動車
・応募先の企業URL：https://www.toyota-recruit.com/
・私の強み：課題を冷静に分析し，課題解決策を論理的に導き出し，課題解決のために意　欲的に挑戦できること
・エピソード：イベントサークルのリーダーとして，イベントの協賛金を100万円集めることに成功した。サークルのメンバーのモチベーションを上げることと，イベントの企画を工夫した。
・強みとエピソードにズレがないように書いてください
・文章は次の構成で作成してください
(1)「結論」最初に自分の強みを述べます
(2)「概要」強みを裏付けるエピソードの概要を説明します
(3)「課題」エピソードの中で直面した課題を説明します
(4)「解決策」課題の解決のためにとった行動を説明します
(5)「成果」行動の結果得た成果を説明します
(6)「貢献」強みを生かして企業に貢献できることをアピールします

4 ＃表現の注意点：
・文字数は800文字以内
・主語と述語を近づけて書くこと
・ですます調で書くこと
・二重表現をしないように書くこと
・「漢字：ひらがな：カタカナ」の割合は「2：7：1」で書くこと

回答はあくまで叩き台だが，各段に作業がラクになり時短にもなる

　左ページのプロンプトを入力して実行すると，以下のような回答が表示されます。回答の文章にはＡＩっぽさが残ることもありますが，欲しい回答の文章構成（叩き台）を作ってくれたり，欲しい情報を表示してくれたり，ES対策や面接対策に必要な作業を劇的にラクにしてくれます。

1 ChatGPTの回答
このマークは，「Chat GPTの回答欄」という意味。

2 回答が表示
ここに回答が表示されます。

3 他の回答を
リクエスト
表示された回答がに気に入らなければ，この「Regenerate」ボタンをクリックすると，再度，別の回答を表示してくれます。なお，先に表示された回答も保存されているので再表示が可能。

1
【結論】私は課題を冷静に分析し，論理的な思考で課題解決策を導き出し，意欲的に挑戦する強みを持っています。
【概要】私の強みを裏付けるエピソードは，大学のイベントサークルのリーダーとして活動した経験です。その中で，イベントの協賛金を100万円集め，メンバーのモチベーション向上と創意工夫を通じて成功を収めました。
【課題】イベントを企画する際，予算の限られた中で魅力的な内容を提供することは大きな課題でした。メンバーのモチベーションを維持し，スポンサーシップを獲得することも難しい局面でした。
【解決策】課題解決のために，私はまずメンバーのアイデアを集めるワークショップを開催しました。そこで，異なる視点からアイデアを出し合い，予算を最適に活用する方法を模索しました。また，スポンサーに対しては，トヨタ自動車の信頼性やイベントの独自性を伝え，協賛金の調達に努めました。
【成果】メンバーのアイデアを取り入れたイベント企画は，参加者から高い評価を得て多くの人々を魅了しました。協賛金の調達も成功し，100万円の目標を達成しました。さらに，メンバー同士の協力と創意工夫によって，充実したイベントが実現しました。
【貢献】私の強みを活かして，トヨタ自動車においても課題解決に取り組み，新たな成果を生み出すことができます。経験から培ったリーダーシップと論理的思考を通じて，組織内での協力やクリエイティブなアイデアの提供に貢献します。また，トヨタ自動車のビジョンと価値観に共感し，チームと協力して持続可能な未来を築くお手伝いをする意欲も持っています。
トヨタ自動車の先進技術と革新的なアプローチに私の強みを融合させ，未来志向のチームメンバーとして貢献したいと考えております。

2　　　　　　　　　　　　　　**3** ↻ Regenerate

ChatGPT の基本③

ChatGPTと模擬面接するための設定

1 Googleで検索

Google または Google Chrome ウェブストア
の検索窓に「Voice Control for ChatGPT」と
入力し，検索する。

2 「Chromeに追加」を選択する

「Voice Control for ChatGPT」ページが開い
たら，ページの右上に「Chromeに追加」とい
うボタンが表示されるのでクリックする。
ChatGPT のログイン画面が表示されるので，
「Sign up」をクリックする。

4 「拡張機能を追加」を選択する

「Chrome に追加」をクリックすると，左のよ
うな小さいポップアップが表示されるので，
「拡張機能を追加」をクリックする。

4 ChatGPTを開いて設定の完了を確認

「拡張機能を追加」を押した後に ChatGPTを
開く。左のような，マイクなどのボタンが表
示されていたら，これで設定は完了。

5 ボタンAを押して会話を開始する

左のマイクのマークが付いたボタンAを押すと、ボタンが赤色に変わる。この赤く変わった状態の間は、あなたが話す会話が、文字に変換されてプロンプトの入力ボックスに入力される（音声入力される）。入力が終わり、もう一度ボタンAを押すと、変化された文字がChatGPTに送信され、今度は、ChatGPTが回答を準備し始める。

6 ボタンB，CでChatGPTの音声を停止

ChatGPTが話している途中でボタンBを押すと、ChatGPTの会話（音声）を停止することができる。
ChatGPTが回答を会話（音声）で読み上げないようにするには、ボタンCを押す。

7 ボタンDで詳細設定をする

ボタンDでChatGPTとの会話（Voice Control for ChatGPT）に関する詳細の設定画面（次の画面）が開き、詳細設定ができる。

8 回答が表示される

ChatGPTからの回答が表示される。回答が気に入られなければ画面右下の「Regenerate」ボタンをクリック。さらに質問を続けたい場合は、同じ手順で再度入力ボックスに質問（プロンプト）を入力。
なお、話題を変えて新しい質問をしたい時は、画面左上の「New chat」をクリックし、新しい画面を開いて、新たにチャットを開始する。また、画面左には過去のチャット履歴が表示されている。履歴をクリックするとそのチャットを再開できる。

ChatGPT の基本④

就活で使う場合の注意点

ChatGPT は，就活を効率化する便利なツールですが，落とし穴もあります

　ChatGPT は，就活対策を効率的に進めるうえでとても便利なツールですが，以下のように注意点もあります。ChatGPT の特性やリスクを理解したうえで，自己責任で「賢く」活用しましょう。

誤回答をする可能性	事実とまったく異なる情報を，正解であるかのように回答する場合（「ハルシネーション」という）があります。特に事実確認が重要な回答の扱いは，注意しましょう。
毎回異なる回答を出す	ChatGPT に同じ質問をしても，毎回違った回答をします。（技術的な操作で回答が同じになるように制御は可能） これが ChatGPT の特徴だと割り切って，使いこなしましょう。
最新情報はない ※2023年10月現在	ChatGPT の回答は，2021 年 9 月頃までのデータをもとに生成されます（※2023年10月現在）。企業分析や業界分析で ChatGPT を活用する際もそれを踏まえて使うようにしましょう。
個人情報の流出リスク	質問に入力した情報は，ChatGPT に蓄積され，他の人の質問に対する回答に露出するリスクがあります。個人を特定する情報の入力には気をつけましょう（下記に回避策あり）
企業に疑われるリスク	AI（ChatGPT）で作成された ES かどうかの可能性を％で判定するツールを持っている企業もあります。ただし，ネットで見つけた ES 事例を参考に自作で作った ES でも AI 生成可能性判定が高く表示される可能性はあります。いずれにせよ，ChatGPT の回答は参考にとどめ，自分流の文章に書き直して応募しましょう。

自分の個人情報を ChatGPT に学習・流出させない方法

「チャット履歴&学習」ボタンをオフに

ChatGPT の画面左下の個人アカウント名をクリックすると表示される「Settings（設定）」項目もクリック。すると左の画面が開くので，左側の「Data controls」を選択。次に右上の「Chat history&training」（チャット履歴&学習）ボタンをオフする。

ChatGPTで面接対策が一気に楽に！

3日で完了!
「面接攻略テクニック」

　ChatGPTを使って3日で完了する「とっておきの面接攻略テクニック」を紹介します。
　これを知るだけで,誰でも面接通過率が劇的にアップします。

テクニック① 面接の攻略は「6分野の質問」対策だけで十分

◆ 面接の質問は実はたった6パターン

面接官に「この応募者は活躍できる！」と印象づけたくでも，何を質問されるかわからないのにどうやって印象づければいいの？ そう不安に思うかもしれません。しかし，60分の面接で聞かれる質問は実はたった「6分野」。次の6つを確認する質問だけなのです。

「能力・強み」「志望動機・夢・目標」「キャリアプラン」

「弱点の克服」「人柄」「思考力」

66〜67ページに人気企業の質問例を挙げましたが，やはり「6分野」の質問ばかりです。面接は，わずか60分で「あなたが活躍できるかどうか」を確認するプロセスなので，この「6分野」に集中するのです。

ちなみに，右の「6分野」は実はあなたの**「心技体」**なのです。

「心」とは，あなたのマインド。つまり，あなたがやりたいこと，「志望動機，キャリアプラン」です。「技」とは，あたなの能力。つまり「強み，弱み」です。「体」とは身体，（思考）体力。つまり「人柄，思考力」。つまり面接官は，あなたの「心技体」のレベルをチェックしているのです。

面接で受かるには右ページの**「6分野」の回答に磨きをかけ**，回答を通じて**「私は活躍できる」**ことを印象つけることが重要です。

まずは「6分野」の質問と，回答を通じて「この応募者は活躍できる」と印象づけるために必要なポイントを紹介します。

◆ ①「能力・強み」を確認する質問

「能力・強み」を確認する質問とは，応募者に自社が求める能力やコンピテンシーが備わっているか？ またそれ以外にも評価できるような資質や特技，秀でた才能が備わっているかを確認する質問です。それらの能力・強みは，応募者の入社後の**パフォーマンス（仕事力，活躍）**に直結するため，面接

強化すべき6分野

志望動機・夢・目標

弱点の克服

能力・強み

キャリアプラン

思考力

人柄

でも徹底的にチェックされます。具体的な質問は，「あなたの強みは？」「学生時代に頑張ったことは？」「当社で貢献できることは？」「何かを成し遂げたことは？」などです。

これらの質問で，活躍イメージを伝えるためのポイントは以下です。

- 企業に貢献できることを実体験をもとに伝えられる
- 企業が求める能力・コンピテンシーを発揮したエピソードが多い

◆ ②「志望動機・夢・目標」を確認する質問

「志望動機・夢・目標」を確認する質問とは，応募者がやりたいことは何か？それは自社とフィット（合致）するか？　自社を理解して応募しているか？本気で自社を志望しているか？　をチェックする質問です。それらはすべて **「自社へのモチベーション（志望意欲）の強さ，本気度」** を確認するものです。具体的な質問は「志望動機は？」「他社ではなく自社を選ぶ理由は？」「当社でやりたいことは？」などです。

これらの質問で，活躍イメージを伝えるためのポイントは以下です。

- 夢・目標が具体的で，その実現のためにすでに行動を起こしている
- 企業理解が深く，理解を深めるために行動を起こしている

◆ ③「キャリアプラン」を確認する質問

「キャリアプラン」を確認する質問とは，入社後に身に付けたいことややりたいことを，どこまでイメージできているかチェックする質問です。これも **「自社へのモチベーション（志望意欲）の強さ，本気度」** を確認するものです。具体的な質問は「5年後,10年後にやりたいことは？」「どんな大人になりたい？」「経験したい仕事・部署は？」などです。

これらの質問で，活躍イメージを伝えるためのポイントは以下です。

- 入社後の目標・プランが具体的に伝えられる
- 企業理解が深く，理解を深めるために行動を起こしている

◆ ④「弱点の克服」を確認する質問

「弱点の克服」を確認する質問とは，応募者の弱み，弱点は何か？　応募者

がそれを自覚しているか？　それを克服する意欲・行動があるか？　を確認する質問です。弱み・弱点は，強みや長所とは逆の意味で，応募者の入社後の**パフォーマンス（仕事力，活躍）**に影響するため，面接でも必ずチェックされます。具体的な質問は，「あなたの課題は？」「○○の能力が足りないのでは？」「○○はできる？」などです。

　これらの質問で，活躍イメージを伝えるためのポイントは以下です。

- **弱み・弱点を自覚している**
- **弱み・弱点を克服する行動をすでに起こしていることを説明できる**

◆ ⑤「人柄」を確認する質問

「人柄」を確認する質問とは，応募者の性格，人柄，品格，人間的な魅力をチェックする質問です。それらはすべて**「自社に関わる人と良好な関係を築けるか」**を確認するものです。具体的な質問は「苦手な人は？」「友達からどんな人と言われる？」「何をしてる時間が幸せ？」などです。

　これらの質問で，評価を得るためのポイントは以下です。

- **人柄の良さ，器の大きさを感じさせる思考・行動を伝えらえる**
- **人当たりの良さを感じさせるエピソードが伝えらえる**

◆ ⑥「思考力」を確認する質問

「思考力」を確認する質問とは，応募者の地アタマの良さ(論理的思考力,分析力,課題解決力など）をチェックする質問です。外資系企業やマスコミ，コンサルティング会社の面接でほぼ必ず質問されます。具体的な質問は「自社の課題は？」「自社の○○製品の売上を伸ばすには？」「最近話題の○○問題についてよい解決策はある？」などです。

　これらの質問で，評価を得るためのポイントは以下です。

- **問題点や課題を要素分解して，論理的に答えを導き出せる**
- **質問に対する回答に理由，根拠，具体例があり，説得力がある**
- **深く思考でき，多面的に物事を見られる**

▶ 面 接 質 問 一 例

主要企業の面接質問の傾向を調べると，以下の6分野に集中していることがわかる。

「キャリアプラン」に関する質問

- ●商社で果たしたい夢は？
  （伊藤忠商事）
- ●将来，どんなビジネスパーソンになりたい？
  （リコー）
- ●社会人と学生の決定的な違いは？
  （JR東海エージェンシー）
- ●どんなコンサルタントになりたい？
  （アビームコンサルティング）
- ●10年後の自分はどうなっている？
  （宣伝会議）
- ●キッコーマンで10年間働いている間にやりたいことは？
  （キッコーマン）
- ●三越でのキャリアプランを聞かせて
  （三越伊勢丹ホールディングス）
- ●資生堂でどんな風になりたい？
  （資生堂）

「志望動機・ビジョン」に関する質問

- ●インターンシップへの応募理由は？
  （三井住友信託銀行）
- ●テレビで何を伝えたい？
  （日本テレビ放送網）
- ●なぜERPをやりたいのか？
  （日立ソリューションズ）
- ●なぜメーカーではないのか？
  （日立ソリューションズ）
- ●なぜ信託銀行を希望するのか？
  （みずほフィナンシャルグループ）
- ●希望しない部署に配属されたら？
  （光文社）
- ●会社のイメージを3つ挙げよ
  （太陽生命保険）
- ●もし明日戦地に行けと言われたらどうする？
  （共同通信社）
- ●新聞記者に必要だと思う資質を挙げよ
  （朝日新聞社）
- ●理系なのになぜ営業を希望？
  （江崎グリコ）
- ●商品企画にどんなイメージを持っている？
  （ファンケル）
- ●インターンシップを通じて学びたいことは？
  （楽天）
- ●なぜ外資系を志望しているのか？
  （グラクソ・スミスクライン）
- ●出版と新聞を併願している理由は？
  （集英社）
- ●人材バンクをどのように考えている？
  （パーソルキャリア）
- ●あなたが会社を選ぶ基準は？
  （リクルートホールディングス）
- ●あなたにとって仕事の位置づけは？
  （野村證券）
- ●KADOKAWAで何がやりたいのか？
  （KADOKAWA）
- ●営業にはノルマがあるが大丈夫か？
  （第一生命保険）
- ●嫌な上司に飲みに誘われたらついていくか？
  （ニコン）
- ●語学力は活かせないが，それについてどう思う？
  （三井住友海上火災保険）
- ●営業で成績が上がらなかったらどうする？
  （持田製薬）

「能力・強み」に関する質問

- ●あなたが他の応募者に比べ勝っていると思う点は？
  （共同テレビジョン）
- ●自分の行動特性をもとに，資生堂で活かせることをアピールせよ
  （資生堂）
- ●何かを変革した経験を教えて
  （リコー）
- ●自己管理ができるか？ その理由は？
  （ライオン）
- ●あなたの強みを教えて
  （JCB）
- ●研究内容を3分で説明して
  （日産自動車）
- ●学生時代にやってきたことを挙げられるだけ挙げよ
  （JCB）
- ●アルバイトで工夫したことは？
  （JTB）
- ●あなたの失敗経験とその対処の仕方について説明して
  （第一生命保険）
- ●リーダーシップを発揮した経験は？
  （KNT-CTホールディングス）
- ●グループでのあなたの役割は？
  （富士フイルム）
- ●理系で学んだことで仕事で活かせることは何？
  （JCB）
- ●自分自身のキャッチコピーを教えて
  （ライオン）
- ●あなたのモットーを教えて
  （明治安田生命保険）

- 君は商社に向いている？ その理由は？
  （伊藤忠商事）
- なぜ大学院に進学したの？
  （伊藤忠商事）
- プロジェクトマネジャーに必要な能力があなたにある？
  （野村総合研究所）
- インターンシップの話を聞かせて
  （アクセンチュア）
- 当社があなたを採用するメリットは？
  （日本アイ・ビー・エム）

「人柄」に関する質問

- あなたのあだ名は？
  （富士フイルム）
- 最近読んで心に残っている本は？
  （博報堂）
- あなたの旅行スタイルは「計画派」？ それとも「自由気まま派」？
  （日産自動車）
- 自分は人からどう思われている？
  （松竹）
- どんなメイクが好きか？
  （日本航空）
- 休みの日は何をしている？
  （博報堂）
- 就活を終えたら何をしたい？
  （野村総合研究所）

「思考力」を確認する質問

- あなたが作りたい番組を教えて
  （NHK）
- 地方紙が生き残るために必要なことは？
  （中国新聞社）
- 最近気になったニュースは？
  （共同テレビジョン）
- 日テレのキャッチコピーを考えて
  （日本テレビ放送網）
- SEについて知っていることを説明して
  （富士通）
- これから証券業界はどうなると思う？
  （SMBC日興証券）
- カルピスの良いところ，悪いところは？
  （カルピス）
- コーヒーをどのように売りたい？
  （UCC上島珈琲）
- 伊勢丹の店舗をどう思った？
  （三越伊勢丹ホールディングス）
- 当社で好きな商品は？ どうやって売れば良いと思う？
  （江崎グリコ）
- 日本経済の現状についてどう思う？
  （三井住友銀行）
- あなたがやりたい企画を教えて
  （学研ホールディングス）
- 活字の未来についてどう思うか？
  （集英社）
- カード業界の問題点を説明して
  （三井住友カード）
- これから松竹はどうしていけばいい？
  （松竹）
- 中国とのビジネスで大切なことは何だと思う？
  （キヤノン）
- ヒットしそうなアプリのアイデアはある？
  （サイバーエージェント）
- 製薬業界のニュースで気になっているものは？
  （グラクソ・スミスクライン）
- 日経新聞は読んでいるか？ 気になったニュースは？
  （損害保険ジャパン）
- ファミリーマートがもっと伸びていくには何が必要？
  （ファミリーマート）
- どんなシステムがあればいいと思う？
  （NTTデータ）
- あなたのアルバイト先のお店の強みと弱みは？
  （ベネッセコーポレーション）

「弱点の克服」を確認する質問

- あなたが克服したいと思っている課題は？
  （パーソルキャリア）
- 営業は女性には相当ハードな仕事だけど
  （JTB）
- 一般職での応募は検討しなかったのか？
  （三井ホーム）
- ちょっと成績が悪いようだけど
  （日本銀行）
- あなたの短所は？
  （カルピス）
- 語学が好きなら英語教師になれば？
  （伊藤忠商事）
- 今日の面接で失敗した点をPRし直してもいいよ
  （ニッセイ情報テクノロジー）

© キャリアデザインプロジェクト

2 ChatGPTで志望企業の面接の質問傾向を把握する

◆ ChatGPTで「志望企業の面接の質問傾向」をチェック

　面接の質問は6パターンしかないことがわかったら，実際に**志望企業の面接の質問傾向**をチェックしましょう。ここでChatGPTを活用します。

　下のChatGPTのプロンプトの「青字部分」を自分の志望企業の企業名と企業URLに書き直してください。すると右ページのような回答が表示されます。この回答が，志望企業の面接に質問例となります。ChatGPTの回答の画面の右下の「Regenerate」をクリックすると，さらに他の質問例が表示され，より，志望企業の質問の傾向がわかってくるはずです。

　なお，右の回答は，ChatGPTが教えてくれた電通の質問例です。やはり質問は，62〜65ページ説明したとおり6パターンしかないことがわかりますね？

> **プロンプト 2-1** 志望企業の面接の質問傾向

> **Q**
>
> **#命令：**
> あなたは以下の企業の新卒採用の面接官です。優秀な学生を採用するために効果的な面接の質問と質問の意図を 15個作成してください。
>
> **#企業：**
> ・企業：電通
> ・企業のURL：https://www.group.dentsu.com/jp/

プロンプトの青字部分を自分の状況に合わせて書き換えてください。この後のページも同様。

ChatGPT の回答例
「志望企業の面接の質問傾向」

強みと弱みを確認する質問　　志望動機に関する質問　　思考力に関する質問

1：自分の強みと弱みについて教えてください。
　・意図：候補者の自己認識と自己改善の意欲を評価します。自己評価が適切か
　　どうかを見極めます。
2：なぜ電通で働きたいと考えていますか？
　・意図：候補者の企業への理解度やモチベーションを確認し，会社に対する熱
　　意や共感を探ります。
3：クリエイティブな問題にどのようにアプローチしますか？
　・意図：候補者の問題解決能力とクリエイティビティを評価します。柔軟な思
　　考やアイデアの発想力を見ることができます。
4：自分のキャリア目標について教えてください。
　・意図：候補者の将来の展望や計画を理解し，その目標が企業のビジョンと合
　　致するかどうかを確認します。
5：新しい環境での適応力についてどう思いますか？
　・意図：候補者の適応力や柔軟性を確認し，新しい状況や環境でも円滑に適応
　　できるかを見ます。
6：クライアントとの良好な関係を築くためのコミュニケーション方法は？
　・意図：候補者のコミュニケーションスキルと顧客対応能力を評価し，プロフ
　　ェッショナルな対応ができるかを確認します。
7：広告業界の将来についてどのような展望を持っていますか？
　・意図：候補者の業界への理解度や展望を評価し，業界のトレンドや課題につ
　　いてどれだけ考えているかを確認します。
8：多様なメンバーと協力する際の工夫は？
　・意図：候補者の多様性への理解と共感能力を評価し，異なるバックグラウン
　　ドを持つチームメンバーとの協力ができるかを見ます。
（後略）

キャリアに関する質問　　人柄に関する質問　　能力に関する質問

POINT

志望企業の質問の確認だけでなく，質問の意図も確認すること。また ChatGPT の回答結果の画面右下の「Regenerate response」ボタンをクリックして，さらに他の面接質問例もチェックすること。そうすれば，志望企業の面接の質問と質問意図がよりリアルにイメージできるはずだ。

3 テクニック② 企業に貢献できること（CAN）を用意する

◆ 面接の質問に「自分軸」ではなく「仕事軸」で回答できるように

　6パターンの面接の質問に答える際に最も重要なのは，学生時代に何を経験したか（I did）ではなく，強みや経験を活かして企業でどんな貢献ができるか（I can）を意識して仕事軸で回答できるようになることです。ただし，志望企業の仕事内容を理解していなければ「CAN（企業に貢献できること）」を具体的に説明するのは難しいでしょう。これまではOB訪問や現役の社会人にヒアリングしながら自分がどんな貢献ができるかを考える必要がありました。しかしChatGPTを使えばこの作業も簡単に行えます。71・73ページのプロンプトを見てください。これで，あなたは自分の強み・経験が企業に「**どのように活かせるか**」，また，「**活かせると思う理由**」，そして「**企業に具体的に貢献できること**」をすべて説明できるようになります。

◆ ChatGPTに「企業に貢献できること」のアイデアをもらう

　右ページのプロンプトに志望企業に特にアピールしたいあなたの強みと，それを発揮したエピソードを記入し（青字部分を自分の状況に合わせて書き換えてください），回答例を得ます。回答例（72ページ）は，強みや経験をどのように活かせるかを順序立てて説明する回答になっています。自分の強み・経験を「企業で活かせる」と自信を持って言える**「理由」**や，**「どのように活かせるか」**も具体的に説明してあるのがおわかりですね？

　次に企業や仕事で**「具体的に貢献できること」**を説明できるようになりましょう。そこで，72ページの回答に続けて，今度は「この企業の仕事で貢献できることを具体的に説明してください」とプロンプトに送信して回答例（73ページ）を得ます。回答例には，あなたの強み・経験を活かして志望企業の仕事で貢献できそうな案がリストアップされました。回答を参考にあなたが実際に企業に貢献できそうなことを面接で伝えられるようにしましょう。

プロンプト 2-2　自分の強みを企業にいかに活かすか

Q #命令：
あなたは優秀な就職活動中の大学生です。
以下のエピソードと回答の注意点に従って，以下の企業の面接の質問に上手く回答してください。

〔志望企業を入力〕

#面接の企業：
・企業：リクルート
・企業の URL：https://www.recruit.co.jp/

〔企業にアピールしたい強みとエピソードを入力〕

#面接の質問：
自分の強みや経験を活かして，企業にどう貢献できるかを説明してください。

#エピソード
・エピソード：サークルのリーダーとして留学生向けのフリーペーパーを創刊した。フリーペーパーの制作に必要な資金を集めるため，企業から広告費を 100 万円集めることに成功した。サークルのメンバーのモチベーションを上げることと，読者の留学生が読みたくなる企画を多く制作し，読者数は 1000 人を突破した。
・アピールポイント：みんなが無理だと思うようなことでも，どんどん新しいアイデアを出して解決策を考える力

#エピソード
・エピソード：留学生向けのフリーペーパーを発行する際に，多くの専門を持った人とチームを組むことでクオリティに高いものが生み出せると思い，5 つの大学とチームを組んで共同制作した。
・アピールポイント：チームで成果を生み出すためのリーダーシップ

#回答の注意点：
・回答は以下の流れに沿って端的に回答します。
(1)「結論」最初に自分の強みを述べます。
(2)「具体例」強みを裏付けるエピソードとして，課題をどう解決したかを述べます。
(3)「理由」自分の強みが企業で活かせると思う根拠や理由を説明します。
(4)「貢献」強みを活かして企業に貢献できることをアピールします
・400 文字以内で回答します。
・質問の意図と回答がずれないように回答します。
・企業の特徴や求める人物像と回答がずれないように回答します。
・話し言葉で回答します。

〔強みを活かせる理由とどう活かせるかを ChatGPT に考えてもらう〕

ChatGPT の回答例【自分の強みと企業貢献】

> 自分の強み・経験が企業に活かせると思う【理由】を説明している

 私の強みは「問題解決力」と「リーダーシップ」です。

具体的なエピソードとして，大学のサークルで留学生向けのフリーペーパーを創刊し，広告費 100 万円を集める成功を収めました。このプロジェクトでは，メンバーのモチベーションを高め，読者が魅力的に感じる企画を多く制作し，読者数を1000 人に増やしました。この経験から，私の問題解決力は「新しいアイデアを出して解決策を考える力」として発揮されました。

リクルートのような先進的な企業では，常に変化する環境で問題を迅速かつ創造的に解決する力が求められます。私はその点で貢献できると考えています。

また，留学生向けフリーペーパーの制作では，異なる大学から専門的な人々と協力しました。これは私のリーダーシップスキルを発展させました。

リクルートのような大規模な企業では，多様なバックグラウンドを持つ人々と協力して成果を上げる能力が必要です。私は協力を促進し，チームでの成果を生み出す自信があります。

したがって，私の問題解決力とリーダーシップスキルを活かして，リクルートにおいて新たなアイデアの発展や協力を奨励し，組織の成果に貢献できる自信があります。

> 自分の強み・経験を企業に【どのように】活かせるかを説明している

POINT

- 自分の強みとエピソードを述べるだけでなく，それらを企業に活かせると思う「理由」と，「どのように活かせるか」も述べているので，主張に説得力がある。
- 回答全体が，「自分軸」ではなく「仕事軸」で述べられており，この応募の「CAN」（企業に貢献できること）が伝わりやすい。
- ChatGPT のデータと回答は 2021 年までの情報に基づくことに留意する。

プロンプト 2-3　企業に貢献できること

 #命令：
この企業の仕事で貢献できることを，20代の観点から，具体的に説明してください。

 20代の観点から，リクルートの仕事で貢献できる具体的な方法は以下の通りです：

１. デジタルマーケティングの強化：
20代はデジタルネイティブ世代であり，ソーシャルメディアやオンラインプラットフォームを積極的に利用します。私はデジタル広告やソーシャルメディア戦略に関する知識と経験を持っており，リクルートのオンラインプレゼンスを向上させ，若いユーザー層をターゲットにした効果的なキャンペーンを立案できます。データ分析やトレンドの把握を通じて，市場での競争力を高めます。

2. 若手従業員の育成：
20代の視点から，若手従業員の成長をサポートできます。メンターシッププログラムやトレーニングセッションを設計し，新入社員や若手社員に必要なスキルと知識を伝えます。また，アイデアを自由に発言しやすい環境を促進し，若手の創造性を引き出します。これにより，新しいアプローチや発想が組織全体にフィードバックされ，イノベーションを推進します。

3. 新たな市場への進出：
若い世代は国際市場への関心が高く，国際展開においても貢献できます。市場調査と分析を通じて，新たな市場での機会を特定し，展開戦略を策定します。また，異文化理解と言語スキルを活かして，グローバル展開におけるコミュニケーションとビジネス関係の構築を支援します。

> 「企業に貢献できること」
> の案が出てきた！

POINT

● 回答結果の「企業に貢献できること」を参考に，実際に自分が貢献できることを自分の言葉で説明できるようになろう。
● 回答結果がピンとこなければ，回答結果の画面右下の「Regenerate」ボタンをクリックして，他の回答案をさらに表示させよう。
● ChatGPTのデータと回答は2021年までの情報に基づくことに留意して活用すること。

4 テクニック③ 企業でやりたいこと（WILL）を用意する

◆ 受かる志望動機と落ちる志望動機の違い

「CAN（企業に貢献できること）」に加えて，面接官が応募者に最も聞きたがるのが「WILL（何をやりたいのか）」です。就活生の志望動機でよくある内容に「会社のビジョンに共感したから」「会社の○○の製品が好きだから」「会社の社員の方が魅力的だから」などがありますが，このような志望動機では内定は取れません。なぜなら，この志望動機では応募者の肝心の「WILL（何をやりたいのか）」が伝わらないからです。**「WILL」とは，応募者の夢・目標であり，熱意**です。「WILL」が明確な応募者は，入社したら，自分の夢・目標に向かって自発的に努力をし，成長していきます。「WILL」が曖昧な応募者は，入社しても，会社から指示されないと動きません。成長も遅いです。

面接官はそれをよく知っています。ですから応募者の「WILL」を徹底的にチェックします。

◆ WILL がなければ ChatGPT にヒントをもらう

あなたは志望企業で実現したい「WILL（やりたいこと）」はありますか？

現時点でまだ明確な「WILL」がない方は，ChatGPTを活用しましょう。右ページのプロンプトに従って，志望企業に応募する優秀な就活生に多い**「夢・やりたいこと」の事例**をリストアップしてもらいましょう。回答をチェックして，「これだ！」「自分もこの夢・目標を目指したい！」と共感できるものが見つかれば，それを参考に自分の言葉で**「WILL（やりたいこと）」**を説明できるようにしましょう。もし，得られた回答にピントくるものがなければ，回答結果の画面右下の「Regenerate」ボタンをクリックして，別の回答を表示して自分にピンとくる「WILL」を探しましょう。

この後，志望動機を固めていく際にも，「WILL（やりたいこと）」は不可欠です。ぜひ自分の言葉で説明できるようになりましょう。

プロンプト 2-4　夢・やりたいこと

#命令：
あなたは以下の企業の新卒採用担当者です。以下の企業を志望する学生が採用選考で語る「夢・やりたいこと」を，具体的に30個教えてください。
#企業：
・応募先企業：リクルート
・応募先の企業URL：https://www.recruit.co.jp/

以下は，リクルートを志望する学生が採用選考で語る「夢・やりたいこと」の具体的な例です。これらのアイデアは学生の個性や経験に合わせてカスタマイズできるかもしれません。

1. リクルートで多様性と包摂性の推進に貢献し，社会に良い影響を与えたい。
2. イノベーションを推進し，新しいサービスやプロダクトを生み出すプロセスに関与したい。
3. リクルートのクライアントと協力して，ビジネスの成長を支援したい。
4. テクノロジーを活用して，人々の生活をより便利にするソリューションを開発したい。
5. データ分析と予測モデリングを駆使して，市場動向を洞察し，ビジネス戦略を最適化したい。
6. 教育分野でのプロジェクトを通じて，学習の機会を向上させ，教育に貢献したい。
7. インターナショナルチームでの経験を通じて，国際的な視野を広げたい。
8. リクルートのキャリア開発プログラムを通じて，リーダーシップスキルを向上させたい。
9. デジタルマーケティングの専門家として，オンライン広告戦略の立案と実行に携わりたい。

（後略）

> 「企業に貢献できること」
> の案が出てきた！

POINT

● 回答結果の「企業に貢献できること」を参考に，実際に自分が貢献できることを自分の言葉で説明できるようになろう。
● 回答結果がピンとこなければ，回答結果の画面右下の「Regenerate」ボタンをクリックして，他の回答案をさらに表示させよう。
● ChatGPTのデータと回答は2021年までの情報に基づくことに留意して活用すること。

◆「なぜこの企業を選ぶのか」も説明できるように

面接官が応募者の「WILL(やりたいこと)」を確認したら、次に確認するのが**「なぜ、うちの企業を選ぶのか」**、つまり**「志望理由」**です。「WILL」が明確でも志望理由が曖昧だと、面接官から「企業分析がいい加減だな」とか「この応募者は第一志望は他の企業だな」とマイナス評価を下されます。説得力のある「志望理由」も説明できるようになりましょう。

説得力のある「志望理由」には2つのポイントを押さえることが重要です。

まずは志望企業の中に**「自分の"夢の実現"に最適な理由・環境」**を探すこと。2つ目はその「最適な理由・環境」が**「他社よりも勝っていること」**です。この2点を押さえられれば「私は○○という夢(やりたいこと)がある。この夢を実現するために、他社よりも最適な○○の環境が御社にはある。だから御社を志望する」という、説得力のある志望理由が作れます。

◆ 志望理由の探し方のコツがある

どうすれば、その2つのポイントを押さえた**「自分の"夢の実現"に最適な理由・環境」**が見つかるのでしょうか？ OB訪問や志望企業の社員にヒアリングできるのが理想的ですが、時間がない方はここでもChatGPTを活用しましょう。

右ページ上のプロンプトに自分の**「WILL(やりたいこと)」**を入力して回答をチェックしてください。ChatGPTが、あなたの「WILL(やりたいこと)」を実現するために、他社よりもこの企業で働くことが最適だという「理由」をアドバイスしてくれました。この「理由」は後で志望動機を作成する際に使いますので保存しておいてください。また、念のために回答のような特徴が志望企業に本当にあるのか、ネット検索をして事実確認もしておきましょう。

プロンプト 2-5　志望理由の見つけ方

 #命令：
あなたは以下の企業の新卒採用担当者です。あなたが以下の夢を持つ学生を採用するために，以下の条件で，他社よりも以下の企業で働くことのメリットを説明してください。
#企業：
・応募先企業：リクルート
・応募先の企業 URL：https://www.recruit.co.jp/

> 自分の状況に合わせて青字部分を修正

#夢：
・世の中に役立つ Web サービスを多くプロデュースしたい
#条件：
・他の業界や他の企業よりも勝っている点を強調して説明してください。

> 他社よりも勝っている企業の特徴を ChatGPTに考えさせる

 あなたの夢である世の中に役立つ Web サービスを多くプロデュースするという志向は，リクルートでのキャリアに非常に適していると考えます。以下に，他社よりもリクルートでの働きが持つメリットをご説明いたします。

多様な事業領域：
リクルートは，人材，住宅，旅行，教育など多岐にわたる事業領域に進出している企業です。異なる分野で幅広いサービスを提供することで，あなたの世の中に役立つ Web サービスのプロデュースにおいて，幅広いアイデアと経験を得るチャンスがあります。他社よりも多角的なビジネスモデルに触れることで，新たな視点と創造力が育まれます。

リソースとサポート：
リクルートは，グローバルに展開しており，充実したリソースとネットワークを持っています。プロジェクトを推進する際には，技術的な面からビジネス戦略まで，幅広い専門知識を持つ仲間と協力できます。また，研修制度やメンターシッププログラムなども充実しており，あなたの成長をサポートする環境が整っています。

イノベーションへの挑戦：
リクルートは，新しいアイデアとイノベーションを大切にする企業文化を持っています。あなたの夢を実現するためのプロジェクトにおいて，アイデアを出し合い，チャレンジし，成果を上げる環境が整っています。イノベーションを重視する風土が，あなたの Web サービスの制作において大いに活かされることでしょう。

（後略）

> 自分の夢の実現に最適な「企業の特徴・環境」が出てきた！

テクニック④　自己PRと志望動機の「全体メッセージ」作成

◆ ESと面接でアピールするすべての内容に一貫性を

「アピールする強み」「企業に貢献できること」「やりたいこと」「志望理由」が揃ったら，それをもとに自己PRと志望動機で伝える**「全体メッセージ」**を作ります。**「全体メッセージ」**を固めたESや面接のどんな質問にも一貫性のあるブレない回答ができます。いきなり作成するのが難しい方は**「プロモーションシート」**を活用してください。右のシートのフォーマットにしたがって青枠部分を記入するだけで**「この応募者は活躍しそうだ」**と印象づけられる**「自己PR」「志望動機」**の全体の"流れ"が簡単に完成します！なお，シートをダウンロードして直接入力して使うことも可能です。（ダウンロード方法は22ページ参照）。

　全体の"流れ"ができたらChatGPTにきちんとした文章にリライトさせて全体メッセージを完成させましょう。

◆「プロモーションシート」の記入の流れ

【手順1】夢・やりたいことを記入する

　77ページであなたが記入した，志望企業で実現したい「夢・やりたいこと」をまずは「端的」に，次にもう少し「具体的」に記入してください。

【手順2】夢・やりたいことの実現に向けた準備，努力を記入

　夢・やりたいことがあるなら，その実現に向けてすでに準備や努力（勉強，経験など）をしているはずです。手順2の記入欄に，実現に向けて準備してきたことを「端的」に，次に「具体的」に記入してください。

【手順3】企業選びの理由を整理する

　入社を志望するからには「なぜこの企業を選ぶのか？」という「理由」が必要です。77ページですでに「志望理由」は見つけているはずなので，それを参考に手順3の記入欄に，まずは「端的」に，次に「具体的」に記入します。

「プロモーションシート」

以下のフォーマットにしたがい，青枠の部分をあなたの状況に合わせて記入して下さい。

（シート記入例）

志望動機

手順①

私には

世の中に立つ Web サービスを多くプロデュースしたい

という夢（目標，やりたいこと）があります。

具体的に言うと

まずは日本で暮らす外国人向けに，仕事と生活が豊かになる Web サイトづくり

がしたいと思います。

手順②

その夢（目標，やりたいこと）に向かって

IT 企業で Web 開発のインターン

を経験（努力）をしました。

特に頑張ったことは

日本の Web サービスのトレンドと課題の研究と広告営業です。インターンを通じて学んだことは，日本で暮らす外国人の方が満足して使える Web サービスがないことと，外国人向けに広告を出したい企業さんが満足して出せる Web サイトが少ないということ

です。

手順③

御社は，

運営している Web サービスの種類の多さ

の点で，同業他社と比較しても

業界でもトップクラスの数のWebサービスを運営しノウハウが蓄積しているということと，新しい文化とイノベーションを大切にする企業文化がある，営業力，資金力でも業界トップクラスである

という特徴があり，私の夢の実現には御社が最も理想的な職場です。だから御社を志望いたします。

自己PR

手順④

もちろん私は御社で活躍する自信があります。私の強みは

企画力

で，これまでも

周囲から無理だと言われたことでも次々と実現させてきました。たとえば，留学生向けのフリーペーパーの発行，アルバイト先のインテリアショップの 10 周年記念イベントへを大手新聞社に取材してもらうこと，インターンでの企画コンペで 1 位になること

を成し遂げてきました。

また，

チームで成功を生み出すこと

も得意（強み）です。例えば，

多くの専門を持った人とチームを組むことでクオリティの高いものが生み出せると思い，5 つの大学とチームを組んで留学生向けフリーペーパーの共同発行

を実現しました。

手順⑤

御社では

データ重視のロジカルシンキング

が必要だと思い，今は

感覚的な解決手法だけでなくデータにもとづく課題解決力を高めるために，論理的思考力を高める勉強に取り組んでいます。

手順⑥

至らない点もありますが，自分の強みを活かして，御社では

改善提案新しい Web サービスの企画提案や創造的なプロジェクトなど多くの企画提案

をすることができます。一生懸命，努力して参りますのでよろしくお願いいたします。

※プロモーションシートをダウンロードして直接入力して使うことも可能。ダウンロード方法は22ページ参照。

【手順４】企業が求める能力とエピソードを用意する

71ページで記入した，あなたの強みとエピソードを手順４の記入欄に記入します。エピソードも「課題⇒解決策⇒成果」の流れで記入するとコンピテンシーが伝わりやすくなります。続けて２番目に自信のある強みとエピソードも記入します。

【手順５】足りない能力は克服計画を用意する

志望企業が求める能力（不明なら109ページ参考）のうち，自分に足りない能力があれば，手順５の記入欄に記入します。足りない能力はさっそく克服する努力をしましょう。そこで，克服するための準備や取り組みも記入します。

【手順６】「企業に貢献できること」を思い浮かべよ

最後に，自分の「強み」を活かして志望企業でどんな貢献ができるかを71ページのChatGPTの回答を参考に，手順６の記入欄に記入してください。

◆ 「プロモーションシート」の文章をChatGPTにリライトさせる

手順１～６で記入した内容を見てください。「この応募者は活躍できそうだ」と採用担当者に興味を持ってもらえる**自己PRと志望動機の「流れ」**が完成しました！

この「流れ」の良い点は，まず「やりたいこと」が"具体的"で，すでに"目標に向けた行動"も起こしているため，「やりたいこと」に説得力があり，志望意欲が伝わります。「志望理由」も"他社と比較"したうえで「やりたいこと」の実現に最適な環境だと説明しているため説得力があります。また，あなたの「強み」が志望企業が求める能力と合致し，それを証明する「エピソード（成果）」も伝えています。強みを活かして企業に貢献できることも，自分に足りない能力を自覚してそれを補う努力も開始していることもアピールしており，採用担当者に高く評価されます。

つまり，手順１～６の流れが完成すれば，２～３ページのレベルＡのような**「どんどん内定が取れる人の伝え方」**ができるようになるのです。さあ，「全体メッセージの流れ」はできました。次はこの「流れ」の文章をChatGPTにきちんとした文章にリライトさせ，完成に近づけましょう。

プロンプト 2-6　自己PRと志望動機の全体メッセージのリライト

#命令：
あなたは優秀な就職活動中の大学生です。以下の参考文を，以下の条件と表現の注意点に従って，エントリーシートに記載する最高の文章にリライトしてください。

#条件：

・応募先企業：リクルート

> 自分の状況に合わせて青字部分を修正

・応募先の企業 URL：https://www.recruit.co.jp/

・応募先企業の採用担当者の興味を惹く内容であること。

#表現の注意点：

・文字数は 800 文字以内。

・「漢字：ひらがな：カタカナ」の割合は「2：7：1」で書くこと。

・ですます調で書くこと。

・二重表現をしないように書くこと。

> ここにプロモーションシートで作成した文書を貼り付ける

・主語と述語を近づけて書くこと。

#参考文

(ここにプロモーションシートの文章を入力)

私は，世の中に立つための多様な Web サービスを提供し，人々の生活と仕事を豊かにすることに情熱を燃やす大学生です。御社の先進的なアプローチに共感し，この情熱を活かす場として，ぜひリクルートでのキャリアを築きたいと考えております。御社は，その幅広い Web サービスのラインアップと業界をリードするノウハウを有しています。さらに，新しいアイデアと革新を推進する企業文化を持っていることは，私の目指す未来を実現するための最適な場所であると感じております。私は，御社の特徴的な強みを活かし，より多くの人々に利益をもたらす革新的な Web サービスを創造していきたいと考えています。

私は，これまでの経験を通じて，Web サービスのプロデュースにおける幅広いスキルと知識を培ってきました。日本で暮らす外国人向けの Web サイトづくりに取り組み，そのニーズと課題を深く理解しました。また，広告営業の経験を通じて，企業とユーザーの架け橋となるサービスを提供する重要性を学びました。

私の強みは，企画力とチームワークです。これまでの実績として，異なるバックグラウンドを持つメンバーと協力し，留学生向けのフリーペーパーを成功裏に発行した経験があります。また，アイデアをカタチにする過程での柔軟性と論理的思考力を兼ね備えており，データに基づく課題解決にも積極的に取り組んでいます。

私は，リクルートでのキャリアを通じて，私の夢である多様な人々に価値を提供する Web サービスを実現したいと考えております。御社でのチャンスをいただければ，私の情熱とスキルを最大限に発揮し，共に成長していくことを約束いたします。どうぞよろしくお願い申し上げます。

> 指定した文字数で，スッキリとまとまった文章ができあがった！

テクニック⑤　ロジカル面接トークもＣｈａｔＧＰＴで簡単に身に付く

◆ 面接トークで最も重要な2つのポイントとは？

　面接官は，自己PRや志望動機以外にも6分野の質問を次々に投げかけてきます。応募者はテンポよく回答するだけでなく，「この応募者は活躍できそうだ」と感じてもらえるような言葉を選びながら回答することが重要です。

　そこで身に付けてもらいたいのが**「ロジカル面接アピール術」**です。ポイントは2つ。1つは質問にロジカル（論理的）に回答できるように**「PREP法」**で話すこと。PREPとは**「結論」→「理由」→「具体例」→「結論」**の流れで話すこと。主張が相手に伝わりやすくなります。質問によって「理由」を省略したり，「結論」→「具体例」→「理由」→「結論」の流れで回答する方が伝わりやすい場合もあります。いずれにせよ主張したい結論があるなら，その根拠（具体例）を説明することが重要だと，肝に銘じましょう。

　ただ，「PREP法」で話すだけでは「伝えたいことが伝わる」だけで，面接官に「この応募者は活躍できそうだ！」と印象づけるにはまだ不十分です。

　そこで重要なのが2つ目のポイント。**「PREP法」で回答する「具体例」に，コンピテンシーをアピールできるエピソードを盛り込んで回答すること。**

　この2つを実践することで，伝えたいことが伝わり，かつ，評価もされやすくなります。

◆ 自分が経験したエピソードこそが回答に説得力を増す

　たとえば「あなたはリーダーシップはある？」という質問が来たとします。ダラダラと回答したら，面接官は「何が言いたいのか？」とイライラします。そこで「PREP法」に沿って「あります！」とまずは**「結論」**を伝えます。

　次に「なぜなら，リーダーシップを発揮することが重要だと自覚し，いつも行動しているからです」と**「理由」**を伝えます。

　ただし，口だけなら誰でも「リーダーシップがある」と言えます。重要な

ロジカル面接トーク術

ポイント① 回答は PREP法でロジカルに話す

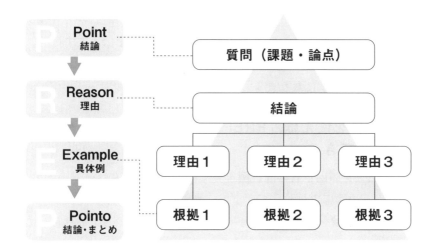

Point
結論

↓

Reason
理由

↓

Example
具体例

↓

Pointo
結論・まとめ

質問（課題・論点）

結論

| 理由1 | 理由2 | 理由3 |

| 根拠1 | 根拠2 | 根拠3 |

ポイント② 具体例なエピソードにコンピテンシーを盛り込んで回答する

Point 結論　　　　　　　　〇〇だと思う。

Reason 理由　　　　　　　なぜなら、〇〇だからだ。

Example 具体例　　　　　　たとえば、〇〇だ。
※具体例として、コンピテンシーを発揮した
　自分ならではのエピソードを盛り込んで話す

Pointo 結論・まとめ　　　だから、〇〇だ。

のは「根拠」となる**「具体例（エピソード）」**です。そこで，「たとえば○○のサークルでは私は○○を目指し，リーダーシップを発揮して○○に取り組みました。その結果，○○を実現し，みんなに喜んでもらえました」と「具体例（エピソード）」を述べることで，あなたの主張（結論）に説得力が増すのです。そして前述のとおり，エピソードの中に，コンピテンシーを感じさせる行動やフレーズを盛り込むことも意識しましょう。最後に「だから私はリーダシップに自信があります」と改めて**「結論（まとめ）」**を伝えます。

　以上の流れを意識して回答することで，伝わりやすく，評価されやすい面接トークができるようになります。

◆ ChatGPTを使えば，PREP法に沿った評価されやすい回答が簡単できる

　実際に人気企業の内定者の回答例を見てみましょう。右ページのとおり，「新しい環境への適応力についてどう思いますか？」という質問に対する回答が，まさに**「結論→理由→具体例→結論・まとめ」**に沿って述べられているのがおわかりですね？　また，具体例（エピソード）の中で，コンピテンシーを印象付ける行動もしっかりとアピールできており，面接官に評価されやすい回答になっています。

　いきなり，このような回答は自分には無理と思う方もいるかもしれませんが，大丈夫。**ChatGPTを使えば，あなたのエピソードをもとに，PREP法に沿った，コンピテンシーをもアピールできる回答が簡単に作れます。**さっそく86〜89ページのChatGPT活用例をチェックしてみてください。

///

内定者の回答実例（電通内定）

///

> 成果を上げていることもアピールしている

結論 {

理由 {

具体例 {

結論・まとめ {

面接官：新しい環境への適応力についてどう思いますか？

応募者：それは，特に自信のある自分の強みだと思っています。

これまでの大学生活でも，新しい環境で新しい挑戦をたくさんすることを意識してきましたので，適応力は人一倍あると思います。

たとえば，私は IT 企業で DX サービスを販売する法人営業のアルバイトをしました。初めての営業経験ですが，社員さんのアポ獲得率が平均 2％なのに対して，私は 5％を達成し，社長賞も頂きました。

また他にもTOEICのスコアを1年で200点上げたり，留学先でアジア学生のコミュニティーをプロデュースしたり，どんな状況でも目標を決めたら，目標達成に必要な作業を逆算して考え，実行できる適応力と実行力を備えています。

ですので，御社でどのような仕事を任されても，短期間で適応し，活躍する自信があります。

> 成果に対する執着心や課題解決力といったコンピテンシーもアピールしている

> 企業に貢献する姿勢もアピールしている

POINT

● 全体の回答が「PREP（結論→理由→具体例→結論）」になっていることがわかる。

● 回答の中で，しっかりとコンピテンシーもアピールするだけでなく，成果を上げてきたことや，仕事に貢献できる姿勢もアピールしており，回答の仕方に卒がない。

質問例① プレッシャーの中で効果的に業務を遂行できますか？

◆ ChatGPTに自分に合った回答を作成してもらう

　以下のプロンプトは，質問に対する回答をPREP法で作成してくれます。コンピテンシーも盛り込んだ回答を作成してくれるため，人気企業の内定者たちのような回答例が作成できます。青字部分（質問，エピソード，アピールポイントなど）をあなたの状況に合わせて書き換えて利用してください。回答の文字数は300文字（話し言葉で1分相当）がオススメです。ChatGPTが作成した回答（叩き台）を自分らしい表現・行動に修正したら完成です。

プロンプト 2-7　質問にPREP法で回答（その1）

Q

 # 命令：
あなたは優秀な就職活動中の大学生です。
以下のエピソードと回答の注意点に従って，面接の質問に上手く回答してください。

> 回答を作成したい質問を入力

 # 面接の質問：

> プレッシャーの中で効果的に業務を遂行できると思いますか？

 # エピソード：

> 村おこしボランティアに参加し，他のメンバーを巻き込んで，村の関係人口を増やすことに取り組んだ。SNSを活用した企画などを実践し，村の観光客数を目標の3倍増やした。
> ・アピールポイント：困難な状況でも冷静に対応し，目標達成を諦めない気持ちの強さがある。

 # 回答の注意点：

> ・PREP法（結論→理由→具体例→まとめ）に沿って端的に回答します。
> ・具体例は，課題をどう解決したかを述べます。
> ・300文字以内で回答します。
> ・質問の意図と回答がずれないように回答します。
> ・話し言葉で回答します。

回答の文字数を指定。300文字（会話だと1分相当）程度がおすすめ

PREP法で回答するように指示

質問への回答で伝えたいエピソードと，そのエピソードでアピールしたい強みやコンピテンシーを入力

プロンプトの青字部分を自分の状況に合わせて書き換えてください。

ChatGPTの回答例【PREP法　その1】

端的に結論を述べているがのが良い

成果への執着心をアピールできている

Part

2

3日で完了！「面接攻略テクニック」

はい，プレッシャーの中で効果的に業務を遂行できると確信しています。

村おこしボランティアの経験がその証拠です。

困難な状況に直面しましたが，冷静に対応し，目標達成を諦めずに取り組みました。たとえば，SNSを活用した企画では，課題として村の観光客数を増やす必要がありました。そこで，具体的な戦略を立て，メンバーを巻き込んで実行しました。結果として，目標の3倍にあたる観光客数増加を達成しました。この経験から，プレッシャーの下でも冷静に計画し，行動し，成果を出す能力を磨いたと自負しています。

プレッシャーは私にとって，チャンスとして捉え，克服するための刺激となります。

PREP法で，コンピテンシーも感じさせる回答ができた！

上手いまとめ方をChatGPTが創作してくれている。

● 「PRER法」に沿って，「結論→理由→具体例→まとめ」の流れで述べられており，説得力のある回答になっている。
● 具体例のエピソードや，課題をどう解決したかを述べているので，この応募者の頑張った様子や課題解決力が伝わりやすい回答になっている。
● 回答の中で，しっかりとコンピテンシーもアピールできており，面接官に評価されやすい回答になっている。

8 質問例② 新しい環境への適応力についてどう思いますか？

◆ プロンプトに記入するエピソードの数は自由に調整する

86ページのプロンプトは記入するエピソードが1つでしたが，以下のプロンプトのようにエピソードを増やしても結構です。85ページの回答例で内定者が複数のエピソードを述べているように，「適応力」をアピールするには，新しい環境に適応したエピソードが複数あるほうが説得力があります。質問の意図に応じてエピソードの数を調整してください。

プロンプト 2-8 質問にPREP法で回答（その2）

Q #命令：
あなたは優秀な就職活動中の大学生です。
以下のエピソードと回答の注意点に従って，面接の質問に上手く回答してください。

> エピソードは2つ用意してもOK

#面接の質問：
新しい環境への適応力についてどう思いますか？

#エピソード：
村おこしボランティアに参加し，他のメンバーを巻き込んで，村の関係人口を増やすことに取り組んだ。SNSを活用した企画などを実践し，村の観光客数を目標の3倍増やした。

・アピールポイント：未経験のことでも目標に向けて計画を立てて実行する力がある。

#エピソード：
スイミングスクールのインストラクターのアルバイトで，幼児から大人まで初めて接する生徒でも，相手の性格と能力に合わせた適切な指導とコミュニケーションを実践できる。そして他のインストラクターよりも上達が早いと褒められた。

・アピールポイント：どんな相手とも良好な関係をきずける。

#回答の注意点：
・PREP法（結論→理由→具体的エピソード→まとめ）に沿って端的に回答します。

・300文字以内で回答します。

・質問の意図と回答がずれないように回答します。

> PREP法で回答するように指示

・話し言葉で回答します。

プロンプトの青字部分を自分の状況に合わせて書き換えて下さい。

ChatGPTの回答例【PREP法　その2】

対人感受性をアピール
できている

課題解決力をアピー
ルできている

 はい，新しい環境への適応力があります。

例えば，村おこしボランティアでの経験があります。未経験の事柄でも，計画を立てて実行する力があり，SNSを活用して村の観光客数を目標の3倍に増やすことができました。その際，他のメンバーと協力し，関係人口を増やすための取り組みをリードしました。

また，スイミングスクールのインストラクターのアルバイトでも，初めて接する生徒に対して相手の性格と能力に合わせた適切な指導とコミュニケーションを実践し，他のインストラクターよりも生徒の上達を早めることができました。どんな相手とも良好な関係を築く能力も持っています。

結論として，過去の経験から新しい環境への適応力があり，未知の挑戦にも積極的に取り組むことができます。

PREP法で，コンピテンシーも
感じさせる回答ができた！

「過去の経験や強みを今後の仕
事に活かしていける」と，上手
いまとめ方になっている

POINT

- 「理由」は述べてないが，「結論→具体例1→具体例2→まとめ」という流れで，具体例がしっかりと述べられており，説得力のある回答になっている。
- 回答の中で，しっかりとコンピテンシーもアピールできており，面接官に評価されやすい回答になっている。

9

テクニック⑥　6分野別「回答テンプレ」で回答準備

◆ 深掘り質問対策はChatGPTを使えば簡単にできる

これまで紹介したテクニック①〜⑥を使って，面接で次々とやって来る6分野の「深掘り」質問対策をしていきましょう。

6分野の「深掘り」質問は，実は質問パターンがほぼ決まっており，受かるための**「回答の型」**もほぼ決まっています。したがって受かるための「回答の型」に沿って回答を準備しておけば，面接時に慌てずに回答できます。

そこで活用して欲しいのがChatGPTです。**6分野の頻出「深掘り質問」**ごとに，簡単に**「受かる回答」の叩き台が作成できるプロンプト**を用意しました。あなたの強みやエピソード，志望理由，キャリアプランなどをこのプロンプトに入力するだけで，受かる回答の叩き台が簡単に準備できます（詳細はPart 3〜6で解説）。

◆ 内定実例をチェックして模擬面接もすれば準備は万全

ChatGPTを使って回答の叩き台ができたら，自分の考えや経験に照らして，回答を自分らしい表現に直しましょう。また，Part 3〜6や，Part 7〜8に掲載した内定者の回答例も参考に，回答をさらにブラッシュアップしましょう。

回答ができあがったら，今度は**模擬面接**を受けて，上手く回答できるかチェックしましょう。Part 3〜5の各Partの最後に，それぞれChatGPTと模擬面接ができるプロンプトを用意しました。模擬面接が終了したら，あなたの回答に対するフィードバックももらえるようにプロンプトを設計してあります。

ここまで準備できれば，面接対策は万全です。それでは，Part 3からさっそく深掘り質問対策を開始していきましょう。

6分野別「質問」対策の流れ

ChatGPTのプロンプト（※）にそって
「受かる回答」の叩き台を作成

※ Part3 ～ Part6 参照

得られた回答例を参考に，
自分なりの回答に書き直します

内定者の回答例（※）も
参考に，回答をさらにブラッシュアップ

※ Part3 ～ Part8 参照

模擬面接（※）で力試し。課題を見直して
回答をさらにブラッシュアップ

※ Part3 ～ Part5 の各最終ページ参照

面接対策完了！

コラム：Ｗｅｂ面接の落とし穴

◆ Web面接は想像以上に伝わりづらい

「対面面接」も「Web面接」も，自分が活躍できることを面接官に印象づける試験には変わりません。したがって「Web面接」対策を特別にやっておく必要はないと思うかもしれません。しかし実際は，「Web面接」特有の落とし穴にはまり，不合格になる応募者が一定数います。皆さんは，ＴＶ局のアナウンサー試験に必ず「カメラテスト」があるのをご存じでしょうか？

　なぜ「カメラテスト」をするのでしょうか？　それは，カメラ越しだと人の印象が変わるからです。また，カメラ越しだと想像以上に話すことが伝わりづらいことも自覚しておきましょう。

　Web面接で陥りがちな6個の「落とし穴」を紹介します。Web面接で失敗しないように注意してください。

- ・落とし穴1：長い話，早口は嫌がれる
- ・落とし穴2：不安定なネット環境や周囲の雑音に注意
- ・落とし穴3：背景やカメラ位置でマイナス印象が伝わることも
- ・落とし穴4：暗い部屋，暗い照明は印象を悪くする
- ・落とし穴5：笑顔とリアクションがないと冷たい人と思われる
- ・落とし穴6：カンニングペーパーはバレる

ChatGPTで

「受かる回答」準備
「私の強み」編

Part 3では，ChatGPTを活用した6分野の質問別の「受かる回答」の作成手順を解説します。

まずは「私の強み（自己PR）」への「深掘り質問」に対する回答作りに挑戦しましょう。

「受かる回答」準備
「私の強み」編

1

「私の強み」に関する深掘り質問の傾向と対策

◆ 「深掘り質問」の攻略こそ合否の分かれ目

　面接対策では，「私の強み」をアピールした後に次々とやって来る**「深掘り質問」対策**がとても大切。どんな「深掘り質問」にも，的確に活躍できるイメージを印象づけられるように回答できるか否かが，面接の合否の分かれ目となります。そこでPart 3 では「私の強み」への「深掘り質問」の傾向と，「受かる回答」の作成方法を解説します。

◆ ChatGPTを活用した「深掘り質問」対策の進め方

「私の強み」をアピールした後に聞かれる「深掘り質問」は実はほぼ決まっています。それが，右ページにまとめた質問です。応募者の「強み」を確認するために，面接官が聞き出したいことは，結局次の4点です。

- ・応募者の「強み・能力」は，評価に値するレベルなのか？
- ・応募者は，成果を生み出せるのか？
- ・応募者は，企業（自社）が求める能力を備えているか？
- ・応募者は，企業（自社）で何ができるのか？

　そこで，**あなたの情報**（あなたの強みやエピソード，志望企業等の情報）をもとに，ChatGPTに，右の深掘り質問に対する（面接官に評価される）**回答の叩き台**を作ってもらいます。それをベースに，自分の実際の状況や自分なりの表現に合わせた回答を作成してください。合わせて実際の内定者の回答例も掲載しているので，そちらも自分の回答と照らし合わせて，回答をブラッシュアップしてください。

　※各プロンプトのテンプレを用意していますので（ダウンロードは22ページ参照），プロンプトの青字部分を自分の状況に合わせて書き換えて活用してください。

「強み」に関する必出「深掘り質問」

あなたの「強み」を確認するために必ず聞かれる「深掘り質問」は以下のとおり。

面接官 ── **Q1 強みは？ 活躍できる？**

あなた ──

▼

面接官 ── **Q2 成果をあげたと言うけど，その秘訣は？**

あなた ──

▼

面接官 ── **Q3 コミュニケーションで注意すべきポイントは？**

あなた ──

▼

面接官 ── **Q4 強みや経験を活かして当社で貢献できることは？**

あなた ──

「深掘り質問」に対する「受かる回答」を簡単に準備する方法を
次ページから紹介します。

2 深掘り質問①
あなたの強みは？

◆ 強みを実証する具体例と企業にどう活かせるかを説明すること

　回答は「PREP法」に沿って，強みを発揮した具体例（エピソード）と強み
を企業でどう活かせるかを説明することが重要。エピソードでは，課題と成
果と成果を生み出した工夫も説明できれば説得力が増します。以上を網羅し
た回答の叩き台が下記のプロンプトで作成できます。

プロンプト 3-1　あなたの強み

Q　# 命令：
あなたは優秀な就職活動中の大学生です。以下のエピソードと回答の注意点に従っ
て，以下の企業の面接の質問に上手く回答してください。

企業：
・応募先企業：リクルート
・応募先の企業 URL：https://www.rec

面接の質問：
あなたの強みは？

> エピソードとアピールポイント（強み）を入力。エピソードを記入する際，課題，解決策，成果があると，よりあなたにあった回答を ChatGPT が作成してくれる

エピソード：
・エピソード：ビジネスコンテストに参加し準優勝を獲得した。他校の学生と即席
でチームを組みビジネスプランをまとめるコンテストだが，私はチームリーダーを
務め，メンバー個々の知識やスキル，価値観を活かしながら，クオリティの高いビ
ジネスプランを生み出せるように尽力した。結果は準優勝だが，そのプランとメン
バーで実際にビジネスを始め，成功をつかんだ。
・アピールポイント：チャレンジ精神とリーダーシップを備えていること。

回答の注意点：
・PREP法（結論→理由→具体例→まとめ）に沿って端的に回答します。
・"具体例"は，課題をどう解決したかを述べます。
・"まとめ"は，私の強みを活かして企業に貢献できることをアピールします。
・300 文字以内で回答します。
・質問の意図と回答がずれないように回答します。
・話し言葉で回答します。

> PREP法で回答するように指示

プロンプトの青字部分を自分の状況に合わせて書き換えてください。この後のページも同様。

ChatGPTの回答例【あなたの強みは？】

成果をアピールできている

成果を生み出した工夫も説明できている

結論

 私の強みはチャレンジ精神とリーダーシップです。

理由 具体的なエピソードとして，ビジネスコンテストでの経験を挙げます。

具体例 そのコンテストでは，他校の学生と即席でチームを組み，ビジネスプランをまとめるという課題に取り組みました。私はチームリーダーとして，メンバー個々の知識やスキル，価値観を活かしながら，クオリティの高いビジネスプランを生み出すために尽力しました。

結果は準優勝でしたが，それだけでは終わらず，チームとともに実際にビジネスを始め，成功をつかみました。

まとめ この経験から，私はチャレンジに対する情熱とリーダーシップ能力を発展させ，課題を解決し成果を上げることができる自信があります。企業においても同じように，新たな課題に挑戦し，リーダーシップを発揮してチームを導き，成功へと導くことができると確信しています。

強みや経験を活かして，企業にどのように貢献できるかを説明できている

POINT

● 「PRER法」に沿って，「結論→理由→具体例→まとめ」の流れで述べられており，説得力のある回答になっている。
● 具体例のエピソードも，取り組んだ課題と成果をきちんと説明できている。
● 回答の中で，しっかりとコンピテンシーもアピールできており，強みや経験を活かして，企業にどのように貢献できるかも説明できている。

内定者の回答例「あなたの強みは？」

主張　強み

応募者：①私のセールスポイントは成果へのコミットメント力です。成果を出すために客観的に分析し，解決策を粘り強く考え，行動できます。

事例　エピソード

たとえば，学生生活では３つの成果を出しました。

１つは自分が始めた事業です。②学費も生活費も自分で稼がないといけないため翻訳の請負をしています。③報酬単価を２倍にする仕組みを目指し，翻訳＋リサーチという一体型サービスを完成させました。

２つ目はインターンシップです。○○社のインターン生として④インド支社の採用責任者に抜擢され，半年で６名の採用ノルマを達成しました。⑤インドで無名の○○社が現地でエンジニアを採用するのは難しかったため，私は，日本，インド，シリコンバレーの３地域採用イベントを自ら立案し，採用ノルマを達成しました。

３つ目は，ゼミのディベート大会で１敗の後３連勝に導いたことです。⑥最初の敗戦で大会の傾向を分析し，勝つための対策をチームに共有し，トレーニングを開始し，常に勝てるチームを作りました。

根拠　企業貢献

⑦御社でも成果にコミットした仕事で社員の方やお客さまの信頼感を獲得し，一流のバンカーになりたいと思います。

（外資系投資銀行：合格）

POINT

上の内定者の回答は，「主張：強み」「具体例：エピソード」「まとめ：企業にどう活かせるか」でまとまっている。事例（エピソード）も「１つ目は，２つ目は」とロジカルに説明しているため，話が長くなっても内容が伝わりやすい。回答の随所に「コンピテンシー」を発揮した行動も多く含まれており「活躍できそうなイメージ」が非常に伝わる。具体的に言うと，①で応募者自身が「成果達成力」をアピールしているが，②③④⑤⑥の「経験・行動」から，「成果達成力」に加え，「チャレンジ精神」「戦略的思考力」「実行力」「構想を打ち出す力」「ビジネスセンス」「リーダーシップ」といったコンピテンシーが伝わる。また，③⑥から，企業でも活かせるくらいの独自のノウハウ（ノウハウ）も備えていることが伝わる。全体的に多くのコンピテンシーとそれを発揮した経験・行動が多く，評価されやすい回答と言える。

3

深掘り質問②
成果を上げた秘訣は？

◆ 成果を上げた秘訣は「意図」「方法」「効果」の3点を伝える

　成果を上げたエピソードを話すと，必ずその「秘訣」を質問されます。「秘訣」は，それを行う「意図・理由」「方法」「効果」の3つを説明すること。この3つを順序立てて説明することで，あなたの「論理的思考力」「課題解決力」が伝わり，面接官から評価されます。以上を踏まえた回答の叩き台を，ChatGPTが用意してくれます。97ページの回答例に続けて，以下のプロンプトを入力してください。

プロンプト 3-2　成果を上げた秘訣

Q　**#命令：**
以上の回答について，「成果を上げた秘訣」を，以下の注意点に従って詳しく教えてください。

#回答の注意点：
・PREP法（結論→理由→具体的エピソード→まとめ）に沿って端的に回答します。
・300文字以内で回答します。
・質問の意図と回答がずれないように回答します。
・話し言葉で回答します。

> 97ページの回答例に続けて，
> このプロンプトを入力する

ChatGPT の回答例【成果を上げた秘訣は？】

> このように，まずは端的に
> 結論を述べること

結論

成果を上げた秘訣は，チームの連携とリーダーシップにあります。

具体例

まず，チームの連携を強化しました。メンバーとの密なコミュニケーションを保ち，アイデアをシェアし，共通の目標に向かって協力しました。これにより，個々の強みを最大限に活かし，効果的な戦略を策定できました。

次に，リーダーシップが不可欠でした。私はチームの方向性を示し，メンバーを鼓舞しました。また，リーダーとしての責任を果たすと同時に，メンバーの意見やアイデアに対してもオープンで柔軟な姿勢を持ちました。これにより，チーム全体が協力し，最終的な成果を出すことができました。

まとめ

この経験から，連携とリーダーシップの重要性を学びました。これらの要素を組み合わせて，成果を上げる秘訣となりました。

> 成果の秘訣について，「意
> 図」「方法」「効果」を説明
> するとわかりやすい

POINT

面接官が「成果の秘訣」を質問するのは，応募者の論理的思考力や課題解決力をチェックするためだ。上の回答のように，「成果を上げた秘訣」について「意図」「方法」「効果」などと具体的に説明できれば，論理的思考力や課題解決力は伝わる。

内定者の回答例「成果を上げた秘訣」

主張　　　　秘訣 {	**面接官**：アルバイト求人営業で1位になれたのは何か秘訣がありますか？ **応募者**：秘訣は2つあります。顧客理解と阻害要因排除です。
事例　エピソード {	①顧客理解は顧客をさまざまな軸でパターン分けしてパターンごとのニーズ理解と，ニーズ別のセールストークを作成します。たとえば顧客を求人ニーズの潜在・顕在，業種，エリア，規模，求める条件，時給レンジなどで分類して，契約の取りやすいパターンを絞って，パターン別に顧客の要望と悩みをまとめます。（中略） ②また，阻害要因排除は，契約までの障壁をパターン分けして障壁別に阻害要因排除の提案ストーリーを作成します。たとえば（中略）③社員さんも巻き込んで営業用 Web ページを作ったり，新しい特典も作りました。
根拠　　秘訣の 　　　　有効性 {	④そうやって課題は分類すれば解決しやすくなり，解決策が見えたらあとは情熱をもって行動します。営業できる自信は持てました。
根拠 {	**面接官**：どんな商材でも売る自信はありますか？ **応募者**：あります。⑤新しい環境への適応力にも自信があるからです。
事例 {	⑥留学先で日本への旅行イベントを企画したことがありますが，その時も，旅行というコンテンツを一から研究し，現地の人のニーズを一から理解しなくてはいけないという状況にすぐに適応できたからです。ですから，商材や顧客が変わっても対応できる自信があります。 （リクルート：合格）

POINT

上の回答では，秘訣を顧客理解と阻害要因排除の2つに分けて，「具体例：エピソード」で具体的なやり方（How）を詳しく説明している。「まとめ：秘訣の有効性」も説明している説得力がある。また，①②の経験・行動から，「戦略的思考力」「タスクデザイン力」が，③から「人間関係構築力」「新たな構想を打ち出す力」が伝わる。④で「営業スキル」に自信があると言っているが，①②③の経験・行動があるので，①のアピールに説得力がある。また，⑤で「適応力」に自信があると言っているが，やはり⑥の経験・行動があるため，⑤のアピールに説得力がある。全体的にコンピテンシー，ノウハウと，それを発揮した経験・行動が多く，活躍できそうなイメージが伝わる。

4 深掘り質問③ チームでのコミュニケーションの注意点は?

◆ 強みを実証する具体例と企業にどう活かせるかを説明すること

　企業が求める能力は複数あります。それらがあなたに備わっているかを探る質問が次々と来ます。特に,あなたの「チームワーク」「リーダーシップ」に関する質問は必ず来ます。説得力のある回答をするうえで重要なのは,それらが備わっていることを説明する際に,あなたの経験や行動した実際のエピソードを交えて回答することです。ChatGPT が見本となる回答の叩き台を用意してくれます。ぜひ参考にしてください。

プロンプト 3-3 ▸ チームでのコミュニケーションの注意点

Q

#命令:
以上の回答について,「チームでのコミュニケーションにおいて注意すべきポイント」を,以下の注意点に従って詳しく教えてください。

#回答の注意点:
・PREP法(結論→理由→具体的エピソード→まとめ)に沿って端的に回答します。
・300文字以内で回答します。
・質問の意図と回答がずれないように回答します。
・話し言葉で回答します。

> 100ページの回答例に続けて,このプロンプトを入力する

ChatGPTの回答例
【チームでのコミュニケーションの注意点】

回答を述べる際に，このように個人的なエピソードを添えて説明すると，主張に説得力が増す

結論

チームでのコミュニケーションにおいて注意すべきポイントは以下です。

まず，明確なコミュニケーション目標を設定することが大切です。チームメンバーがどの情報を共有すべきか，何を達成すべきかを明確にし，混乱を避けます。

次に，オープンで率直な対話を奨励しましょう。メンバーが意見や提案を自由に出し合える環境を作り，新たなアイデアや問題解決策を生み出します。

具体例

具体例として，私たちはビジネスコンテストで毎日の進捗状況を共有し，問題が発生した際にはすぐに議論しました。これにより，迅速な課題解決が可能となりました。

最後に，リーダーシップがコミュニケーションにおいて鍵となります。リーダーはメンバーを統合し，コミュニケーションの流れを円滑に維持する責任があります。

まとめ

まとめると，明確な目標設定，オープンな対話，リーダーシップの３つがチームでのコミュニケーションにおいて注意すべきポイントです。

主張していることも，
的を射ている

POINT

質問に対して，的を射た見解・私見を述べることも重要だが，それだけでは評価されない。面接官が知りたいのは，企業が求める能力（例えばこの質問のように「コミュニケーション力」）について説明できるかどうかではなく，応募者に，その能力が備わっているかどうかだ。したがって，回答する際は，上の回答にように，個人的な経験・エピソードを交えて説明すること。そうすれば企業が求める能力を説明できるだけでなく，自分にそれが備わっていることも印象づけることができ，面接官からも評価されやすくなる。

///

内定者の回答例
【チームでのコミュニケーションの注意点】

///

面接官：メンバーが100人を超えると、チーム内で衝突もあると思うけど、コミュニケーションや接し方で気を付けたことはありますか？

結論　主張｛**応募者**：相手のモチベーションを下げないことはいつも意識しました。

理由　理由｛
なぜなら①チームの成果は、メンバー個々のモチベーションの総和だと思うからです。

誰でも自分が納得できることをやるのが一番力を発揮すると思うので、常に相手の立場を考え、相手に、これをやる意味やメリットを伝え、相手が納得するようにコミュニケーションをとりました。

具体例
　　エピソード｛
たとえば、学園祭の企画でも、②やる側とやらせる側で分かれてしまうと、やらされる側は納得しません。ですから、私からお願いする場合も、相手に意義やメリットを伝えて、「やる側なんだよ」と伝えてモチベーションが上がるように意識しました。

普段からそのように接すると③相手からも「いつも気を使ってくれてありがとう」と感謝され、チームの一体感も増し、チーム力のベースも高い維持でキープしてこれました。

結論　まとめ｛
ですから、どんな相手とのコミュニケーションでも、モチベーションのケアはいつも大切にしたいと思っています。

（三菱UFJ銀行：合格）

POINT

回答が「結論」「理由」「具体例」「まとめ」でまとまっており，わかりやすい。①の主張も，②や③の具体的なエピソードがあるので説得力がある。また①もユニークな視点で面白い。

5 深掘り質問④　強みを活かして企業で貢献できることは?

◆ 企業や仕事で貢献できることを具体的に説明すること

　強みや経験を活かして企業に貢献できることを「具体的」に説明することが重要です。そのためには,あなたが志望企業の特徴や仕事内容をある程度把握する必要があります。把握するための情報収集時間がない方は,ChatGPTに回答案を用意してもらいましょう。以下のプロンプトや73ページのプロンプトを活用することで,「企業に貢献できること」の案が得られます。回答案を参考に,自分が本当に貢献できそうなことを自分の言葉で説明できるようにブラッシュアップしましょう。

プロンプト 3-4　強みを活かして企業に貢献できること

 # 命令:
以上の回答について,「強みと経験を活かして,志望企業の仕事で具体的に貢献できること」を,以下の注意点に従って詳しく教えてください。

 # 回答の注意点:
・PREP法(結論→理由→具体的エピソード→まとめ)に沿って端的に回答します。
・300文字以内で回答します。
・質問の意図と回答がずれないように回答します。
・話し言葉で回答します。

103ページの回答例に続けて,このプロンプトを入力する

【強み・経験を活かして企業に貢献できること】の回答例

貢献できることを具体的に説明することで，企業の事業は仕事内容を理解していることをアピールできる

結論

強みと経験を活かして，志望企業で貢献できることは次の通りです。

まず，私のチャレンジ精神とリーダーシップ力を駆使し，プロジェクトの成果を最大化できます。チームを統率し，コミュニケーションを促進し，目標達成に向けてメンバーを励ますことが可能です。

具体例

さらに，ビジネスコンテストで培った問題解決スキルを活かし，企業の課題に対処できます。具体的なプランニングと実行力をもって，新たなアイデアを形にし，成果を出す手助けをします。

最後に，ビジネスプランの成功体験から，戦略的な視点を提供し，リクルートの成長に寄与します。

まとめ

結論として，私はリーダーシップ，問題解決能力，戦略的思考を駆使し，志望企業で具体的な成果をもたらします。

「○○の経験があるから，○○の貢献ができる」というように，実際に経験したことと，貢献できることを結び付けて回答することが重要

POINT

● 自分の強みや経験を活かして企業や仕事で貢献できることを説明するには，まずはその企業の事業内容や社風，仕事内容をある程度把握しておくことが必要だ。上の回答のように，自分の強み・経験に関連することで，貢献できそうな仕事やと取り組みについて，まずはChatGPTにどんどん回答させよう。その中で，自分の状況に合いそうな「貢献内容」をチェックして，実際に自分の言葉で説明できるようにしよう。

● ChatGPTのデータと回答は2021年までの情報に基づくことに留意して活用すること。

内定者の回答例「企業に貢献できること」

主張 貢献

> **面接官：**ウチで活躍する自信はあります？　何ができますか？
>
> **応募者：**はい，活躍する自信があります。まずは営業として活躍し，3年以内に事業を創造します。

> **面接官：**具体的な構想があるようですね。聞かせてくれますか？

事例 具体的貢献内容

> **応募者：**はい。①御社は住まい領域，不動産領域でサービスをされておりますが，②その周辺領域にも，ITの力で新サービスを次々と創造できるチャンスは多くあると思います。③御社の○○さんから，社内にアイデアはたくさんあるけど，カタチにできる人材が足りないと伺い，④私はそこにコミットしたいと思います。まずは営業としてビジネスマンとしての汎用スキルを身に付けつつ，その間に，御社の起業コンテストにどんどん挑戦します。

根拠 自信の根拠

> 　私は⑤○○のインターンに参加して営業を経験してますので，⑥営業の基礎は身に付けています。また，⑦親が不動産会社を経営しており，不動産業界の課題も理解しています。ですので，3年以内の事業創造は実現可能な目標だと思っております。
>
> （Speee：合格）

POINT

上の回答も，貢献できる内容が具体的で事業内容にもマッチし，自信の根拠も説明できている。良い回答例と言える。特に，②④にように，貢献できることを具体的に説明しているのが良い。貢献できる内容も，①③のよう企業の実態を理解したうえで述べているので，現実的で説得力がある。また，⑤⑥⑦の説明があるので，貢献できるという自信の根拠も説得力がある。また，②④からは「新しい構想を打ち出す力」「起業家マインド」が伝わる。⑥⑦からは仕事に活かせる「ノウハウ」が備わっている印象を受ける。⑤の「経験・行動」も備えており，回答全体から，この応募者の「仕事能力」も感じられ，活躍できそうなイメージが伝わる。

6 裏技:「企業が求める能力に関する質問」対策のコツ

◆ ChatGPTを使って，企業が求める能力を把握しよう

102ページの「コミュニケーション能力」に関する質問のように，面接では，その企業が求める能力をチェックする質問が必ず来ます。そこで，事前に志望企業が求める能力を把握し，その能力が備わっていることをアピールできるような回答を用意しておくことが重要です。

そのための対策を右ページの2種類のプロンプトで行います。

まずは，志望企業が求める能力の把握です。上のプロンプト3-5の青字部分を自分の志望業界に書き換えて回答を得ます。回答例を確認し，自分のこれまでのエピソード（経験・行動）で，その能力が備わっていることを説明できますか？

◆ ChatGPTを使って，企業が求める能力に関するエピソードを用意しよう

もし上手く説明できない能力があれば，次に，その能力を右下のプロンプト3-6の「#能力」に入力してください（青字部分を書き直す）。すると回答に，**各能力が備わっていることを説明できるような経験・行動**が表示されます。これを参考に，あなたのこれまでの人生を振り返って，**その経験・行動に該当するエピソード**を思い出して，面接でアピールするようにしましょう。

もし，該当するエピソードがなく，「企業が求める能力が自分にはある」と自信をもって説明できない場合はどうするか？　その場合は，80ページのように，**「克服計画」**を説明できるようにしてください。足りない能力があっても，それを自分で自覚し，補うために努力できる姿勢をアピールできれば，面接官から十分評価されます。

プロンプト 3-5 志望企業が求める能力

Q #命令：

あなたは広告業界の新卒採用担当者です。 〔 自分の状況に合わせて青字部分を修正 〕

広告業界で活躍するために必要な人材像を 10 個，理由とともに教えてください。

 1, クリエイティビティとアイデア力：広告業界は常に新しい視点とアプローチが求められる分野です。クリエイティブなアイデアを生み出し，斬新なキャンペーンを展開できる能力が重要です。

2. コミュニケーションスキル：効果的な広告キャンペーンを実現するため には，クライアントやチームとの円滑なコミュニケーションが必要です。明確かつ魅力的なコミュニケーション能力は不可欠です。

（後略）

「これは自分に自信がない」という能力・特徴を下のプロンプトに記入

 プロンプト 3-6 志望企業が求める能力に関する行動パターン

Q #命令：

あなたは広告業界の新卒採用担当者です。広告業界で活躍するために必要な以下の能力からイメージできる行動パターンを 5 個教えて下さい。

#能力：

・クリエイティビティとアイデア力 〔 自分の状況に合わせ

・デジタルスキル て青字部分を修正 〕

#条件：

・大学生向けの行動パターンであること。

・簡潔に説明してください。

 チームワーク：

グループプロジェクトへの積極的な参加：大学の授業やクラブ活動で行われるグループプロジェクトに積極的に参加し，異なるバックグラウンドや意見を持つ仲間と協力して課題を達成します。タスク分担やスケジュール調整を通じてチームワークを実践します。

（後略）

プロンプトの青字部分を自分の状況に合わせて書き換えてください。

7 ChatGPTで模擬面接に挑戦: 「強みと企業が求める能力」編

◆ 模擬面接に挑戦にしてフィードバックをもらおう

　Part 3 で学んだことを参考に，以下のプロンプトで模擬面接に挑戦しましょう。あなたに合わせた深掘り質問が次々とやって来て，面接終了後はあなたの回答についてフィードバックももらえます。また，58 ページを参考に，ChatGPT と「会話」で面接をして，「面接トーク」にも慣れましょう。

プロンプト 3-7　「強み」に関する模擬面接

> **Q**　**# 命令：**
> あなたは以下の企業の新卒採用の面接官です。これからあなたは私のプロフィールと面接のルールに従い，私に模擬面接を行ってください。
> **# 企業**
> ・応募先企業：リクルート
> ・応募先の企業 URL：https://www.recruit.co.jp/
> **# 私のプロフィール**
> ・エピソード：ビジネスコンテストに参加し準優勝を獲得した。他校の学生と即席でチームを組みビジネスプランをまとめるコンテストだが，私はチームリーダーを務め，メンバー個々の知識やスキル，価値観を活かしながら，クオリティの高いビジネスプランを生み出せるように尽力した。結果は準優勝だが，そのプランとメンバーで実際にビジネスを始め，成功をつかんだ。
> ・アピールポイント：チャレンジ精神とリーダーシップを備えていること。
> **# 面接のルール**
> ・模擬面接は，「私の強みと企業が求める能力」を確認するための質問を行ってください。
> ・面接先の企業に沿った質問にしてください。
> ・質問はひとつずつ行ってください。私の回答を待ってから，次の質問をしてください。
> ・私の回答に対し，圧迫面接のようにどんどん突っ込んだ質問をしてください。
> ・質問回数は合計 5 回してください。
> ・質問の長さ：長い質問は避け，簡潔にお願いします。
> ・事前情報：模擬面接が終わったあと，私の回答の「良かった点」「悪かった点」を，私に辛口でフィードバックしてください。

プロンプトの青字部分を自分の状況に合わせて書き換えてください。

> 志望企業と，エピソードとアピールポイント（強み）を記入。記入した内容に沿って模擬面接がスタートする

ChatGPTで

「受かる回答」準備
「志望動機」
「キャリアプラン」編

　深掘り質問別「受かる回答」テンプレを参考に，6分野の質問別の「受かる回答」の作成手順を解説します。
　Part 4では「志望動機」「キャリアプラン」への「深掘り質問」に対する回答を実際に作っていきます。

1

「志望動機」「キャリアプラン」に関する深掘り質問の傾向と対策

◆「志望動機」「キャリアプラン」の深掘り質問対策こそ内定の近道

　面接官が「志望動機」「キャリアプラン」でチェックしているのは**応募者のモチベーション（志望意欲の本気度）**です。モチベーションが低い人は入社しても指示待ちで，スキルアップも怠り，ダメ社員になるのではないかと懸念します。したがって志望動機やキャリアプランについて次々と「深掘り質問」をします。実は大半の応募者は志望動機もキャリアプランも内容が浅いため，深掘り質問によってすぐに化けの皮が剥がれます。逆に，志望動機とキャリアプランの深掘り質問対策こそ，ライバルに差を付けるチャンスなのです。

◆ ChatGPTを活用した「深掘り質問」対策の進め方

　面接官は「志望意欲」を見極めたいので，「志望動機」「キャリアプラン」に関する「深掘り質問」も決まってきます。それが，右ページにまとめた質問です。面接官は特に以下を確認しようとしているのです。

- ・「やりたいこと・目標」は本心か？　嘘はないか？
- ・当社を理解したうえで志望しているか？
- ・当社が本当に第一志望か？　内定辞退をしないか？

　Part 4 では，**あなたの情報**（あなたの夢，企業選びのポイント，志望企業の情報等）をもとに，ChatGPTに，右の深掘り質問に対する（面接官に評価される）**回答の叩き台**を作ってもらいます。それをベースに，自分の実際の状況や自分なりの表現に置き換えた回答を作成してください。合わせて実際の内定者の回答例も掲載しているので，そちらも自分の回答と照らし合わせて，回答をブラッシュアップしてください。

　※各プロンプトのテンプレを用意しています（ダウンロードは22ページ），プロンプトの青字部分を自分の状況に合わせて書き換えてご活用ください。

あなたの「志望動機」「キャリアプラン」を確認するために必ず聞かれる「深掘り質問」は以下。

面接官 ── Q1　あなたは何をやりたいの？　夢や目標は？

あなた ──

▼

面接官 ── Q2　他社ではなく当社を選ぶ理由は？

あなた ──

▼

面接官 ── Q3　やりたい仕事・職種は？

あなた ──

▼

面接官 ── Q4　どんなキャリアプランを描いている？

あなた ──

「深掘り質問」に対する「受かる回答」を簡単に準備する方法を
次ページから紹介します。

Part

4

「受かる回答」準備
「志望動機」「キャリアプラン」編

2 深掘り質問① あなたは何を やりたいの？ 夢や目標は？

◆「やりたいこと」の説明は，「理由」「具体的」「行動」が重要

やりたいことは「具体的」に，また，「理由」も伝えることが重要。「やりたいこと」に向けた「行動」もアピールできると完璧。そんな回答を75, 77ページで用意した「やりたいこと」や「志望理由」を下のプロンプトに入力すれば，ChatGPTが作ってくれます。

プロンプト 4-1 あなたの夢・やりたいこと

Q #命令：
あなたは優秀な就職活動中の大学生です。以下の志望理由と回答の注意点に従って，以下の企業の面接の質問に上手く回答してください。

#企業：

・応募先企業：野村証券

・応募先の企業 URL：https://www.nomura.co.jp/

> 75ページも参考に夢とエピソードを記入。また77ページも参考に企業選びの理由も記入。

#面接の質問：
あなたの夢ややりたいことは？

#志望理由：

・私の夢：営業と企業金融のプロになりたい。

・エピソード：ベンチャー企業でインターンシップをした際に，社長さんから「顧客の獲得と資金の獲得が企業活動で一番重要だ」と言われ，自分は顧客と資金の両方を獲得できる人間になって一流のビジネスマンになりたいと思った。

・企業選びの理由：専門性の高いトレーニングプログラムと幅広いキャリア機会がある。

#回答の注意点：

・PREP法（結論→理由→具体例→まとめ）に沿って端的に回答します。

・"具体例"は，具体的にやりたいことを回答します。

・"まとめ"は，夢の実現に向けて努力していることも伝えて，今後の抱負をアピールします。

・300文字以内で回答します。

※以下，96ページの#回答注意点と同じ内容を入力

> PREP法で回答するように指示

ChatGPTの回答例【あなたの夢・やりたいこと】

夢・やりたいことを端的に
説明すること

夢・やりたいことの理由を
説明できることが重要

結論

 私の夢は，営業と企業金融のプロになることです。

理由 その理由は，ベンチャー企業でのインターンシップを通じて，社長から「顧客の獲得と資金の獲得が企業活動で一番重要だ」というアドバイスを受け，顧客と資金の両面で企業を支える一流のビジネスマンになりたいからです。野村証券を選んだ理由は，専門性の高いトレーニングプログラムと幅広いキャリア機会があるからです。

具体例 具体的には，野村証券での経験を通じて，金融市場での顧客ニーズを理解し，適切な投資戦略を提供したり，企業の成長をサポートしたりすることを目指しています。現在は，金融知識の向上とコミュニケーションスキルの磨き直しに努めており，野村証券でのキャリアを築くために積極的に取り組んでいます。

まとめ 結論として，私の夢は営業と企業金融のプロになることであり，そのために野村証券での経験を活かし，成長していきたいと考えています。

回答のように，やりたいことを具
体的に説明できることが重要

回答のように，夢の実現のために
すでに行動を起こしていることを
アピールするとさらに評価される

Part
4

「受かる回答」準備
「志望動機」「キャリアプラン」編

POINT

● 夢・やりたいことの説明は，回答のように「結論→理由→具体的にやりたいこと→抱負」を説明できるようにしたい。

● 回答のように，夢の実現に向けてすでに行動していることをアピールしたい。夢・やりたいことへの熱意が伝わる。

● ChatGPTのデータと回答は2021年までの情報に基づくことに留意して活用すること。

内定者の回答例「あなたの夢・やりたいこと」

| 主張 | 目標 {

応募者：①私は大学進学時から，Uターン就職しようと考えていました。故郷を活性化したいのです。

| 根拠 | 企業選び・根拠 {

そのためにも，②○○県のリーディングカンパニーである御行に入社し，地元の企業を活性化したいと思います。

| 根拠 | 具体的目標 {

③具体的には，資金面での相談はもちろん，企業の能力分析から，売上を上げるための具体的な案件の紹介まで，トータルにお手伝いする「地元企業のサポーター」になりたいと思っています。④そのためには私も相当な努力が必要なのは承知しています。資格取得にも励み，すでに中小企業診断士は取得し，現在，税理士資格の勉強に励んでいます。⑤また，サークルで地域活性化プロジェクトのリーダーを務め，全国で地域活性化に成功した事例を多数集め，そのノウハウの事例集も作成しました。これがそれです（鞄から出す）。やる気は人一倍あります。

どうぞよろしくお願いします。

（地方銀行：合格）

3

深掘り質問② 他社ではなく 当社を選ぶ理由は?

◆ 「やりたいこと」の説明は,「理由」「具体的」「行動」が重要

面接官は,「自社が第一志望か」「自社の特徴を把握できているか」を確認するため,「他社ではなく自社を選ぶ理由」を聞きます。模範回答は,「自分の夢の実現に最適な環境が志望企業にある」「その環境は他社に勝る」の2点を具体的に説明できること。ChatGPTがその2点を押さえた回答を作ってくれます。回答を参考に,自分ならではの回答を完成させましょう。

プロンプト 4-2 他社ではなく志望企業を選ぶ理由

> **Q** **#命令:**
> 以上の回答について,「他社ではなく志望企業(御社)を選ぶ理由」を,以下の注意点に従って詳しく教えてください。
>
> **#注意点:**
> ・PREP法(結論→理由→具体的エピソード→まとめ)に沿って端的に回答します。
> ・300文字以内で回答します。
> ・質問の意図と回答がずれないように回答します。
> ・話し言葉で回答します。

115ページの回答例に続けて,このプロンプトを入力する

ChatGPTの回答例【他社ではなく志望企業を選ぶ理由】

結論

夢実現のために，他社に勝る環境
があることをアピールできている

御社を志望する理由は，野村証券が提供する専門性の高いトレーニングプログラム
と幅広いキャリア機会です。

理由
その理由は，私の夢が営業と企業金融のプロになることであり，この企業にはそれ
を実現するための環境が整っているからです。

具体例
具体的には，野村証券のトレーニングプログラムは業界で高く評価されており，金融
市場の専門知識や顧客対応のスキルを磨くための最適な場です。また，幅広いキャリ
ア機会があることから，自身のキャリアパスを柔軟に築くことができます。

まとめ
結論として，野村証券を志望する理由は，この企業が私の夢を実現するための最適
な場所であると確信しているからです。ここでの経験とトレーニングを通じて，一
流の営業と企業金融のプロに成長したいと考えています。

夢実現に最適な環境が志望企業に
あることをアピールできている

POINT

● 他社よりも志望企業を選ぶ理由を説明するには，回答のように，「夢実現のために，他社
に勝る環境があること」と「夢実現に最適な環境が志望企業にあること」の2点を説明
できるようにしたい。
● ChatGPTのデータと回答は2021年までの情報に基づくことに留意して活用すること。

内定者の回答例【他社ではなく志望企業を選ぶ理由】

面接官：○社や○社ではなく、うちを選ぶ理由は？

結論 **主張**

応募者：御社が①先端技術と事業変革コンサルティングの両方のノウハウを持つリーディングカンパニーだからです。

理由 **理由**

私は、②先端技術を活用して世の中を便利にしたいという強い思いがあります。そして、自分はコンサルタントとして、その一翼を担いたいという目標があります。それを実現するには御社以上に恵まれた環境はないと思います。

具体例

エピソード

私は③大学2年次から将来はIT業界かコンサルティング業界で働きたいと思って、業界研究をしたり実際にインターンシップで先端技術に触れてきましたが、③御社ほど、先端技術のすべてをカバーしている会社はありませんし、コンサルティングノウハウも圧倒しています。

結論 **まとめ**

御社で働かせて頂くことが、④私の成長スピードがもっとも早くなると思って、御社を志望しています。

（NTTデータ：合格）

POINT

● ①はこの企業の特徴を非常に理解している発言だ。
● この応募者の志望理由は、「①の夢の実現のために、他社よりも③の部分が勝っているから」と説明しているわけだが、他社とこの企業の違いをきちんと把握できており、また、夢の実現にも最適な職場であることを自覚したうえで志望していることがうかがえ、志望理由に説得力があり、評価できる。③のように実際に行動も伴っているため、志望理由により説得力が増す。④の伝え方も、自己向上意欲をアピールできており、上手いまとめ方だ。

4

深掘り質問③
やりたい仕事・職種は？

◆「やりたい仕事を理解していること」をアピールすること

やりたい仕事や職種を説明する際に重要なのは「やりたい仕事・職種の特徴」と，「志望する仕事・職種が自分の夢の実現につながること」の2点を具体的に説明できること。そうすれば，仕事に対する理解度や志望意欲が伝わり，評価されます。以上を踏まえた回答案をChatGPTに作成させて，回答の参考にしてください。

プロンプト 4-3　やりたい仕事や職種

Q

#命令：
以上の回答について，「志望企業（御社）でやりたい仕事や職種」を，以下の注意点に従って詳しく教えてください。

#注意点：
・PREP法（結論→理由→具体的エピソード→まとめ）に沿って端的に回答します。
・300文字以内で回答します。
・質問の意図と回答がずれないように回答します。
・話し言葉で回答します。

118ページの回答例に続けて，このプロンプトを入力する

ChatGPTの回答例 【やりたい仕事や職種】

志望する仕事・職種が自分の夢の実現につながることをアピールできている

結論

御社でやりたい仕事は，投資銀行のアソシエイトです。

理由

その理由は，私の夢である営業と企業金融のプロとしてのキャリアを一歩進める絶好の機会がこの職種にあるからです。

具体例

具体的には，アソシエイトの役割では，クライアントに対する戦略的なアドバイスと資金調達支援を行うことが求められます。この仕事を通じて，企業の成長や成功に直接貢献できるチャンスがあり，そのプロセスで金融市場の動向や戦略を深く理解し，クライアントに価値を提供することが魅力的です。

まとめ

結論として，投資銀行のアソシエイトとして，企業やクライアントに戦略的な支援を提供し，金融分野での専門知識を活かして成功に貢献したいと考えています。御社でこの職種に挑戦し，夢を実現させたいと思っています。

やりたい仕事・職種の特徴も具体的に説明できている

POINT

● やりたい仕事や職種を説明する時は，回答のように，「やりたい仕事・職種の特徴を理解していること」と「志望する仕事・職種が自分の夢の実現につながること」の2点をアピールするようにしたい。
● ChatGPTのデータと回答は2021年までの情報に基づくことに留意して活用すること。

内定者の回答例「この職種を志望する理由」

面接官：なぜセールス職を志望するのですか？

応募者：私が仕事選びで重視する3つの条件をすべて満たすからです。それは，「成長できること」「一生モノのプロになれること」「やりがいがあること」の3つです。

主張　　　理由

①御社の営業職体験ワークに参加させていただき，それを実感しました。

根拠　　職種選び
**　　　　　根拠**

1つ目の成長について。②御社のセールスは自社，取引先，お客様にもまれながら，結果にコミットし続けるため，急速な成長ができます。2つ目の一生モノのプロについて。③セールスこそビジネスの根幹なので，この分野でノウハウを身に付ければ一生活躍できる人間になれます。3つ目のやりがいについて。④御社の製品は世界中の幅広い世代に愛用されてますので，自分自身も人々の暮らしを豊かかにしていることを実感しながら働けます。

根拠　　具体的
**　　　　　理由**

ですから御社のセールス職を志望しております。

（P&Gジャパン：合格）

POINT

上の回答は「営業体験ワーク」で志望職種の魅力を知ったことを伝えている。この1文のおかげで説得力が一気に増している。また，②③④のように自分が目指す目標と仕事選びの基準をしっかり持っているのが良い。②④から企業理解・仕事理解ができているのもよい。また，①に「経験・行動」を起こしているので，②③④の発言に説得力が増す。回答全体から，この応募者の「志望意欲」が感じられ，活躍できそうなイメージが伝わる。

5

深掘り質問④　どんなキャリアプランを描いている?

◆「やりたいこと」の説明は,「理由」「具体的」「行動」が重要

　面接官は,応募者のキャリアプランから「入社してやりたいことを深く考えている か」「企業理解ができているか」を確認し,志望動機の本気度を確かめます。回答のコツは,「○年後は○○を,○年後は ○○をしたい」というように,企業の実情に即して,現実的な行動計画を伝えること。そうすることで企業理解・仕事理解ができていることが伝わります,志望意欲の熱意も伝わります。ChatGPTの回答を叩き台に,自分らしいプランをアピールしましょう。

プロンプト 4-4　キャリアプラン

> **Q**　#命令:
> 以上の回答を踏まえて,「志望企業(御社)での5年後,10年後のキャリアプラン」を,以下の注意点に従って詳しく教えてください。
>
> #注意点:
> ・PREP法(結論→理由→具体的エピソード→まとめ)に沿って端的に回答します。
> ・300文字以内で回答します。
> ・質問の意図と回答がずれないように回答します。
> ・話し言葉で回答します。

121ページの回答例に続けて,このプロンプトを入力する

ChatGPTの回答例【キャリアプランは？】

> 回答にように，「〇年後は〜，〇年後は〜」と，具体的にアピールしたい。ちなみに，ChatGPT の回答の「パートナー」という表現は適切ではないので注意。

結論

御社でのキャリアプランは，5 年後には投資銀行部門でシニアアソシエイトとしてキープレーヤーとなり，10 年後にはパートナーとして組織の戦略的な方向をリードします。

具体例

5 年後，シニアアソシエイトとして，戦略的なクライアントにサービスを提供し，部門内でのリーダーシップを発揮します。自己啓発を継続し，業界の最新トレンドを把握します。

10 年後，パートナーシップへ昇進し，組織戦略に対する影響力を高めます。クライアントとの強固なパートナーシップを築き，組織の長期的な成功に貢献します。

まとめ

まとめとして，御社でのキャリアプランは，組織と自身の成長を両立させ，金融分野での専門性を深化させつつ，組織の発展に寄与することを抱負としています。

> 「パートナー」「パートナーシップ」など，ChatGPTの回答に一部，正確性に欠ける表現も交じっているので注意

> 回答のように，キャリアプランを，〇年後，〇年後と段階的に具体的に説明することで，仕事に対する理解度をアピールできる

POINT

- 回答にように，「キャリアプラン」について，「〇年後は〜，〇年後は〜」と段階を分けて，具体的に説明できれば，仕事に対する理解度や，キャリアプランに関する本気度をアピールできる。ぜひ参考にしてほしい。
- ChatGPT のデータと回答は 2021 年までの情報に基づくことに留意して活用すること。またこの回答にように，正しくない表現も混じることがある点も留意したい。

内定者の回答例「キャリアプラン」

主張	キャリア プラン	**応募者**：最初は法人コンサルティング，その次にマーティングプロモーション，その次にサービス企画でビジネスをしていきたいです。
根拠	意図	その意図は，①営業，マーケティング，事業企画と，自分の能力を順番に拡大していき，スペシャリストとゼネラリストの両立をめざしています。

面接官：法人コンサルティングやマーケティングプロモーションでどんな能力を身に付けたいですか？

事例	具体的 目標	**応募者**：具体的に言いますと，②法人コンサルティングではコンサルティングワークと課題解決のフレームワークを身に付けたいです。③マーケティングプロモーションでは，広告の力で，御社製品の売上を拡大するマーケティング理論を身に付けたいです。最後は御社の製品力に頼らず，④自分の力で新サービスをゼロから立案し，社会にインパクトを与えられる人間になりたいです。 　そのようなキャリアを希望していますが，⑤自らキャリアアップのスピードを早められるよう，中小企業診断士の勉強を開始しています。

(NTT ドコモ：合格)

POINT

上の回答は「すでに行動を起こしていること」があるので，キャリアプランに説得力と本気度が増している。特に，①②③のようにめざす目標を具体的に説明できるのが良い。また①②から企業と仕事の特徴も理解できている様子がうかがえる。また，④のように，目標実現に向けた行動を起こしているのも良い。行動が伴っているので，①②③の発言に説得力が増す。

6 裏技:「キャリアプランに関する質問」対策のコツ

◆ ChatGPTに，志望企業のキャリアサポートについてヒアリングしよう

面接では「キャリアプラン」に関する質問が必ず来ます。具体的に回答するためには，123ページで解説したとおり，志望企業の事業や仕事内容はもちろん，どのようなキャリアパスが可能で，そのためには**どのような経験やスキルが必要なのか**もある程度把握しておく必要があります。

そこで右ページのプロンプトを活用します。プロンプトの青字部分を，自分が志望する企業に書き換えて，回答を得ます。回答結果から，以下のように，自分の夢ややりたいことを目指す場合に経験できること，身に付けなくてはならないことについてのアドバイスが得られます。

- ・どのような「機会（チャンス）」があるのか？
- ・どのような「経験」を積めるのか？
- ・どのような「スキル」が必要か？
- ・どのような「心構え」が重要か？

この回答を参考に，自分が描くキャリアプランについて具体的に説明できるようしましょう。

なお，ChatGPTの回答は，2021年までの情報・データをもとにしたものです。内容が正しくない場合もありますので，回答結果について気になる点はネット検索などで改めて事実確認をしてください。

プロンプト 4-5　キャリアプランに関するアドバイス

 # 命令：
あなたは以下の企業の人事担当者です。以下の希望を持つ新入社員に，今後のキャリアプランについてアドバイスしてあげてください。

 # 企業：
・応募先企業：野村証券
・応募先の企業 URL：https://www.nomura.co.jp/

> 自分の状況に合わせ
> て青字部分を修正

 # 希望：
・営業と企業金融のプロになりたい。
・30 歳までに大きなプロジェクトをマネジメントできるポジションに就きたい。

野村証券は金融業界の大手企業であり，営業と企業金融に関連するキャリアを築くための良い場所です。以下は，希望に基づいたキャリアプランのアドバイスです。

営業スキルの磨き方：
まずは営業スキルを磨くことが重要です。野村証券では，お客様に投資商品を提供し，信頼関係を築く役割があります。コミュニケーション能力を高め，金融商品に関する知識を深めることが必要です。継続的なトレーニングやセミナーに参加し，営業スキルを向上させましょう。

金融知識の獲得：
企業金融に特化したキャリアを築くために，金融知識を深めることが不可欠です。野村証券では様々な金融商品を取り扱っていますので，株式，債券，投資信託，外国為替などの分野について学び，専門知識を身に付けることをおすすめします。

大きなプロジェクトへの参加：
大きなプロジェクトをマネジメントできるポジションに就くためには，経験が必要です。最初は小さなプロジェクトから始め，リーダーシップとプロジェクト管理のスキルを磨きましょう。結果を出し，信頼を得ることが重要です。

教育と資格：
金融業界では資格が重要です。CFA（Chartered Financial Analyst）などの資格を取得することで，専門知識を証明し，キャリアの成長をサポートできます。また，野村證券が提供する内部トレーニングプログラムにも積極的に参加しましょう。

（後略）

7 ChatGPTで模擬面接に挑戦: 「志望動機・キャリアプラン」編

◆ 模擬面接に挑戦にしてフィードバックをもらおう

Part 4で学んだことを参考に，以下のプロンプトで模擬面接に挑戦しましょう。あなたに合わせた深掘り質問が次々とやって来て，面接終了後はあなたの回答についてフィードバックももらえます。また，58ページを参考に，ChatGPTと「会話」で面接をして，「面接トーク」にも慣れましょう。

プロンプト 4-6 志望動機とキャリアプランに関する模擬面接

#命令：
あなたは以下の企業の新卒採用の面接官です。これからあなたは私のプロフィールと面接のルールに従い，私に模擬面接を行ってください。
#企業
・応募先企業：野村証券
・応募先の企業URL：https://www.nomura.co.jp/
#私のプロフィール
・私の夢：営業と企業金融のプロになりたい。
・エピソード：ベンチャー企業でインターンシップをした際に，社長さんから「顧客の獲得と資金の獲得が企業活動で一番重要だ」と言われ，自分は顧客と資金の両方を獲得できる人間になって一流のビジネスマンになりたいと思った。
・企業選びの理由：専門性の高いトレーニングプログラムと幅広いキャリア機会がある。
#面接のルール
・模擬面接は，「私の志望動機とキャリアプラン」を確認するための質問を行ってください。
・面接先の企業に沿った質問にしてください。
・質問は一つずつ行ってください。私の回答を待ってから，次の質問をしてください。
・私の回答に対し，圧迫面接のようにどんどん突っ込んだ質問をしてください。
・質問回数は合計5回してください。
・質問の長さ：長い質問は避け，簡潔にお願いします。
・事前情報：模擬面接が終わったあと，私の回答の「良かった点」「悪かった点」を，私に辛口でフィードバックしてください。

> 志望企業と，夢やエピソード，企業選びの理由などを記入。記入した内容に沿って模擬面接がスタートする

プロンプトの青字部分を自分の状況に合わせて書き換えてください。

ChatGPTで

「受かる回答」準備 「弱点」「人柄」編

　深掘り質問別「受かる回答」テンプレを参考に，6分野の質問別の「受かる回答」の作成手順を解説します。
　Part 5では「弱点」「人柄」への「深掘り質問」に対する回答を実際に作っていきます。

① 「弱点」「人柄」に関する 深掘り質問の傾向と対策

◆ 「弱点・人柄」の深掘り質問が多い応募者は「面接の当落上」

面接官は面接中に**応募者の弱点や人柄に関する懸念**を次々と感じ取ります。たとえば、「この応募者はA, Bの能力はあるがCの能力がない」「几帳面さがない」「感情にムラがある」「性格がきつい」など。そして、弱点や懸念点を確認するために「深掘り質問」（揺さぶり質問、裏打ち質問／38ページ）を次々とします。面接官が抱く不安や懸念が払拭されなければ不合格になります。そこで「弱点」「人柄」の深掘り質問（揺さぶり質問、裏打ち質問）対策が重要になります。

◆ ChatGPTを活用した「深掘り質問」対策の進め方

面接官が「弱点」「人柄」について確認したいことは以下です。

- **・「弱点」や「人柄の課題」は気のせいか？　本当に問題か？**
- **・「弱点」や「人柄の課題」を本人は自覚しているか？**
- **・「弱点」や「人柄の課題」を本人は克服できそうか？**

したがって、深掘り質問（揺さぶり質問、裏打ち質問）は自然と右ページのようになります。

Part 5では、**あなたの情報（あなたの弱み、エピソード等）**をもとに、ChatGPTに、面接官が抱く不安や懸念を払拭し、「この応募者なら大丈夫だ」と印象づけられる**回答の叩き台**を作ってもらいます。それをベースに、自分の実際の状況や自分なりの表現に置き換えた回答を作成してください。

また、実際の内定者の回答例も掲載しているので、そちらも自分の回答と照らし合わせて、回答をブラッシュアップしてください。

※各プロンプトのテンプレを用意しています（ダウンロードは22ページ）。プロンプトの青字部分を自分の状況に合わせて書き換えてご活用ください。

「弱点」「人柄」に関する必出「深掘り質問」

あなたの「弱点」「人柄」を確認するために必ず聞かれる「深掘り質問」は以下。

面接官 —— **Q1 自覚している弱みや課題は？**

あなた

▼

面接官 —— **Q2 苦手な人はどんな人？**

あなた

▼

面接官 —— **Q3 過去の失敗から学んだことは？**

あなた

▼

面接官 —— **Q4 この企業で活躍するために足りない能力は？**

あなた

「深掘り質問」に対する「受かる回答」を簡単に準備する方法を次ページから紹介します。

2 深掘り質問①
自覚している弱みや課題は？

◆「弱みはあるが，克服できる」ことをアピールすること

　面接官が確認しているのは，「どんな『弱み・課題』を自覚しているか？それを克服できるか？」です。回答のコツは，「弱み・課題」を自覚していることを伝えつつ，合わせて「弱みは克服できる」ことをアピールすることです。以下のプロンプトに弱みとエピソードを入力してください。ChatGPTがあなたの入力した情報をもとに，回答の叩き台を作ってくれます。

プロンプト 5-1　あなたの弱みは？

Q

\#命令：
あなたは優秀な就職活動中の大学生です。以下のエピソードと回答の注意点に従って，以下の企業の面接の質問に上手く回答してください。

\#企業：
・応募先企業：エイチ・アイ・エス
・応募先の企業URL：https://www.his.co.jp/

\#面接の質問：
あなたの弱みは？

> 「弱み」とそれを実感したエピソードを記入する

\#エピソード：
・私の弱み：ポジティブ過ぎて，他の人が引いてしまうことがある。
・エピソード：私はチャレンジ精神旺盛でいつもポジティブなので，サークル内でもどんどん新しいことに挑戦するが，サークルには慎重な人やリスクを先に考える人もいて，意見対立することもある。自分の意見を理解してもらえるように対話を心がけつつ，チームの和を第一優先にしていきたい。

\#回答の注意点：
・PREP法（結論→理由→具体例→まとめ）に沿って端的に回答します。
・"まとめ"は，最後に弱みを改善するために気を付けていることをアピールします。
・300文字以内で回答します。
・質問の意図と回答がずれないように回答します。
・話し言葉で回答します。

> PREP法で回答するように指示

プロンプトの青字部分を自分の状況に合わせて書き換えてください。この後のページも同様。

ChatGPT の回答例【あなたの弱みは？】

弱みを自覚した状況も端的に説明すると，面接官もイメージしやすい

結論

 私の弱みは，ポジティブ過ぎて他の人が引いてしまうことがあることです。

具体例

具体的なエピソードとして，サークル内で新しいことに挑戦する際，意見対立が生じることがあります。私はチャレンジ精神旺盛で常にポジティブ思考ですが，一部のメンバーは慎重な立場やリスクを先に考える傾向があります。

この弱みを克服するために，対話を通じて他のメンバーの意見を理解し，共感する努力を怠らず，チームの和を最優先にしようと努力しています。また，意見の違いをポジティブに捉え，異なる視点から学ぶ機会と捉えて成長できるよう心がけています。

まとめ

このような姿勢を通じて，ポジティブなエネルギーをチームに貢献し，同時に他のメンバーとの協力を強化することを目指しています。

回答のように，「弱み」を具体的にどのように克服・改善しようとしているのかを具体的に説明することが重要

回答のように，最後は，今後に向けた前向きな姿勢をアピールすると，面接官への心象が良い

POINT

「弱み」を具体的に説明しても，心象が悪くなるだけだ。回答のように，「弱み」を自覚していることは端的に伝えつつも，その「弱み」をどのように改善・克服しようとしているのかを具体的に説明することが重要だ。

内定者の回答例「私の弱み」

主張	弱み {	面接官：困った短所ってありますか？ 応募者：負けるとわかっていて，負け馬に乗ることです。直したい性格です。
		面接官：なぜ，負け馬を選ぶんですか？
主張	弱み {	応募者：2つ，自分の弱さがあると自覚しています。 1つは，①勝負よりも情に流される点。1つは，②自分なら負け馬でも勝てるのではという自信過剰な点。社会では通用しないと思うので改善します。
		面接官：どう改善する？
事例	克服計画 {	応募者：③冷静に大局を見極め，自分の力量も見極め，確実に勝ちに徹します。
根拠	克服経験 {	④○○の試合でも，勝負どころでは私情は排除するので，仕事も○○の試合同じ集中力で臨み，勝ちに徹した決断をします。

（フジテレビ：合格）

POINT

上の回答は「過去に課題を克服してきたこと」と「具体的な克服計画」を伝えているため，話の内容に説得力がある。なお，「弱み」を話しながら，言葉の端々から「強み」や「仕事能力」が伝わる。応募者自身がそれを意識した伝え方をしていることも容易に想像がつく。まず②③④からは，結果にコミットする「成果達成力」が，②からは「チャレンジ精神」も伝わる。④の経験があるので「結果にコミットする」思考・行動特性のアピールに説得力がある。また，①からは「結果にコミットする」だけでなく人情もあること，②から自分に自信があることもそれとなくアピールしている。また，全体の回答も，「弱み」→「弱みをどう改善するか」→「弱みを改善できるという根拠」の流れで上手く説明している。

3

深掘り質問②
苦手な人はどんな人?

◆ 苦手な人の説明だけでなく良好な関係を築けることもアピール

面接官は,人当たりが良くない応募者(暗い,癖が強い,意固地,悲観的など)には,「誰とも良好な人間関係を築けるか」確認したくなります。その場合,大抵「苦手な人のタイプは?」と質問します。回答する際のポイントは苦手な人の説明は端的にまとめて,合わせて「誰とでも良好な関係を築ける」ことを必ず伝えること。ChatGPTの回答を参考にしてください。

プロンプト 5-2 苦手な人のタイプ

> **Q** #命令:
> 以上の回答に続けて,「苦手な人のタイプ」を,以下の注意点に従って詳しく教えてください。
>
> #注意点:
> ・PREP法(結論→理由→具体的エピソード→まとめ)に沿って端的に回答します。
> ・300文字以内で回答します。
> ・質問の意図と回答がずれないように回答します。
> ・話し言葉で回答します。

133ページの回答例に続けて,
このプロンプトを入力する

ChatGPT の回答例【苦手な人は？】

結論

苦手な人のタイプの理由を説明すると，面接官もイメージしやすい

 私が苦手と感じる人のタイプは，非常に保守的で変化に対して消極的な方です。

理由
これは，新しいアイデアや挑戦に対する抵抗が強く，チームの成長や革新に制約をかけることがあるからです。

具体例
例えば，過去のプロジェクトで，新しいアプローチを提案した際に，このタイプの人が変更を受け入れず，古い方法を堅持することがありました。これがチームの進歩を妨げ，対立を引き起こすことがありました。

しかし，私は積極的にコミュニケーションを取り，他のメンバーとの協力を強化する努力を怠らず，彼らの立場を理解しようと努力しています。

まとめ
私は彼らと協力し，説得力のあるアプローチを提供し，変化のポジティブな側面を強調することで，共通の目標に向かって前進する方法を見つけようとしています。

回答のように，「苦手な人とも良好な関係を築くために」どのように克服・改善しようとしているのかを具体的に説明することが重要

POINT

「苦手な人のタイプ」を具体的に説明しても，心象が悪くなるだけだ。回答のように，「苦手な人のタイプ」を自覚していることは端的に伝えつつも，「苦手なタイプの人とも良好な関係を築ける」ように，どのように改善・克服しようとしているのかを具体的に説明することが重要だ。

内定者の回答例【苦手な人は？】

面接官： 一緒に働く場合、苦手な人とかいる？

結論　主張 {

応募者： 決めつけてかかる方には、ちょっと違和感を感じますね。

理由　理由 {

正解は１つではないと思いますし、状況が変われば結果も変わるので、すぐに「これはこうだから」と決めつけられると、他の可能性をつぶしてしまうので、「決めつけないで欲しいな」と思います。

具体例
エピソード {

面接官： ただ、必ずそういう方はいますし、私はいつも「十人十色」、10人いれば全員考え方も性格も違うのが当たり前と考えて、気にしないようにしています。①アルバイトの会議でも、決めつける意見や反対意見が出て、私の意見が却下されたら、その場で反論するのではなく、企画力だけでなく、ネゴシエーション力も含めて、私の実力不足だと思って、次は、「みてろよ」と自分を奮い立たせるようにします。

結論　まとめ {

ですから、質問の答えですが、苦手だなと感じるタイプの方はいますが、②私を奮い立たせてくれてありがとうと考えるようにして、誰とも毛嫌いすることなく接することができます。

（じげん：合格）

Part 5

「受かる回答」準備
「弱点」「人柄」編

POINT

①のように，具体的なエピソードを交えて，「苦手なタイプの人とも良好な関係を築ける自分なりの工夫や心がけ」と説明してくれると，面接官も安心する。実際，②は良い心がけだ。自己向上意欲も伝わる。

4 深掘り質問③ 過去の失敗から学んだことは？

◆ 失敗した原因を自覚し，改善したことをアピールすること

　面接官は，応募者の「弱みや課題」を感じると，本人がその原因を自覚し，改善できるかを確認したくなります。そこで「過去の失敗から学んだことは？」と質問する場合があります。回答する際のポイントは課題や失敗の「原因を究明していること」や，「失敗から得た教訓を説明できること」「今は改善できていること」を一緒に伝えること。ChatGPTの回答を参考にしてください。

> **プロンプト 5-3** 過去の失敗から学んだこと

> **Q**
> **# 命令：**
> 以上の回答に続けて，「過去の失敗から学んだこと」を，以下の注意点に従って詳しく教えてください。
>
> **# 注意点：**
> ・PREP法（結論→理由→具体的エピソード→まとめ）に沿って端的に回答します。
> ・300文字以内で回答します。
> ・質問の意図と回答がずれないように回答します。
> ・話し言葉で回答します。

137ページの回答例に続けて，このプロンプトを入力する

回答にように，まずは結論（学んだ
こと）を端的に述べたい

結論

過去の失敗から学んだことは，コミュニケーションの重要性です。

以前，プロジェクトでのコミュニケーション不足が問題となり，タスクの誤解やスケジュールの遅れを招きました。

具体例

失敗の理由は，メンバー間の情報共有が不十分で，進捗状況や課題について明確なコミュニケーションが取れていなかったことです。これがプロジェクトの品質と効率に影響を与えました。

この経験から，コミュニケーションを強化するために，定期的なミーティングや進捗報告の重要性を認識しました。メンバー間での情報共有を促進し，課題を早期に発見し対処する努力を怠らないようにしています。

まとめ

このように，失敗から得た教訓を通じて，効果的なコミュニケーションが成功に不可欠であることを学びました。

回答のように，失敗の「原因」を究明していることをアピールすること

回答のように，失敗から得た「教訓」を説明できることと，「教訓」をもとに「改善」できていることをアピールすること

Part

5

「受かる回答」準備
「弱点」「人柄」編

POINT

「失敗したこと」をダラダラと説明しても，心象が悪くなるだけだ。回答のように，「失敗」の「原因究明」をして，「学びを得て」「改善に向けた行動を実践している」ことをアピールすることが重要だ。

5 深掘り質問④ 当社で活躍するために足りない能力は?

◆「足りない能力を自覚し, 克服していける」ことをアピールすること

この質問が来る場合は, 面接官から「自分の課題を自覚できているか?」「当社の仕事に求められる能力を理解できていないのでは?」と疑われています。そこで, 「御社に必要な能力を理解している。足りない能力も自覚している。それを克服するので活躍できる」とアピールすることが重要です。

ChatGPTが作る, あなたに合わせた回答の叩き台を参考にしてください。

プロンプト 5-4 この企業で活躍するために足りない能力

Q # 命令:
以上の回答に続けて, 「志望企業(御社)で活躍するために足りない能力」を, 以下の注意点に従って詳しく教えてください。

注意点:
・PREP法(結論→理由→具体的エピソード→まとめ)に沿って端的に回答します。
・300文字以内で回答します。
・質問の意図と回答がずれないように回答します。
・話し言葉で回答します。

139ページの回答例に続けて, このプロンプトを入力する

回答にように，足りない能力を自覚
していることを端的に伝えること

結論

 志望企業で活躍するために足りない能力は，さらなるリーダーシップスキルです。

理由 私はこれまでリーダーシップの役割を果たした経験がありますが，もっとチームを指導し，効果的に誘導する能力を向上させる必要があります。

具体例 例えば，以前のプロジェクトで，チームのメンバーを率いる中で，時には目標を明確に伝えられなかったり，意見の調整に課題を感じたことがあります。これがチームのモチベーションやプロジェクトの効率性に影響を及ぼしました。

まとめ 志望企業での成功のために，リーダーシップスキルを向上させるためのトレーニングや指導を受け，より効果的なリーダーとしてチームを導く自信を築いていきます。自己成長を通じて，企業のビジョンを実現するために貢献できるよう努力します。

回答のように，「足りない能力」
をどのように克服していくかを
具体的に説明できることが重要

「足りない能力」を感じる理由を説
明することで，その能力の重要性を
理解していることを印象づけられる

Part

5

「受かる回答」準備
「弱点」「人柄」編

POINT

回答のように，次の3点をアピールしたい。そうすれば面接官への心象は良くなる。
1：「足りない能力」を自覚していること
2：その能力が重要な理由を理解していること
3：その能力をどのように克服するかを説明できること

6 裏技：面接官に自分の短所を悟られないために

◆ 無意識に自分の「弱点」をさらしている人が多い

「私の強み」のアピールに熱心なあまり，面接官からこっそり減点されていることに気づかない応募者がたくさんいます。どういうことでしょうか？秀でた「強み」には，その **「強み」がゆえに併せ持つ「欠点」** があります。たとえば「起業意欲の旺盛」な人は逆に「単調な事務作業」が苦手な傾向があります。「論理的思考」が得意な人は「他者に冷たく感受性が弱い」傾向があります。面接官は「強み」をアピールする応募者に対して，反対に **「弱点」がないか** もチェックします。したがって，無意識に自分がさらしている弱点を自覚し，面接官が抱くその **「弱点」を払拭する対策** も必要なのです。

◆ 負のイメージを払拭する経験を伝える

そこで活用して欲しいのが右ページの **「フォロー・コンピテンシー」**。自分がアピールする強みが，逆に面接官に与える「負の印象」と，それを払拭するために「何を伝えればいいか」を知ることができます。使い方は，自分の「強み」が持つ「負の印象」を理解し，**「負の印象」を払拭するエピソード** を披露すること。

たとえば「ポジティブ」「行動力」をアピールする人には，面接官は「論理的思考」に欠けるという負のイメージを抱く傾向にあります。併せて「戦略的思考」を発揮したエピソードを用意しましょう。また，「論理的思考」が得意な応募者は，面接官に「対人感受性に欠けるのでは」と負のイメージを抱かせないように，誰とも良好な人間関係を構築してきたという経験を伝えると良いでしょう。

フォロー・コンピテンシー
（負の印象を抱かせない対策）

私の「強み」	「強み」が持つ「負の印象」とフォロー術
学習が速く，向上心旺盛	〈他者に冷たく自己本位〉と思われがち ⇒チームプレーカ，サービスマインドをアピール →詳細は316ページ参照
強いリーダーシップを持つ	〈サポート役，細かい作業は苦手〉と思われがち ⇒事務処理能力・几帳面さをアピール →詳細は314ページ参照
意志が強く，信念を貫き通せる	〈柔軟性，人間関係に難あり〉と思われがち ⇒人間関係構築力，サービスマインドをアピール →詳細は316ページ参照
アイデア，企画力に自信がある	〈自己本位，単純作業が苦手〉と思われがち ⇒几帳面さ，チームプレーカをアピール →詳細は316ページ参照
論理的な考え，行動が取れる	〈他者に冷たく，感受性が弱い〉と思われがち ⇒人間関係構築力，サービスマインドをアピール →詳細は316ページ参照
熱意があり，常に一生懸命	〈論理性，多面的視野が欠乏〉と思われがち ⇒戦略的思考力をアピール →詳細は313ページ参照
ポジティブで行動力がある	〈お調子者で論理性に欠ける〉と思われがち ⇒戦略的思考力をアピール →詳細は313ページ参照
1つのことに長期間，打ち込める	〈好奇心，柔軟性に欠ける〉と思われがち ⇒自分を変える力，旺盛な好奇心をアピール →詳細は312,315ページ参照
誰からも好かれ，すぐに仲良くなれる	〈論理性に欠け，自己・他者に甘い〉と思われがち ⇒成果への執着心，戦略的思考力をアピール →詳細は312,313ページ参照
人生，順調にトップを快走してきた	〈逆境力，自分を変える力が弱そう〉と思われがち ⇒自己変革力，逆境力をアピール →詳細は312,314ページ参照

Part 5 「受かる回答」準備 「弱点」「人柄」編

©キャリアデザインプロジェクト

ChatGPTで模擬面接に挑戦：「弱み・人柄」編

◆ 模擬面接に挑戦にしてフィードバックをもらおう

　Part 5 で学んだことを参考に，以下のプロンプトで模擬面接に挑戦しましょう。あなたに合わせた深掘り質問が次々とやって来て，面接終了後はあなたの回答についてフィードバックももらえます。また，58 ページを参考に，ChatGPT と「会話」で面接をして，「面接トーク」にも慣れましょう。

プロンプト 5-5　「弱みと人柄」に関する模擬面接

#命令：
あなたは以下の企業の新卒採用の面接官です。これからあなたは私のプロフィールと面接のルールに従い，私に模擬面接を行ってください。
#企業
・応募先企業：エイチ・アイ・エス
・応募先の企業 URL：https://www.his.co.jp/
#私のプロフィール
・私の弱み：ポジティブ過ぎて，他の人が引いてしまうことがある。
・エピソード：私はチャレンジ精神旺盛でいつもポジティブなので，サークル内でもどんどん新しいことに挑戦するが，サークルには慎重な人やリスクを先に考える人もいて，意見対立することもある。自分の意見を理解してもらえるように対話を心がけつつ，チームの和を第一優先にしていきたい。
#面接のルール
・模擬面接は，「私の弱みと人柄」を確認するための質問を行ってください。
・面接先の企業に沿った質問にしてください。
・質問は一つずつ行ってください。私の回答を待ってから，次の質問をしてください。
・私の回答に対し，圧迫面接のようにどんどん突っ込んだ質問をしてください。
・質問回数は合計 5 回してください。
・質問の長さ：長い質問は避け，簡潔にお願いします。
・事前情報：模擬面接が終わったあと，私の回答の「良かった点」「悪かった点」を，私に辛口でフィードバックしてください。

> 志望企業と，私の弱みとエピソードを記入。記入した内容に沿って模擬面接がスタートする

プロンプトの青字部分を自分の状況に合わせて書き換えてください。

ChatGPTで

「受かる回答」準備
「思考力」編

Part 6では6分野の質問のうち「思考力」を試される面接への対策法を解説します。「思考力」が特に試されるのが「ケース問題」と「グループディスカッション」。この2つで効果を発揮する「とっておきの攻略法」を伝授します。

1 「思考力系質問」に必要なロジックツリー思考

◆ 思考力系質問 (ケース質問) とは？

「思考力系質問」とはケース面接とも呼ばれます。以下のような難題を応募者に質問し，応募者の思考力や課題解決力をチェックしていくのです。

1：「サービスの課題」を問う質問

2：「業界の課題」を問う質問

3：「社会の課題（時事問題）」を問う質問

「思考力系質問」で重要なのは「正解」を言うことではありません。面接官がチェックしているのは，「回答」を導き出す**「論理的思考力」**。もう1つは意見を論理的にわかりやすく説明する**「論理的説明力」**です。

実は，このような「思考力系質問」に回答するにはコツがあります。それが右図の**「ロジックツリー思考」**です。「思考力系質問」では大きな課題（○○業界はどうなる？　売上を増やすには？　など）が提示され，解決策を求められるため，課題を**「分解して考え」**，**「論理的に伝える」**思考法と伝え方が必要となります。右図のロジックツリーにしたがって，課題を分解していくと，自然と，スムーズに回答を提案できるようになるというわけです。

◆ ChatGPTがロジックツリー思考を一瞬で実行してくれる！

ただし「ロジックツリー思考」にしたがって回答を自力で用意するには，慣れるまで少々時間がかかります。そこでChatGPTです。ChatGPTが**「分解して考え」「分解して伝える」**作業を一瞬で実行してくれるプロンプトを用意しました。これで**「思考力系質問」**対策が簡単にできるようになります。ChatGPTの活用手順は152ページで解説しますが，まずは，「思考力系質問」の課題を「分解して考え」「論理的に伝える」のがどういうことか，正しく理解しておきましょう。そうすれば，後で紹介するChatGPTの使いどころがより腹落ちするはずです。

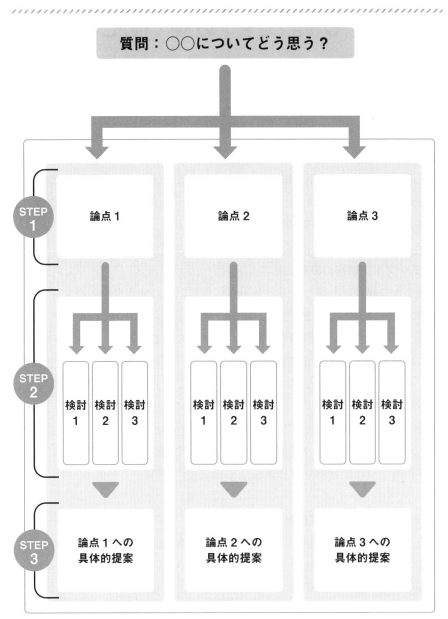

ケース質問対策のロジックツリー思考法

質問：○○についてどう思う？

STEP 1
論点1　論点2　論点3

STEP 2
検討1　検討2　検討3　　検討1　検討2　検討3　　検討1　検討2　検討3

STEP 3
論点1への
具体的提案　　論点2への
具体的提案　　論点3への
具体的提案

2 「思考力系質問」回答法と ChatGPTの使いどころ

◆ 思考力系質問 (ケース質問) とは？

　大手ホテルの面接で実際に出た質問「うちのホテルの成長に必要なことは？」を例に，まずはChatGPTを使わずに「思考力系質問」の回答を導き出す手順を理解しましょう。なお，この質問に対する内定者の回答実例（151ページ）と回答手順（150ページ）も紹介します。合わせてご参考ください。

　まず，「思考力系質問」は，147ページのロジックツリー思考法のように**3つのステップ**で回答を導き出します。

【ステップ1】 課題の分解

「ホテルの成長に必要なことは？」という質問は，いきなり回答するには課題が大きく漠然としすぎています。そこで，「ロジックツリー思考法」のステップ①にしたがい，**課題を分解し，論点を分けることで，各課題・論点ごとに検討しやすくする**のです。なお，「分解」の仕方もいろいろあります。たとえば「期間」という切り口。今すぐ必要なことと中長期的に必要なことに分解することも可能です。また，「誰に対して」という切り口。お客，社員，社会に分解して回答することも可能です。内定者は，「売上」という切り口で，ホテルの「主要部門別の売上」，つまり，「宿泊部門」「宴会部門」「ホテル外事業」の3つに論点を分解しました（150ページ参照）。

【ステップ2】 各論点の検討

　論点を分解したら，論点ごとに**「課題と改善に向けた検討ポイント」**を整理します。そして，特に重要な検討項目を探っていきます。

　内定者の場合は，論点1の「宿泊部門の売上を増やす」ための検討ポイントとして，「国内客と外国人客と観光目当て以外の新しい客層」の3つの検討項目をあげています。論点2の「宴会部門の売上を増やす」では，「一般

イベント，法人イベント，ウエディング」。論点3の「ホテル外事業の売上を増やす」では，検討項目に「ノウハウの外販と飲食の外販」をあげています。

【ステップ3】 具体的提案

　各論点の検討ポイントが整理できたら最後に**「では，どうすべきか」**という**「具体的提案」**を考えます。内定者は，論点1は「新しい客層」，論点2では「ウエディング」，論点3では「ノウハウの外販」の検討項目に特に着目。そして，新しい客層獲得のためには「リフレッシュプラン」を提案。宴会部門のウエディング強化については「フォトウエディング」を着想。ノウハウの外販については「ホスピタリティや接客講習」を着想したようです。

【考えを整理して回答する】

　ステップ1～3が完了したら，最後に，自分の考えをまとめて「論理的」に伝えます。論理的に伝えるには「なぜなら（理由）」「たとえば（事例）」「したがって（結論）」という接続詞を使いながら，因果関係を意識して伝えるようしましょう。151ページの内定者の回答を見てください。論理的に端的に説明できているのがおわかりですね？

　以上が，**「思考力系質問」の課題を自分なりに考えて回答するまでの一連の作業の流れ**です。まとめると「課題を分解して，検討ポイントをあげ，解決策を導き出して，論理的に伝える」わけです。**この一連の作業をChatGPTが行ってくれます。**152ページから，「思考力系質問でよく出る質問」を3つ用意し，ChatGPTに回答を作成させます。回答結果をチェックすることで，回答の組み立て方の参考にしてください。

大手ホテル／内定者の論理構成

テーマ：当ホテルの成長に必要なことは？

⬇

ホテルの主要売上に分解して考えた

論点1	論点1	論点1
宿泊部門の売上を増やせるか？	宴会部門の売上を増やせるか？	ホテル外事業の売上を増やせるか？

⬇

検討要素	検討要素	検討要素
宿泊部門の売上の検討要素	宴会部門の売上の検討要素	ホテル外事業の検討要素
従来の宿泊客獲得増　外国人宿泊客獲得増　新しいタイプの宿泊客獲得	一般イベント　法人イベント　ウエディング	ノウハウの外販　飲食の外販

⬇

提案	提案	提案
観光目当て以外の新しい客層の獲得	ウエディング宴会強化	ノウハウの外販
（例：リフレッシュプランを用意して，1日，健康とエクサイズ目当てに宿泊するようなお客の獲得）	（例：フォトウエディング）	（例：ホスピタリティや接客セミナーの法人販売）

大手ホテル／内定者の回答実例

応募者：ホテルはホテル業界の成長か，貴館の成長でしょうか？

面接官：では，当館の成長について聞かせてください

応募者：かしこまりました。貴館の最大の強みであるブランド力を最大限活かすことだと思います。

課題の分解

そのうえで，成長ポイントは３つあると思います

論点１の検討と提案

一つはブランド力を活かした「宿泊部門」の強化。宿泊客を増やすには国内客と外国人客を増やすことが重要だと言われてますが，私は，貴館のブランド力があれば，観光目当て以外の新しい客層を増やせると思います。

たとえば，リフレッシュプランを用意して，１日，健康とエクササイズ目当てに宿泊するようなお客の獲得です。

もう一つはブランド力を活かした「宴会部門」の強化。宴会部門は会場数が限られるので，売上の上限もあるかと思いますが，貴館のブランド力があれば，会場を使わない宴会サービスができると思います。

論点２の検討と提案

個人的に興味があるのがフォトウエディングです。結婚式をあげない若い人が増えているとニュースで見ましたが，貴館でフォトウエディングだけで済むサービスなら絶対に人気が出ると思います。

つまり，従来の一般，法人向けのイベント，パーティや婚礼ではなく，会場にとらわれない宴会のスタイルを作っていきたいです。

最後が「ホテル外事業」です。ホテルの外に向けたサービス展開が重要だと思います。

論点３の検討と提案

すでに飲食の外販はされてますが，貴館のブランド力があれば，たとえば，ノウハウの外販もできると思います。たとえば，ホスピタリティや接客講習を企業にセミナー形式で提供できると思います。

まとめ

つまり，成長には，貴館のブランド力を活かし，従来のホテル経営にとらわれないアイデアに挑戦することが大切だと思います。

Part **6**

「受かる回答」準備
「思考力」編

3

思考力系頻出質問① 〇〇の売上を2倍にするには？

◆ アルバイト先の売上を2倍にする方法の回答案作成手順

　面接で「アルバイト先の売上を2倍にするには？」などと，売上を上げるアイデアを問う質問が来る場合があります。ぜひ，ロジックツリー思考に沿って回答しましょう。以下のプロンプトに，売上を上げる回答を知りたいサービス（たとえば塾，コンビニ，居酒屋など）を入力するだけで回答例が作成されます。この回答を，話し言葉で論理的に説明するように再度ChatGPTに指示しましょう（154ページ）。出た結果を参考に面接で話せばOKです。

プロンプト 6-1　売上を上げる方法

Q　**#命令：**
あなたは優秀な就職活動中の大学生です。
以下の回答の注意点に従って，以下のケース面接の質問に上手く回答してください。

#ケース面接の質問：
カフェの売上を2倍にするには？ ──── あなたの回答を得たい質問を入力する

#回答の注意点：
・問題解決のロジックツリーに沿って，次のステップで回答します。
　(1) 最初に要素分解します（ただし，分解する要素は3個以内にまとめる）。
　(2) 次に，各要素ごとの課題と課題解決のためのポイントを説明します。
　(3) 最後に，解決策を提案します。
・質問の意図と回答がずれないように回答します。
・600文字以内で回答します。 ──── 147ページの「ロジックツリー思考法」のような回答を導き出すように指示
・話し言葉で回答します。

プロンプトの青字部分を自分の状況に合わせて書き換えてください。
この後のページも同様。

カフェの売上を2倍にするためには，以下のステップに従うことが重要です。

1. 要素分解：

カフェの売上を2倍にするためには，以下の3つの要素を考えることができます。

・顧客数を増やす

・顧客単価を上げる

・新しい収益源を開拓する

2. 課題と課題解決のポイント：

a. 顧客数を増やす：

・**課題**：カフェに来店する顧客数が不足している可能性があります。

・**解決策**：

イベントやキャンペーンを開催して新たな顧客を引き込む。

既存の顧客からの口コミを増やすために品質向上に注力する。

オンライン広告やSNSを活用して店舗を宣伝する。

b. 顧客単価を上げる：

・**課題**：顧客が少ない注文や低単価商品を選ぶ可能性がある。

・**解決策**：

メニューに高額商品やセットメニューを追加して顧客に選択肢を提供する。

プレミアムな体験や特別なサービスを提供して付加価値を高める。

フリーWi-Fiなどのサービスを提供し，顧客が長時間滞在しやすくする。

c. 新しい収益源を開拓する：

・**課題**：カフェの売上が主にコーヒーや軽食に依存しているかもしれません。

・**解決策**：

カフェ内で商品を販売する，例えばカフェオリジナルの商品やコーヒーグッズを取り扱う。

カフェの空間をイベントスペースとして貸し出すことでイベント収益を得る。

テイクアウトやデリバリーサービスを強化し，新しい収益源を生み出す。

3. 優先度の高い解決策：

優先度の高い解決策は，顧客数を増やすことに焦点を当てることが重要です。これにより，新しい顧客を獲得し，既存顧客のリピート率を向上させることができます。具体的な提案として，以下の点に注意します。

・週末に特別なテーマイベントを開催して，新たな顧客を引き込む。

・カフェ内での顧客体験向上に投資し，リラックスできる雰囲気を提供する。

・ソーシャルメディア広告を活用して，地域の顧客にカフェを知らせる。

これらのステップを実行することで，カフェの売上を2倍にする可能性が高まります。注意点として，カフェの独自性や顧客ニーズに合わせた戦略を継続的に評価し，最適化することが不可欠です。

ロジックツリー思考法に沿った回答が作成できた！

Part 6

「受かる回答」準備 「思考力」編

Q
 # 命令：
以上の内容を，以下の回答の注意点に従って，再度回答してください。

 # 回答の注意点：
・「ポイントは○個あります」と，まず結論を述べます。
・その後は，必要に応じて以下の接続詞を使って，論理的に回答します。
"たとえば"
"なぜなら"
"したがって"
・600文字以内で回答します。
・話し言葉で回答します。

> 153ページの回答例を，話し言葉で論理的に説明するように再度指示します

> 回答例のように，最初に「ポイントは○個ある」と伝えると面接官も理解しやすい

ポイントは３つあります。

第１に，顧客数を増やすことが重要です。たとえば，週末に特別なテーマイベントを開催することで新たな顧客を引き込むことができます。また，カフェ内の顧客体験向上にも注力し，リラックスできる雰囲気を提供することが大切です。なぜなら，顧客は居心地の良い場所で過ごすことを好みます。さらに，ソーシャルメディア広告を活用して，地域の顧客にカフェの存在を知らせることが効果的です。

第２に，顧客単価を上げることも必要です。たとえば，メニューに高額商品や特別セットを追加して，顧客に選択肢を提供できます。これにより，注文金額を増加させることができます。また，プレミアムな体験や特別なサービスを提供することで，付加価値を高めることができます。したがって，顧客はより多くのお金を支払う用意があります。

第３に，新しい収益源を開拓することも考慮しましょう。たとえば，カフェ内でカフェオリジナルの商品やコーヒーグッズを販売することで，追加の収益を得ることができます。また，カフェのスペースをイベントスペースとして貸し出すことで，イベント収益も確保できます。さらに，テイクアウトやデリバリーサービスを強化し，新たな収益源を生み出すことができます。

これらのポイントを組み合わせて実行することで，カフェの売上を２倍にする可能性が高まります。ただし，戦略を継続的に評価し，最適化することを忘れずに行うべきです。

> 話し言葉で論理的に説明する回答が作成された！

解説【〇〇の売上を2倍にするには？】

153ページの回答例のポイント

ChatGPTの回答例は全体的に以下のようにロジックツリー思考に沿った回答になっていることがわかるだろう。

1：要素分解
2：課題と課題解決のポイント
3：解決策の提案

また，「1：要素分解」では，課題を次の要素（論点）に分解している。
1. 顧客獲得とリテンション（新規客の獲得とリピーターの維持）
2. メニューやサービスの改善
3. マーケティング戦略の最適化

そして，「2：課題と課題解決のポイント」では，上記の要素分解した各要素（論点）ごとに課題と解決ポイントを説明し，最後の「解決策提案」では，具体的な改善提案をしている。回答内容も全体的に的を射た内容と言える。
（※もし，この回答以外の回答案もチェックしたい場合は，回答結果の画面の右下の「Regenerate」をクリックすると良い。）

以上の回答を，面接で実際に回答できるように，ChatGPTに，論理的な話し言葉に整理し直してもらったのが，154ページの回答例だ。

154ページの回答例のポイント

回答例のように，最初に「ポイントは〇個ある」と述べることで，面接官にこれから回答する内容がどの程度のボリュームかをわからせることができる。ぜひ，参考にしてほしい。

その後は，要素分解した各要素（論点）にしたがって，売上を上げる具体的な提案をしているが，「たとえば」「なぜなら」「したがって」という接続詞を交えて説明しているので，伝えたいことが理解しやすい。ぜひ，参考にしてほしい。

4 思考力系頻出質問②
〇〇業界の課題と打開策は？

◆ 志望業界の課題と打開策の回答案作成手順

　面接で「〇〇業界の課題は？　打開策は？」と質問が来たら，ロジックツリー思考法に沿って，課題を分解し，解決策を提案できるようにしましょう。以下のプロンプトにあなたの志望業界を入力すれば，志望業界の課題と検討ポイント，解決策をChatGPTが作ります。右が回答例です。この回答例を158ページのプロンプトで論理的な話し言葉に変えて再度回答し直します。この結果を参考に，志望業界の課題と打開策を論理的に説明できるようにしましょう。

プロンプト 6-3　業界の課題と打開策

 # 命令：
あなたは優秀な就職活動中の大学生です。
以下の回答の注意点に従って，以下のケース面接の質問に上手く回答してください。

 # ケース面接の質問：
広告業界 の課題と打開策について説明してください。

> あなたの回答を得たい業界を入力する

 # 回答の注意点：
・問題解決のロジックツリーに沿って，次のステップで回答します。
　（1）最初に要素分解します（ただし，分解する要素は3個以内にまとめる）。
　（2）次に，各要素ごとの課題と課題解決のために必要なポイントを説明します。
　（3）最後に，優先度の高い解決策に絞って具体的に提案します。
・質問の意図と回答がずれないように回答します。
・600文字以内で回答します。
・話し言葉で回答します。

> 147ページの「ロジックツリー思考法」のような回答を導き出すように指示

ChatGPTの回答例 【〇〇業界の課題と打開策は？】

 広告業界の課題と打開策について，以下のステップに従って説明します。

(1) 要素分解

広告業界の課題を3つの要素に分解します。

デジタル広告の過剰露出，ユーザーの広告に対する免疫，データプライバシーへの懸念

(2) 各要素ごとの課題と解決策

1. デジタル広告の過剰露出

課題：インターネット上での広告が過多で，ユーザーが広告を無視する傾向がある。

解決策：

ターゲティングの向上：データ分析を活用して，ユーザーの好みに合わせた広告を表示することで，広告の効果を高める。

広告フォーマットの工夫：刺激的でクリエイティブな広告フォーマットを開発し，ユーザーの興味を引く。

広告の頻度制限：ユーザーに同じ広告を繰り返し見せないように広告頻度を制限し，過剰露出を防ぐ。

2. ユーザーの広告に対する免疫

課題：ユーザーは広告に対して免疫を持ち，広告をスルーする傾向がある。

解決策：

ブランドストーリーテリング：広告を単なる宣伝からストーリーとして構築し，感情に訴えかける。

インフルエンサーマーケティング：インフルエンサーを活用して信頼性の高い広告を提供し，ユーザーの信頼を得る。

インタラクティブ広告：ユーザーが広告に対話的に参加できるような広告フォーマットを導入し，参加感を高める。

3. データプライバシーへの懸念

課題：ユーザーはデータプライバシーに対する懸念を抱き，広告のターゲティングに反発する。

解決策：

透明性の確保：データの収集と使用について透明性を提供し，ユーザーに選択肢を与える。

匿名化とセキュリティ：ユーザーデータを匿名化し，セキュリティ対策を強化してデータ漏洩を防ぐ。

オプトインモデル：ユーザーにデータ収集への明示的な同意を得るためのオプトインモデルを採用する。

(3) 優先度の高い解決策

優先度の高い解決策は，データプライバシーへの懸念に焦点を当てます。

（後略）

> ロジックツリー思考に沿った回答が作成できた！

 # 命令：
以上の内容を，以下の回答の注意点に従って，再度回答してください。
 # 回答の注意点：
・「ポイントは〇個あります」と，まず結論を述べます。
・その後は，必要に応じて以下の接続詞を使って，論理的に回答します。
"たとえば"
"なぜなら"
"したがって"
・600文字以内で回答します。
・話し言葉で回答します。

> 157ページの回答を，話し言葉で論理的に説明するように再度指示します

> 回答のように，まずは「3つの」論点があることを先に伝えると，面接官も理解しやすい

ポイントは3つあります。

まず，広告業界の課題として，デジタル広告の過剰露出が挙げられます。なぜなら，ユーザーが過多の広告に飽きてしまい，広告の無視が増えているからです。次に，ユーザーの広告に対する免疫があります。これは，ユーザーが広告に対して無関心になり，効果が低下する要因です。最後に，データプライバシーへの懸念があります。したがって，ユーザーがデータの収集に懸念を抱くことで，広告ターゲティングが難しくなります。

これらの課題に対処するために，まずデジタル広告の過剰露出について考えます。ターゲティングの向上やクリエイティブな広告フォーマットの導入が必要です。たとえば，データ分析を駆使してユーザーの好みに合わせた広告を提供することで，広告の効果を高められます。

次に，ユーザーの広告に免疫を持つ問題に取り組みます。ブランドストーリーテリングやインフルエンサーマーケティングを通じて，感情的なつながりを強化し，ユーザーの興味を引きます。また，インタラクティブな広告フォーマットを採用することで，ユーザーの参加感を高められます。

最後に，データプライバシーへの懸念に焦点を当てます。透明性の確保とデータセキュリティの強化は重要です。ユーザーに選択肢を提供し，データ収集に明示的な同意を得るオプトインモデルの採用も考えます。これにより，広告業界は課題に対処し，ユーザーエクスペリエンスを向上させることができます。

> 話し言葉で論理的に説明する回答が作成された！

POINT

157ページの回答例のポイント

ChatGPTの回答例は全体的に以下のようにロジックツリー思考に沿った回答になっていることがわかるだろう。

1：要素分解
2：各要素ごとの課題と解決策
3：優先度の高い解決策

また、「1：要素分解」では、課題を次の要素（論点）に分解している。
・デジタル広告の過剰露出
・ユーザーの広告に対する免疫
・データプライバシーへの懸念

そして、「2：各要素ごとの課題と解決策」では、上記の要素分解した各要素（論点）ごとに課題と解決ポイントを説明し、最後の「優先度の高い解決策」では、具体的な改善提案をしている。回答内容も全体的に的を射た内容と言える。
（※もし、この回答以外の回答案もチェックしたい場合は、回答結果の画面の右下の「Regenerate」をクリックすると良い。）

以上の回答を、面接で実際に回答できるように、ChatGPTに、論理的な話し言葉に整理し直してもらったのが、158ページの回答例だ。

158ページの回答例のポイント

回答例は、前半でこの業界の3つの課題を、理由も添えて端的に説明し、後半で、各課題ごとに、何をすべきかを説明している。この回答例のように、課題と検討ポイント（何が必要か）と、具体的提案（何をすべきか）を、論理的に説明したい。

なお、ChatGPTのデータと回答は2021年までの情報に基づくことに留意して活用すること。回答には正しくない日本語も一部混じることも留意すること。

5 思考力系頻出質問③ （時事問題）〇〇についてどう思う?

◆ 時事問題に関する回答案作成手順

　面接で「〇〇についてどう思う?」と時事問題について質問される場合があります。これも思考力をチェックする質問です。ロジックツリー思考法に沿って，具体的に提案できるようにしましょう。以下のプロンプトの青字部分に気になる時事問題を入力し，回答をチェックしましょう。さらに，回答例を162ページのプロンプトで論理的な話し言葉に変えて再度回答させます。163ページの解説も参考に，想定される時事問題の回答案を用意しておきましょう。

プロンプト 6-5 時事問題についての見解

Q ＃命令：
あなたは優秀な就職活動中の大学生です。
以下の回答の注意点に従って，以下のケース面接の質問に上手く回答してください。

＃ケース面接の質問：
働き方改革についてあなたはどう思いますか?

あなたの回答を得たい
時事問題を入力する

＃回答の注意点：
・問題解決のロジックツリーに沿って，次のステップで回答します。
　(1) 最初に要素分解します（ただし，分解する要素は3個以内にまとめる）。
　(2) 次に，各要素ごとの課題と課題解決のために必要なポイントを説明します。
　(3) 最後に，具体的に提案します。
・質問の意図と回答がずれないように回答します。
・600文字以内で回答します。
・話し言葉で回答します。

147ページの「ロジックツリー思考法」のような回答を導き出すように指示

働き方改革についての考えについて，以下のステップに従ってお答えいたします。

1. 要素分解：
働き方改革に関する考え方は，以下の3つの要素に分けることができます。
・効率性と生産性の向上
・ワークライフバランスの実現
・従業員の健康と幸福度の向上

2. 課題と解決ポイント：
　（1）効率性と生産性の向上：
　－課題：従来の働き方では，過度の残業や長時間労働が一般的であり，労働者の健康に悪影響を及ぼすことがある。
　－解決ポイント：効率的な業務プロセスの導入，タスクの優先順位設定，テクノロジーの活用による業務効率の向上が必要。
　（2）ワークライフバランスの実現：
　－課題：働きすぎがストレスや家庭生活への影響をもたらす可能性がある。
　－解決ポイント：柔軟な労働時間，リモートワークオプションの提供，有給休暇の奨励など，ワークライフバランスをサポートする施策の導入が必要。
　（3）従業員の健康と幸福度の向上：
　－課題：働く環境やストレスによって，従業員の健康と幸福度が低下することがある。
　－解決ポイント：職場のストレス軽減策，健康プログラムの提供，心理的なサポート体制の構築など，従業員の幸福度を向上させる取り組みが必要。

3. 具体的な提案：
効率性と生産性向上のためには，プロジェクト管理ツールの導入や業務プロセスの見直しを行うべきです。
ワークライフバランスの実現のためには，リモートワークオプションを提供し，週休2日制の導入を検討すべきです。
従業員の健康と幸福度の向上のためには，ストレス管理プログラムや健康診断の実施を考慮すべきです。

これらの施策を導入することで，働き方改革を推進し，企業と従業員の両方に利益をもたらすことができると考えています。

> ロジックツリー思考に沿った回答が作成できた！

時事問題は最初に自分の意見を述べたい

命令：
以上の内容を，以下の回答の注意点に従って，再度回答してください。
回答の注意点：
・最初に「私は〇〇だと思います」と，結論を述べます。
・その後は，必要に応じて以下の接続詞を使って，論理的に回答します。
"たとえば"
"なぜなら"
"したがって"
・600 文字以内で回答します。
・話し言葉で回答します。

161ページの回答を，話し言葉で論理的に説明するように再度指示します

回答のように，まずは時事問題に対する自分の意見（結論）を述べること

私は働き方改革について非常に肯定的に考えています。

なぜなら，これは効率性と生産性の向上，ワークライフバランスの実現，そして従業員の健康と幸福度の向上といった重要な要素を改善できる機会を提供するからです。

たとえば，効率性と生産性の向上を考えると，業務プロセスの最適化やテクノロジーの活用によって，業務効率を向上させることができます。これにより，従業員はより効率的に仕事を進め，過度の残業やストレスを減らすことが可能です。

また，ワークライフバランスの実現を考えると，リモートワークオプションや柔軟な労働時間の提供は，従業員にとって大きな利点です。これにより，仕事と家庭生活を調和させやすくなり，従業員の生活の質が向上します。

さらに，従業員の健康と幸福度の向上を追求することは，企業にとっても重要です。ストレス軽減策や健康プログラムの提供により，従業員は健康的で幸福な状態で働くことができ，これが生産性向上にも繋がります。

したがって，働き方改革は企業と従業員の双方にとって利益をもたらす重要な取り組みであると考えます。結論として，これらの改革を積極的に進めるべきだと思います。

回答のように，まずは（3つの）論点を先に伝えると，面接官も理解しやすい

話し言葉で論理的に説明する回答が作成された！

ChatGPTの回答例
【この企業で活躍するために足りない能力は？】

POINT

161ページの回答例のポイント

ChatGPT の回答例は全体的に以下のようにロジックツリー思考に沿った回答になっていることがわかるだろう。

1：要素分解
2：各要素ごとの課題と解決ポイント
3：具体的な提案

また，「1：要素分解」では，課題を次の要素（論点）に分解している。
・効率性と生産性の向上
・ワークライフバランスの実現
・従業員の健康と幸福度の向上

そして，「2：各要素ごとの課題と解決ポイント」では，上記の要素分解した各要素（論点）ごとに課題と解決ポイントを説明し，最後の「具体的提案」では，重要だど思うべき点を説明している。回答内容も全体的に的を射た内容と言える。（※もし，この回答以外の回答案もチェックしたい場合は，回答結果の画面の右下の「Regenerate」をクリックすると良い。）

以上の回答例を，面接で実際に回答できるように，ChatGPT に，論理的な話し言葉に整理し直してもらったのが，162ページの回答例だ。

162ページの回答例のポイント

回答例は，最初に自分の意見「私は働き方改革について非常に肯定的に考えています」を述べ，その理由として3つの要素「効率性と生産性の向上」，「ワークライフバランスの実現」，「従業員の健康と幸福度の向上」を改善できるから，と説明している。このように，時事問題は最初に意見を述べ，その理由や具体例を説明すること。

なお，ChatGPT のデータと回答は 2021 年までの情報に基づくことに留意して活用すること。回答には正しくない日本語も一部混じることも留意すること。

Part
6

「受かる回答」準備
「思考力」編

6 「グループディスカッション」攻略の裏技

◆ 基本は「分解して考え，分解して伝える」こと

「グループディスカッション」も，「思考系質問」や「ケース問題の設問と大差はありません。「○○業界はどうなる？　当社の○○サービスを成長させるには？　当社で新規事業をするなら何が良いか？」などです。したがって，前述した通りロジックツリー思考で**「分解して考え，論理的に伝える」テクニック**があれば，グループディスカッションの攻略は難しくありません。ただ，「グループディスカッション」は，チームで回答を導出するため，少し工夫が必要です。まずは，「グループディスカッション」で面接官がチェックするポイントを把握しておきましょう。

◆「グループディスカッション」のチェック項目

　右ページは，一般的な「グループディスカッション評価シート」です。企業は大抵，右の５つの点をチェックしています。

積極性：自分の意見を言うだけで満足したらマイナス評価

　積極的な発言はもちろん，場の雰囲気を積極的に盛り上げたり和らげたりする行為も評価されます。自分の意見を発表するだけで，議論全体への関わり方が弱いと評価は下がります。でしゃばりすぎも減点されます。

協調性：他の応募者を攻撃したらマイナス評価

　他の応募者の意見にもきちんと耳を傾け，周囲を気遣える態度を取れること。相手の意見を頭ごなしに否定したり，見下す態度はマイナス評価。感情的な言動，相手に不快な言動も減点です。

グループディスカッション 評価シート

氏名：＿＿＿＿＿＿＿＿＿＿＿＿＿＿＿＿＿＿＿＿＿＿＿＿＿＿＿＿

テーマ：（＿＿＿＿＿＿＿＿＿＿＿＿＿＿＿＿＿＿＿＿＿＿＿＿＿）

積極性	・積極的に意見を発言しているか？ ・積極的に議論の進行に関与しているか？ ・積極的にリーダーに立候補したり，他の応募者をフォローしたりしているか？	1・2・3・4・5
協調性	・他の応募者を気遣えるか？ ・感情的にならずに議論ができるか？ ・議論を乱す言動はないか？ ・全体の雰囲気を良くする配慮があるか	1・2・3・4・5
リーダーシップ	・チームを仕切れるか？ ・議論を仕切れるか？ ・全体を俯瞰し，的確な発言で議論をリードしているか？	1・2・3・4・5
論理性・知性	・問題点の全体像を理解しているか？ ・議論の流れを理解しているか？ ・意見に論理性があるか？ ・論理的に議論を組み立てられるか？	1・2・3・4・5
コミュニケーション力	・自分の意見を明快に伝えられるか？ ・論理的で建設的な会話ができるか？ ・相手の意見をきちんと聞けるか？ ・理解力はあるか？	1・2・3・4・5
	総合点	合否

実施日：　　　年　月　日　評価者：　　　部（　　　　　　）

リーダーシップ：議論の流れを作ればプラス評価

　進行役になる，ならないにかかわらず，議論を仕切れる人，議論の流れを作れる人，議論を転がすことができる人はプラス評価を得やすい。他の応募者が発言できるような配慮もプラス評価。

論理性・知性：思考プロセスに論理性があればプラス評価

　問題点の全体像，議論の流れを踏まえて意見を言えること。言葉遣い，意見の内容が知的で，思考プロセスに論理性があること。

コミュニケーション力：話を論理的に伝えられればプラス評価

　自分の意見を簡潔に，論理立てて説明できること。他人の意見を取り入れながら，場を調整し，議論を建設的に展開し，みんなが納得できるような結論に導ければプラス評価を得られる。

◆「グループディスカッション」合格のポイントは２つ

　チェックポイントがわかったところで，「グループディスカッション」で確実に合格する鉄則を紹介します。そもそも，「グループディスカッション」で応募者が評価を獲得できるチャンスは２つしかありません。それは「自分の意見を発言する時」と，「他人の意見に対して発言する時」です。ここでポイントを稼ぐことが合格の鉄則です。

　自分の意見を発言する時は，回答そのものよりも「思考のプロセス」で地アタマの良さをアピールしましょう。147ページの「ロジックツリー思考」に従い，設問の課題を「分解して考え，論理的に伝える」ことで，「思考のプロセス」で評価を獲得することができます。

自分の意見の伝え方例

「今回の設問はA，B，Cに分解して，それぞれ議論しては？　なぜなら，〜だから。私は，まずAの課題を説明します」
「今，議論している課題Aは，〇〇と△△に分解できると思う。私は〇〇が重要だと思っていて，その場合，施策aを提案したい」

他人の意見に対して発言する時は，出しゃばって自分の意見を言うのではなく，議論を転がしたり，膨らませたり，意見を言えずに困っている人を助けるような発言を心掛け，「協調性」「リーダーシップ」をアピールしましょう。それも，「ロジカル分解シート」でいち早く「分解して考え，分解して伝える」ことができていれば十分に可能です。たとえば，以下のような発言です。

「今，論点A，論点Bが出たけど，論点Cもあるのでは？」
「今，課題Aが出たけど，Aは，さらに〇〇と△△に分解できるから，〇〇と△△に分けて，改めて考えてみよう」
「論点Aで議論が進んでいるけど，そろそろ施策案を考えよう」
「〇〇さんは〜の経験があるから，課題Cについて何か意見ある？」
「施策案A，B，Cが出たけど，現実的で効果が大きい案に絞りませんか？」

◆ ChatGPTを使ってグループディスカッションに慣れる

　グループディスカッションで，他人の意見への発言にも気を遣えるようになるには，**グループディスカッション全体の流れ**を読むことが大切です。そこでおすすめなのがChatGPTの2種類のプロンプトです。

　まず，168ページのプロンプトで，**任意のテーマと任意の参加者を設定してグループディスカッションをシミュレーション**します。次に，その内容を踏まえて，170ページのプロンプトで，参加者個々の発言内容の**良かった点，悪かった点についてフィードバック**をもらいます。169ページと170ページの結果をチェックすることで，グループディスカッションの全体の流れや参加者の発言内容を俯瞰して見られるようになるはずです。

　さらに，168ページの参加者に，あなた自身の人物像（性格や発言の癖など）を設定すれば，あなたの人物像が参加することでグループディスカッションの全体の流れにどんな影響が出て，どんなフィードバックがもらえるかもチェックできます。それを参考に発言のヒントにしてください。

7 ChatGPTでグループディスカッションをシミュレーション

◆ グループディスカッションの流れに慣れておこう

頻出テーマである「○○業界の課題」「○○サービスの課題」「時事問題」など，任意のテーマを以下のプロンプトに入力してChatGPTにグループディスカッション（GD）させます。また170ページのようにGDの内容にフィードバックももらい，GD特有の流れや，発言の仕方に慣れていきましょう。参加者の能力や人柄も以下で指示できます。自分を想定した人物も参加させて，議論の流れをチェックするのも良いでしょう。

プロンプト 6-7　グループディスカッションのシミュレーション

> 参加者の人柄，役割を適当に入力する。自分に似た人物を混ぜてもOK

Q # 命令：
あなたは，新卒採用選考のグループディスカッションに参加する以下の4名の参加者です。
以下の参加者が，以下のテーマで，以下の条件にしたがって発言を続けます。
参加者：
・A君：優秀で論理的で知識も豊富。参加者の意見をフォローする発言をする。
・B君：知識が少ないが，他の参加者の意見をよく聞いて，質問するのは上手。
・Cさん：他の参加者の意見を批判して，自分の意見の正当性をアピールする発言が多い。
・Dさん：参加者の意見をとりまとめて，グループディスカッションを上手く進行しようとする。
テーマ：
地方を活性化するにはどうすれば良いか？ ← 議論したいテーマを入力する
条件：
・発言の順番は任意です。
・参加者は，発言回数の合計が20回に達するまで，発言を続けます。
・発言回数が20回に達したら，最後にA君がグループディスカッションの内容をまとめて，グループディスカッションは終了です。

プロンプトの青字部分を自分の状況に合わせて書き換えてください。

ChatGPTの回答例【GD のシミュレーション】

 グループディスカッションを開始しましょう。発言の順番は任意ですが，まず最初にテーマに関する一般的な考えを共有しましょう。

A君：まず，地方を活性化するためには，地元の資源や特産品を活かすことが大切だと思います。地域の特色を強調し，観光や地域産業の振興につなげることができます。

B君：確かに，地元の特産品を活用することは良いアイデアですね。でも，どのようにしてそれを実現するか，具体的な方法は何かありますか？

Cさん：私は，特産品だけでは十分ではないと思います。地方を活性化するには，インフラや教育の整備が必要です。それについて考えるべきです。

Dさん：Cさんの意見に賛成です。特産品を活用するのは重要ですが，基本的なインフラと教育の整備も必要です。地域全体を持続的に活性化するためには，バランスが取れている必要があります。

A君：CさんとDさんの意見に同意します。特産品だけでなく，地域のインフラや教育も重要です。また，地域への投資も検討すべきだと思います。

B君：地域への投資として，地元企業をサポートすることも考えられます。地元の企業が成長すれば，雇用機会も増え，地域経済に貢献できます。

（中略）

Dさん：私たちはさまざまなアイデアを出しましたが，最終的には地方の活性化を支援する具体的なプランを練り上げる必要があります。それについて議論しましょう。

A君：Dさんの提案に賛成です。次回の発言で，具体的なプランについて議論しましょう。

A君：では，グループディスカッションの内容をまとめましょう。地方を活性化するには，特産品の活用，インフラと教育の整備，地元企業と外部からの投資，コミュニティ参加，地域ごとの戦略，住民の声を反映させたプランの策定が必要です。これらの要素をバランスよく組み合わせ，地方の発展を支援していくことが大切です。

グループディスカッションは終了です。ありがとうございました。

> テーマに従って，参加者たちが発言する様子が表示された！

 # 命令：
あなたは，以上のグループディスカッションの面接官です。以上のグループディスカッションの内容について，4名の参加者にそれぞれ，良かった点，悪かった点をフィードバックしてください。

> 169ページのグループディスカッションの結果に続け，フィードバックを得るためのプロンプトを入力する

各参加者に対するフィードバックは以下の通りです：

A君（良かった点）：
A君は論理的で知識が豊富で，他の参加者の意見にフォローする発言を行いました。彼の発言はテーマに合っており，具体的な提案を多く出しました。また，グループディスカッションをまとめる際に，要点を簡潔にまとめることができました。
A君（悪かった点）：
一部，他の参加者の発言を遮ってしまうことがありました。議論を円滑に進めるために，他のメンバーの発言に耳を傾けることが重要です。また，もう少し他の参加者からの意見に積極的に質問することで，議論を深められたかもしれません。

B君（良かった点）：
B君は知識が少ないという制約にもかかわらず，他の参加者の意見をよく聞き，質問を上手に行いました。他のメンバーのアイデアを引き出す役割を果たしました。

（中略）

Dさん（良かった点）：
Dさんはグループディスカッションを進行しようとする姿勢を示し，議論を整理しました。彼のまとめ役としての役割は非常に重要でした。
Dさん（悪かった点）：
時に議論の進行を過度にコントロールしようとしたことがあり，他の参加者の発言を制限することがありました。議論を進行する役割は大切ですが，全てのメンバーが発言機会を持つことが求められます。

> 参加者個々へのフィードバックが表示された！

プロンプトの青字部分を自分の状況に合わせて書き換えてください。

内定者たちはこう伝えた

みんなの内定実例
面接完全再現

　人気企業の内定者は面接でどのように「活躍できるイメージ」を伝えたのか？　どのように「深掘り質問」に回答したのか？ ChatGPTで面接トークに慣れたら，確実にポイントを稼ぐ内定者たちの「伝え方」もチェックしよう。

（注意）
　面接再現文は，内定者本人が再現した内容を基にして作成してあります。文中には，実際の内容を一部変更している箇所があります（固有名詞，数字，サークルのジャンル，アルバイト先の業種など）。

「深掘り質問」にテンポ良く回答。面接のリズムを保つ

伊藤忠商事内定

面接官 では，自己紹介を3分でしてもらってもいいかな？

就活生 （3分！ 用意してない！ けど，1分の自己紹介を引き延ばせばなんとかなるかな？）
私が一番大切にしている価値観は一体感です。

面接官 一体感ね。なるほど。

就活生 と言いますのも，私は幼少期に友人に裏切られた経験があり，非常にふさぎ込んでいた時期があったからです。

面接官 （エントリーシートに書いてある項目を見て）うんうん。これだね。なるほど。

就活生 私自身，非常に年上に見られることが多いのですが，もしかしたら，この時期の経験からきているのかもしれません。①だからこそ，一体感を強めることに対しては非常に強いこだわりがあります。たとえば，大学院の研究においては，地域の環境を意識することにより，地域とのつながりを強く感じることができる小学生の育成をテーマに活動しています。

面接官 うんうん。

就活生 この研究を行うに当たり，まず私は東京学芸大学の教授のもとを訪問し，環境教育の現状について聞き込みを行いました。その後，②現在行われている環境教育のプログラムを改善する，ということを行いました。そして，そのプログラムを実際に小学校の先生のところに売り込みに行きました。結果，3学期には授業を行うことができました。

面接官 ③なるほどね。それで，環境について勉強していく中で，気がついた問題点ってある？

☑**Check**
①は，ずいぶん大人びた発言だ。また，研究テーマも面接官ウケ（大人ウケ）しそうな話題である。

☑**Check**
②から「変革力」が伝わる。

☑**Check**
③のように，面接官は「深掘り質問」（130ページ参照）をしてくる。

就活生 ④はい。現在の環境問題の本質は人間であるにもかかわらず，環境問題の裏に人間が入っていないという大きな問題を抱えていることに気がつきました。

面接官 なるほど，確かに環境って表面上では良いこと言っているけど，裏ではわからない世界だもんね。⑤それでは，そのことを踏まえたうえで，今後どういった方向で（卒業論文とかを）やっていこうと考えている？

就活生 ⑥私が行っている環境教育は，人間の本質的な部分を変えようとしている点で，今まで行われているものとはまったく違います。そのことを重点的に主張したうえで，今後の活動を行っていこうと考えています。

面接官 それじゃあ，少し話題を変えるけど，あなたが描いている商社のイメージって何ですか？

就活生 ⑦泥臭いことです。とにかく泥臭く行動をするという印象が強いです。

面接官 ⑧じゃあ，自分は商社に向いていると思う？

就活生 はい，突破力と粘り強さに関しては，他の人より優れているという自負があります。

面接官 ⑨それを裏づけるエピソードとかってあるの？

就活生 ⑩はい，突破力に関しては大学院の入試，粘り強さに関しては大学で行ってきた部活動が挙げられます。

面接官 本当はいろいろ聞きたいけど時間もないから，逆に僕に対して聞きたいことってある？

就活生 ⑪はい。よろしいですか？　御社で働くことによって身につく能力を，挙げていただいてよろしいですか？

面接官 うん，良い質問だね。（少し考える）さっきも言ってくれたけど，泥臭い営業力，マネジメント力は早い段階から身につくと思うよ。具体的な例を挙げると，仕事をしていると，プレゼンで負けないといけない時とかもある。そういったことは相手

✓Check
④は鋭い指摘だ。

✓Check
⑤の「深掘り質問」がきた。

✓Check
⑥のように自らの「専門スキル」だけでなく，独自の着眼点をアピールすることが重要。そして，この着眼点は実際，ユニークで興味深い。また，「構想を打ち出す力」も伝わる。

✓Check
⑦のように，商社の本質を捉え，端的に表現しているのは良い。

✓Check
⑧⑨の「深掘り質問」がきた。

✓Check
⑩は，応募者が自分の長所だという「突破力と粘り強さ」を実証するエピソードとしては，ネタ的に弱い。普通の応募者なら，面接官はこれだけのエピソードでは評価しないだろう。しかしこの応募者の場合は，すでに面接官から高い評価を得られているのだろう。

みんなの内定実例
面接完全再現

のニーズを上手にくみ取ることで初めて見えてくるんだ。また，今は子会社が増えてきているから，当社の社員には実際にそういった子会社に行って多くの社員をマネジメントする力が求められる。この2つの力を身につけることができると思うよ。

就活生 なるほど，ありがとうございます。

面接官 最後に何か言い足りないこととかある？

就活生 ⑫できれば本当に御社で働きたいと思っているのですが，もし次の面接にも呼んでいただけるのであれば，次回までに改善すべき点など教えていただけたらと思います。

面接官 なるほど。やっぱり相手も人間だから，きちんと話を整理して相手に伝わりやすい形で伝える。これを意識するといいと思うよ。

就活生 わかりました！　ありがとうございます。

☑ **Check**

⑪は良い質問だ。この質問をサラッと言って，面接官に嫌みに取られないのは，やはりこの応募者のキャラクターによるのだろう。

☑ **Check**

⑫も良い質問である。ただ，自分に自信があり，こんな質問をしても相手に不快感を与えないキャラクターを備えていないと，なかなか言える質問ではない。

解説

　②からは「変革力」が，⑥からは「専門スキル」「構想を打ち出す力」が伝わる。⑦からは「企業理解」が伝わる。この面接トークだけでは，仕事能力，志望意欲とも物足りないが，おそらく，1次面接を先にしており，そこである程度の仕事能力と志望意欲がすでに伝わっている可能性はある。

　全体的な面接トークに関して言うと，大人と大人の対等な会話がなされている印象を受ける。面接官から，③⑤⑧⑨で次々と「深掘り質問」が飛び出してきたが，応募者側も，特に焦らず，気負わず，テンポ良く回答し，面接のリズムが乱れていないのが良い。この応募者は，普段から物事を深く掘り下げて考えられるタイプの人間なのだろう。思考の深さや地アタマの良さが伝わる。また，応募者の発言自体も，話の端々から，能力面のレベルの高さがうかがえる。たとえば④や⑥は非常に鋭い点に切り込んでいる。面接官も思わずドキッとしたことだろう。⑪や⑫の何気ない質問にも，この応募者の知性と自信がにじみ出ている。

「粗探し質問」には エピソードを添えてかわす

ファミリーマート内定

面接官　志望動機をお願いします。

就活生　はい。私の就職の目的として，①人々の暮らしを豊かにしたいという思いがまずあります。コンビニは全国にあり，②お客様のニーズをリアルタイムに反映して商品を提供していける力があり，興味を持ちました。また，③高校時代にファミリーマートでアルバイトをした経験があり愛着を感じるのも，志望動機の１つです。④コンビニの仕事を通じて社会貢献がしたいと思います。よろしくお願いします。

面接官　⑤リアルタイムというのは？

就活生　あ，はい。⑥商品展開の速さです。コンビニは日々集まる消費者データから顧客のニーズを把握し，それを基に商品開発に役立て，非常に短期間で店頭に並べられます。その仕組みがあるのが，コンビニの強みだと思います。

面接官　⑦メーカーへの就職は考えてないの？

就活生　昨年の夏まではメーカーが第一志望でした。漠然と商品企画を希望して，で，それならメーカーだろうと。ですが，考えが変わりました。

面接官　それはなぜ？

就活生　私は⑧企画会社でマーケティングアシスタントのアルバイトをしているんです。その会社では，商品の販促やお店の集客などの企画を手がけておりまして，私もアシスタントとして，クライアント様との打ち合わせに同席させていただくことが多いのですが，そこでクライアント様，特にメーカーさんが口を揃えておっしゃるのが「『もの作り』にとって重要なのは，消費者のニーズを効率よく吸い上げて，速やかに商品化すること。

☑**Check**
①④から，仕事を通じて実現したい目標やビジョンが伝わる。

☑**Check**
②から，他業界ではなく志望業界に興味を持つ理由を伝えられているのも良い。③のように，志望業界で働いた経験があるため，主張に説得力がある。

☑**Check**
⑤のように，カタカナ言葉を使うと速攻で突っ込まれる。

☑**Check**
⑥では，志望業界の特徴を説明しているが着目点がよい。業界に対する理解力と，ビジネスセンスや商売センスも伝わる。

☑**Check**
⑦から，面接官は「この応募者は本当はメーカー志望ではないのか？」と疑っていることがわかる。

でも，実際はそこが一番弱いのが実情」ということです。それを聞いて，⑨自分でも業界研究をしたりいろいろな社会人の方に話をうかがっていく中で，⑩もの作りで影響力を持っているのは，実はコンビニだと気づきました。大手メーカーのヒット商品の多くが，コンビニと一緒に共同開発したものだということも知りました。それは全て，コンビニが消費者データを持っており，消費者ニーズを把握しているからです。ですから商品企画の仕事をするには，これからはメーカーよりもコンビニが面白そうだと思いました。

面接官 ところで，何でマーケティングアシスタントのアルバイトをしようと思ったですか？

就活生 ⑪実際の企画という仕事に触れたかったのと，プロの人の考え方を知りたいと思ったからです。

面接官 アルバイトはどんなことをするのですか？　そこで何を学びましたか？

就活生 私の役目は，社員さんのサポートです（中略／仕事内容の説明）。そこで企画作りの心構えを学びました。1つは，1つの企画をかたちにするには事前に10を知る必要があるということ。もう1つは，自分が伝えたい順番に伝えるのではなく，相手が知りたい順番に伝えるということ。あと，⑫アルバイトの仕事をしながら，自分でも積極的に企画を提案しました。最初はまったく採用されませんでしたが，先ほどの心構えを実践するようにしたところ，急に企画が通るようになりました。

面接官 たとえばどんな企画ですか？

就活生 あるお店の新規客獲得プランです（中略／プランの内容を説明）。それまでは単なる思い付きで企画を考えていたのですが，⑬この企画は，事前に多くのポイントに着目しました。客層，競合店のサービス内容，価格，（中略／分析内容の説明）。そして，お客様のニーズやお店の強み弱みを把握したうえで企画を考えることで，企画の趣旨をお客様に筋道を立てて話すことができ，企画が採用されました。

面接官 結果はどうだったのですか？

☑**Check**
⑧のように行動を起こしている点も評価できる。また，志望業界や製造や流通業のポイントを理解していることも伝わる。

☑**Check**
⑨からは行動力や情報収集力が伝わる。

☑**Check**
⑩から，この業界の特徴をよく理解していることが伝わり，志望意欲の本気度も伝わる。

☑**Check**
⑪のように，興味があることに対して実際に行動を起こしている点が評価できる。

☑**Check**
⑫から，①のビジョン実現に向けて既に行動を起こしていることも伝わり，評価できる。

☑**Check**
⑬から，情報収集力や多様な視点が備わっていそうな印象を受け，評価できる。

就活生 私の企画したプランを実施している間は，⑭新規客も増え，売上もアップしたのですが，残念ながら，プランを終えるとまた売上が落ちてしまいました。⑮私に足りなかったのは新規客を増やした後の次のステップ，つまり新規客のリピート率を高めて固定客にする工夫が足りなかったと，反省しています（後略）。

Check

⑭のように成果を上げている点も評価できるが，それ以上に，⑮のように，自分に足りない部分にも向き合う姿勢が評価できる。

解説

　①のようなビジョンを持っているのは良い。しかし，①を実現するにはコンビニ業界でなくてもよい。面接官はまずその点を突いている。そこで⑦の質問が飛び出した。それに対して，応募者は⑧のエピソードを持ち出して，⑨⑩の発言ができたことで，面接官に，コンビニ業界への志望意欲の本気度を伝えることに成功した。面接後半は，応募者の評価は上がる一方だ。⑫の発言からは，①のビジョン実現に向けて既に行動を起こしていることが伝わり，評価できる。⑬からは，情報収集力や多様な視点が備わっていそうな印象を受け，評価できる。また，⑭のように成果を上げている点も評価できるが，それ以上に，⑮から，自分に足りない部分にも向き合い，克服できるタイプの人間であることが伝わり，評価できる。面接トーク全体から，仕事能力や志望意欲が伝わり，高く評価できる。

みんなの内定実例

話すことは一貫して仕事軸
（私が御社にできること）

DeNA内定

 面接官 ①幼少期と比べて今の自分って変わったと思う？

 就活生 （珍しい質問だな……でも一貫性はあったほうがいいと思うから）いや，変わってないと思います。

面接官 そうなんだ。幼少期はどんな子だったの？

就活生 負けず嫌いでした。優秀な兄がいたことと，帰国子女という立場上，海外や日本でいじめられる経験が多かったからだと思います。

面接官 それは今でも変わらない？

就活生 変わらないですね。②常に向上心を持って人と違うことにチャレンジしてきました。

面接官 ③（エントリーシートを見て）確かにいろんなことをやってきたみたいだけど，一番力を入れたのはダンスかな？

就活生 はい。

面接官 ④ダンスの経歴を見る限り，アーティストのバックダンサーとしてテレビに出たり，ダンスのコンテストでもたくさん優勝してるみたいだけど，プロダンサーになろうとは思わなかったの？

就活生 プロダンサーになるのが夢でしたが，自分の実力に限界を感じました。

面接官 なるほどね。じゃあダンスを通して学んだことは何？

就活生 ⑤泥臭さです。事務所に所属した後に仕事をもらうためには，

☑Check

①の，幼少期と今の自分を比較してどうかという質問の回答から，その応募者の人物像の「コア」や「成長・変化の軌跡」が見えてくる。それを期待しての質問である。

☑Check

②のように（①の不意打ちのような質問にも戸惑うことなく），落ち着いて自分のセールスポイントを言えるのは良い。

☑Check

③から、この応募者はエントリーシートにアピールできるネタをいろいろ散りばめているようだ。

☑Check

④から，応募者が一芸に秀で，「チャレンジ精神」も旺盛なことがわかる。

普段から振付師の方と仲良くする必要あったので，人間関係には気をつけました。御社でも，アプリを開発する際に裏では泥臭い作業や営業が必要かと思いますので，そこで活かせると思います。

面接官 そうか，他に頑張ったことはある？

就活生 ⑥海外における採用面接の同時通訳です。

面接官 そこから学んだことは？

就活生 当事者意識を持つことです。最初，私はただの通訳であるという考えを持っていたのですが，ある日面接で落ちてしまった応募者から彼女が落ちた理由を本人から問われた時に，自分が彼女の人生を決める局面にいるという当事者意識を持っていないということに気づきました。

面接官 そこからどのようにしたの？

就活生 応募者のことを一人ひとり思い出せるようにメモするようにしました。その結果，⑦ただ面接を通訳するだけでなく，面接に関して応募者に個人的にアドバイスをすることで自分が面接の当事者としてコミットできるようになりました。

面接官 そうやって学生時代に学んだことを活かして将来どういうことがしたいの？

就活生 ⑧当事者としてビジネスをすることです。御社では若手のうちから大きな責任を持って自分でアプリ開発に携わり，当事者として新しいビジネスを作り出すことができると考えています。

✓Check

⑤は上手い切り返し方だ。ビジネスとはあまり関係のなさそうな「ダンス経験」も，「泥臭いことができる」というビジネスでも求められるキーワードを出すことでビジネスの話題に転換できている。また，「人間関係構築力」も伝わる。さらに「志望企業でも活かせる」とアピールすることで，一気に，面接官にこの応募者が自社で活躍するイメージを抱かせることに成功した。

✓Check

⑥から「英語スキル」が伝わる。

✓Check

⑦から「自己向上力」が伝わる。実際，⑦はいいことを言っている。応募者は既にビジネスが人の人生を左右する自覚と責任と影響力について理解し，行動している様子がうかがえ，評価できる。

✓Check

⑧のように，自分の強みや長所を，どのように志望企業で活かせるのかを説明できるのは良い。自分を売り込もうとする姿勢，および積極性に好感が持てる。また⑧からめざす「ビジョン」が伝わる。

Part

7

みんなの内定実例
面接完全再現

面接官 ⑨他にそういうことができる業種ってあるかな？

就活生 若手のうちからビジネスの当事者になれるのはやはり新しい会社に限られると考えています。しかし、⑩新しすぎると会社の資金に限りがあり、ビジネスも制限されてしまいますが、御社のように、新しくかつ大きく発展した会社であれば、資金にとらわれず挑戦したいことに幅広く挑戦できるのが魅力的だと考えています。

面接官 わかりました、本日はありがとうございました。

☑ **Check**

きっと面接官は、この時点で応募者の優秀さを理解し、「この応募者はこの業界が第一志望なのか？当社が第一志望なのか？」を確認しようとして⑨の質問をしたと思われる。

☑ **Check**

「当社が第一志望なの？」と暗に尋ねられていることを察知し、⑩のようにこの企業を理解し、志望する理由をきちんと説明できたのは良い。

解説

④の実績から一芸に秀でた才能があり「チャレンジ精神」も伝わる。また、⑤から「人間関係構築力」、⑥から「英語スキル」、⑦から「自己向上力」が伝わる。さらに⑧から「ビジョン」、⑩から「企業理解」が伝わる。この面接トークに関しては、仕事能力のレベルは高い。志望意欲はやや物足りないが、合格レベルには達しているだろう。

全体的な面接トークに関しては、頑張ったことを「I did〜」ではなく、「I can〜 for your business」で話しており、面接の展開の仕方が上手い。この応募者はアピールできるネタを多く持っているが、経験（I did〜）をひけらかしていない。ダンスコンテストで優勝し、英語レベルも高いが、（それはエントリーシートでのアピールにとどめて）面接では、ダンスや通訳の経験から「学んだこと」を活かして志望企業で何ができるのかという「I can〜 for your business」で説明している。それが⑤⑧の発言だ。ビジネスとは関係なさそうな「ダンス経験」も、"泥臭いことができる"というキーワードでビジネスの話題に転換するとともに、「志望企業でも活かせる」とアピールすることで、面接官に、自分がこの企業で活躍するイメージを抱かせることに成功した。「同時通訳」も、英語力ではなく"当事者意識"をアピールし、企業で活躍するイメージをさらに抱かせることに成功した。面接では「学生時代に頑張ったことは？」という質問に加えて、「そこで学んだことは？」も聞かれる。この応募者は"学んだこと"や"自分の強み"から「I can〜 for your business」で展開できるキーワードを、面接前から用意していたのだろう。面接慣れした応募者だと思う。

展開例 4

圧迫面接に苦戦するも，最後の自己PRで形勢逆転を狙う

日本生命保険 内定

面接官 学生時代頑張ったことを1分で話してください。

応募者 はい。私は○○で3年間人力車のアルバイトをしています。当初「売上主義」であった私は，2年前若い女性のお客様から「行きたくない所に連れて行かれた」と苦情を受けて以来，「お客様満足度向上」を目標に取り組みました。休日は観光地の名所・グルメを巡り，仕事中にはメモを片手にお客様を観察していく中で，お客様の出身地域・年齢・性別の様々な組み合わせごとに，①それぞれ観光地巡りの傾向が違うことに気づきました。そこでその傾向をリスト化し，各傾向に合わせた場面を想定して，「地元圏の若い独身女性2人組の場合には，穴場かつ縁結びの神社を巡るコースをおすすめしてみる」というようなシナリオを作成し，②お客様ごとに提案を変えました。その結果，お客様満足度が社員アルバイト含め58人中1位を記録し，多くのお客様に笑顔を届けることができました。

面接官 へー，なんで人力車をやろうと思った？

就活生 はい。そもそも私は○○という地に憧れて○○の大学に進学しました。そのため○○らしいアルバイトを探している中で，野球で培った体力を活かしながら○○らしいアルバイトは人力車しかないと思い，始めました。

面接官 他に頑張ったことはないの？ あるなら1分で話して。

就活生 私は2年次の春休みに「たいやき屋」で臨時店長を務めました。体調が悪い伯母の代わりに店長を務めて1週間，店の前を高校生が通り過ぎ，向かいのコンビニに行く姿に，伯母のたいやきが見捨てられた気がしました。それ以来私は「高校生ファンの獲得」を目標に取り組みました。私は向かいのコンビニにいる高校生の大半が，部活後の空腹を満たすためにコンビニに立ち寄っている点に注目しました。そこでターゲットを部活帰

☑ **Check**

①については「他にどのような傾向があるのか？」，②については「他にどのような提案をしたのか？」と面接官側が質問していくことで，この応募者の分析力や発想力などを探っていくことができるが，この面接官は，あえて深く突っ込んだ質問をしてこなかったようだ。

りの高校生に絞り，近隣かつ部活動が盛んな高校へPR活動を行いました。私は母の協力を得て，③翌日から2週間校門の前で朝と夜の7時に1時間ずつ「部活後の空腹にはたいやき！」と書いたチラシを1000枚配り，1人でも多くの高校生に「たいやきが食べたい」と思ってもらえるようにPRをし続けました。結果3月は前年比60%増の売上を記録し，多くの高校生に伯母のたいやきを知ってもらい，伯母にも非常に喜んでもらいました。

面接官　④自分が今誇りに思っていることは何？

就活生　人力車のアルバイトです。

面接官　なんで？

就活生　⑤体力的にも精神的にもとてもしんどいアルバイトですし，自ら営業しても100人中99人に断られます。しかし，1人のお客様に「乗ってよかった」とか「また，あなたの人力車に乗りにくるね」と言っていただけると，人の幸せに貢献できたなと思うことができるからです。

面接官　⑥学生時代に人のために頑張ったことは何？

就活生　⑦人力車のアルバイトでお客様の笑顔・幸せにほんの少しでも貢献したことです。

面接官　うん。じゃあ最後に，うちは第一志望？第一志望群？

就活生　第一志望群です。

面接官　⑧ところで，あなたは私に自分の強みを伝えたつもり？

就活生　はい。できる限り伝えたつもりです。

面接官　⑨全然伝わってこない。エントリーシートに強みは「洞察力」と「提案力」って書いてるのにそれを言ってないのはどういうこと？ゼミのテーマや資格も何も言ってない。すべてを組み合わせてコンパクトに話さないと最終面接にはいけませんよ。

就活生　はい。その通りです。

☑ **Check**

③⑤からは「メンタルタフネス」が伝わる。

☑ **Check**

④の質問の意図は，要するに「あなたのセールスポイントは何？」ということ。この質問の前に応募者が説明した人力車やたいやき屋のアルバイトの話について深く突っ込んだ質問をすることはなく，面接官は，もっとダイレクトに，応募者の「強みは何か」を探ろうとしている。

☑ **Check**

⑥の質問の意図は，人のために頑張った経験を聞くことで，また違った角度から，この応募者の強みや弱みを探ろうとするもの。すると応募者が⑦のように，また人力車の話をし始めるので，業を煮やしたかのように，面接官から⑧や⑨の発言が飛び出す。

面接官　では，面接は終わり。⑩最後に質問はありますか。

就活生　女性が９割を占める現場で，何か女性ならではの問題などはやはり多いのでしょうか？　また，女性への気配りで何か気をつけている点はありますか？

面接官　⑪今の質問の中に自己 PR を少し入れて話しましたか？ 面接でできなかったと思ったら最後の質問で自己 PR を交えて話せばいいのでは？

就活生　最後にもう１つ質問してもよろしいですか？

面接官　いいよ。

就活生　⑫私は自らの強みを洞察力と提案力だと自負しています。その強みを活かして女性の細かな表情の変化や仕草から悩みなどを見つけ，何か解決への言葉をかけることができると考えているのですが，⑬○○さんはいつも悩んでいそうな営業職員の方にどのような言葉をかけるのですか？

面接官　内容は覚えていません。

就活生　⑭ありがとうございます。私は現在卒業論文で女性へのプロポーズ，告白が成功するための言葉の法則を見つける研究をしているため，御社の営業部長になった時はぜひ，その研究の成果を活かして女性の心に響く言葉を掛けていきたいと思います。

面接官　そうか。それでいいんだ。

☑**Check**

⑩の質問の意図は２つある。１つは，言葉通り，応募者が疑問に思っていることに答えるということ。もう１つは，応募者に何か質問させることで，応募者の問題意識や関心事，事前の企業・業界分析の程度，志の高さ，地アタマの良さ，個性などを探ろうとするもの。しかし，応募者の質問内容が面接官の期待とは程遠かったためか，⑪のような発言になった。

☑**Check**

⑫のように，食い下がって自分をアピールしようとする姿勢は良い。ただ，⑬の質問には，「いったいこの場でそんな質問をして何になるの？」と言わんばかりに，面接官から「内容は覚えてない」と軽くあしらわれてしまった。

☑**Check**

⑭のように，さらに再度食い下がって自分をアピールする姿勢は良い。この最後の一言で，応募者は自分の印象を挽回することができた。

Part
7

みんなの内定実例
面接完全再現

183

　学生時代に頑張った話を聞く面接官もいるが，ダイレクトに「会社に貢献できる強み」を聞く面接官もいる。今回の面接官は後者だ。徹底して「強み」を探ろうとし，それが④⑥⑧⑨⑪の発言に表れている。面接の冒頭で応募者は人力車とたいやき屋のアルバイトで頑張った話をアピールするが，面接官は「アルバイト以外に頑張ったことや，誇れるセールスポイントはないのか」と思い，④の質問をした。すると応募者がまた人力車の話をしたため，再度⑥の質問を投げ，違った角度から強みやセールスポイントを探っている。しかしまた人力車の話をしたため，業を煮やして⑧⑨の発言が出た。応募者は圧迫面接と感じたかもしれない。しかし，アルバイトの話しかしない応募者に「強みを教えてほしい」と手を差し伸べているのだ。面接官の⑨⑪の発言にそんな思いが感じ取れる。応募者はそんな面接官の意図を⑪の質問でようやく気づき，懸命の挽回が始まった。⑫⑬の発言と質問で必死に面接官に食い下がるも，面接官に「内容は覚えていません」と軽くあしらわれるが，再度食い下がって⑭のアピールをしている。今回の面接は⑭の発言こそ面接官が最も聞きたかった「企業で貢献できる強み」なのだ。まさに，合否の分かれ目となったに違いない。この面接トークでは，仕事能力，志望意欲とも物足りないが，次の面接からもっと深く突っ込んだ質問がくるのかもしれない。なお③⑤の経験・行動からは「メンタルタフネス」が，②⑭の経験・行動からは「サービスマインド」「気配りできる力」が伝わる。ただ，応募者本人がそれを自覚できていない。つまり，仕事能力を言語化できないため，今回のような面接になった。

5

1つのエピソードを分解して語り,多くのポイントを獲得

東京海上日動火災保険 内定

面接官　部活をやってらしたとのことですが。

応募者　はい, ラクロス部に所属していました。

面接官　部員はどれぐらいいたのですか？

就活生　50名ほどです。

面接官　他の大学でも, それぐらいいるのですか？

就活生　そうですね。大体30人から50人です。

面接官　それは体育会ですか？

就活生　はい, 体育会です。

面接官　練習はどれぐらいしていたのですか？

就活生　週5日です。

面接官　何時間ぐらいですか？

就活生　朝の7時から9時までが強制で, 授業がない人間はそれから11時まで練習をします。

面接官　チームはどこかのリーグに所属していますか？

就活生　○○学生ラクロスリーグに所属しています。

面接官　それは何部からなっているのですか？

就活生　3部までです。

面接官 1つの部で何チームぐらいいるのですか？

就活生 1部が12校，2部が12校，3部が15校です。

面接官 あなたの大学は何部だったのですか？

就活生 2部でした。私たちの代で1部に上げました。

面接官 なるほど。あなたはチームの中でMFリーダーという立場をやっていたということですが。

就活生 はい，オフェンス専門，ディフェンス専門，両方をやる選手と，大きく分けて3つのポジションがあり，その中で両方をこなすMFのメンバーを束ねる役割を担っていました。

面接官 なるほど。その中で，具体的にやったことは？

就活生 ①はい。チームに対して行ったことと，自らに対して行ったことがあります。

面接官 それじゃあ，チームに対して行ったことを話してもらっていいかな。

就活生 ②はい，私は，ノート制度というものを提案しました。これは，選手一人ひとりと交換ノートのようなものを作り，立場が上の人間と意見交換の場を作るという目的で作りました。
　具体的には，2週間に1回，選手からノートを集めて，それに対して自らの意見を付け加えて返すということを行いました。その際，必ず1ページ以上意見を書くという決まりを設け，意見の吸い上げを図りました。

面接官 その制度を使って結果は出た？

就活生 はい。客観的なデータとして，その年のリーグ戦で，創部以来最高の得失点差で昇格することができたということが裏づけになっていると思います。個人がバラバラのチームであればこういった結果を出すことはできなかったと考えているので。

面接官 次に自らに対して行ったことを話して下さい。

☑ **Check**

①は面接官の興味を惹きつける上手い言い方だ。しかも，このように2つに分けることで，自己PRも2つ言える。

☑ **Check**

②から，「チームブレーカ」が伝わる。また，これは一種のナレッジマネジメントである。応募者は無意識か意識してかは定かではないが，ナレッジマネジメントの有効性を理解し，また，チーム力を高めるための独自の哲学を持っていることがうかがえる。

就活生 ③はい。個人としては，自らのラクロスの技術を技術面，体力面，精神面の３つに分け，それぞれの能力について，理想のプレーと現在の能力をビデオなどを利用して数値化し，１年をタームごとに区切ったうえで，今何をすべきか把握するようにしました。

その結果，21歳以下日本代表候補，ラクロスリーグ戦２部ベスト10となることができました。

面接官 なるほど。今は部活はやっているの？

就活生 現在は週末にクラブチームの練習に参加しています。

面接官 それでは次に，専攻の違う大学院を受験したみたいだけど，それぞれ何を学んでいたのかな？

就活生 学部では鉄の研究を，大学院では環境教育をテーマに研究をしています。

面接官 それはまったく違う研究なのかな？　何かつながりとかはあるの？

就活生 まったくありません。完全に別ですね。

面接官 じゃあ，またなんで受験をしようと思ったの？

就活生 ④受験をした理由は２つあります。

１つ目は，学部での研究は深い知識を得るという点では非常にためになったのですが，それによって物事を俯瞰する力が損なわれてしまうのではないかと感じたためです。⑤人間の厚みを増したいと考えていたので，そこでの研究ではその広い視野を身につけることができないと感じたことが１つ目。

⑥そして２つ目の理由は，自分の研究と社会とのつながりを感じることができなかったということです。そこで，大学院は地域と提携を結んでおり，つながりを強く意識しながら活動をすることができるところを選びました。

面接官 学部時代には（うちに）エントリーしようとしなかったの？

就活生 はい。非常に恥ずかしい話なのですが，学部時代は部活にのめり込んでおり，モラトリアム的に大学院に進むものと考えて

☑**Check**

③から，この応募者は何事も客観的に深く考え，PDCAサイクルに従った「論理的思考」と行動を実践できることがうかがえる。

☑**Check**

④のアクションと⑤から「多様な視点」が伝わる。

☑**Check**

⑤から，自分はどうなりたいのか，どうあるべきかを常に考えている人物だとわかる。

☑**Check**

⑥から，自分の立ち位置を客観的に捉えられる応募者だとわかる。

Part

7

面接完全再現

みんなの内定実例

いたので，就職は考えませんでした。けど，いざ研究を始める
とギャップを感じてしまい，就職を決意したということです。

面接官 わかりました。それでは逆に，何か聞きたいことはあります
か？

就活生 ⑦はい，御社で働くことによって身につけることができる力
とその根拠を挙げていただいてよろしいですか？

面接官 はい。少し考えさせてくださいね……。
　　深く物事を考える力でしょうか。保険というものはどんなも
のでも作ることができます。なので，普段生活していく中でも，
これは保険になる，あれはどうだろう？　と常に考える癖がつ
きますね。ときどき大学の同期に会った時とかも，何でそんな
ことまで考えるんだ？　と聞かれることがあるので，これは誇
りを持って言えるかな，と思います。

就活生 なるほど，ありがとうございます。

面接官 最後に，あなたが就職先を決めるうえで大切にしているこ
とって何ですか？

就活生 ⑧就職の軸ということでよろしいですか？

面接官 はい，結構です。

就活生 えー，まず，自らを成長させることができる企業，これは泥
臭く営業活動を行うことによって得ることができると考えてい
るので，泥臭く営業できる企業を選んでいます。

面接官 たとえば，どんな企業を受けているの？

就活生 御社と総合商社さん，あとはリクルートさんを受けています。

面接官 他の保険業界は受けてないの？

就活生 はい，受けていません。そこはOB訪問をした時の印象で決
めました。

☑ **Check**

　⑦のように"求め
られる能力は？"と
いった質問をする応
募者が増えているが，
これは良い質問だ。
プロ意識や熱意が伝
わる。

☑ **Check**

　⑧から，企業選び
には「軸」が必要だ
と自覚していること
が窺える。

| 面接官 | うちの会社は OB 訪問した？ |

 Check

とりあえず，⑨で
企業理解を深めるア
クションは起こして
いる。

| 就活生 | ⑨1対1ではないのですが，リスクマネジメントセミナーと
スプリングセミナーに参加させていただき，そこで質問をさせ
ていただきました。 |

| 面接官 | なるほど，わかりました。今日はありがとうございました。 |

解説

　②の経験・行動から「チームプレーカ」が，③の経験・行動から「論理的思考力」が伝わる。④の経験・行動と⑤⑥から「多様な視点」が伝わる。また⑨で企業理解を深めるための「経験・行動」を起こしてるようだ。この面接トークだけでは，志望意欲が物足りないが，おそらく，1次面接を先にしており，そこである程度の志望意欲が既に伝わっている可能性はある。

　全体的な面接トークに関して言うと，まず，応募者の会話の端々から，この応募者は普段から，自分に対して，社会に対して，職業に対して，人生に対して，あらゆるものに対して，問題意識を持って深く考えているということがよくわかる。たとえば，⑤⑥⑧の発言だ。「大学院を受験した理由は？」という，たった1つの質問に対する回答だけで，⑤⑥のように，人間としての幅を感じさせ，社会に対する深い問題意識を備えている人物だということを面接官に伝えられるということだ。また，自己PRの伝え方として，①から③にかけての発言の仕方は上手い。ラクロス部でMFリーダーとして取り組んだ内容をアピールする際に，「対チーム」と「対自分」に分けてアピールすることで，この応募者は多くのコンピテンシーを面接官に印象づけることに成功している。是非参考にしたい面接トークである。

面接官の「不安」を取り除く回答で，減点を防ぐ

日立システムズ内定

 面接官 個人ワークの発表をお願いします。

 就活生 ①（「SI業界で働く魅力」と「日立システムズで働く魅力」について，紙にキーワードだけ書き，その紙を見せながら発表）

面接官 ①その発表の仕方は自分で考えたの？

就活生 ①そうですね。事前にプレゼンをすると，ご連絡いただいていたので，プレゼンと言えば資料を見せて発表したほうがよいと思いました。

面接官 ①すごいね。では，大きな影響を受けた経験は？

就活生 しゃぶしゃぶ屋のアルバイトです。②人見知りを克服しようと思って始めました。このアルバイト経験で人見知りが克服できたと思います。

面接官 具体的にどう変わった？

就活生 小さい頃は親戚が家に来ていても挨拶することができなかったのですが，アルバイトを始めてから，自然と挨拶ができるようになりました。

面接官 そうなんだね。人に感謝されるとどう思う？

就活生 素直に嬉しいです。

面接官 ③変わったお客さんもアルバイト先に来ると思うけどどう思う？

就活生 こういう方もいるのだなあと思います。人の個性だと感じま

✓ **Check**

　①から，「企業理解」と「ビジョン」は十分評価された様子がうかがえる。

✓ **Check**

　②のように，弱点を自覚し，それを克服しようという目的意識を持ってアルバイトに取り組む姿勢は評価できる。

✓ **Check**

　③の質問では，この応募者の対人能力（苦手な人とも上手くコミュニケーションを取れるかどうか）をチェックしている。

す。また，④お客様として来ていただいたので感謝の気持ちで接します。

面接官 いいことだね。切り替えは早いほう？

就活生 そうですね。

面接官 ⑤人と接するうえで気をつけていることは？

就活生 笑顔と，相手の気持ちを考えることです。

面接官 ⑥具体的なエピソードはある？

就活生 ⑦人見知りで，緊張で真顔になってしまっていたので，初対面の人には怖いと言われたことが多かったです。ですが，笑顔でいることを心掛けるようにしたら，怖いと言われなくなりました。相手の気持ちを考えるといった点では，プレゼントとかを渡す時に買ったものを渡すよりも，その人のことを考えて作ったりするほうが嬉しいと思ったので作って感謝されました。

面接官 ⑧アルバイト以外でチームで動いたことはある？

就活生 ⑨授業でグループワークをしました。

面接官 ⑩その時はリーダー？　それともサブ？

就活生 ⑪時と場合によります。誰かがリーダーをやりたいと言ったらサポート役になりますし，誰も出なかったら，立候補します。

面接官 ⑫お客様に対する行動として何をしている？

就活生 大学２年生の時に，駅ビルの覆面調査で最下位になったので，⑬その時にお客様目線を心掛けるようになりました。笑顔でいることや，お客様をすぐに案内することです。また，椅子の配置や卓上のものを整頓することを心掛けていました。接客のスタッフが不愛想だったり，すぐに案内をしてくれなかったり，店内が汚かったら嫌だと思うと考え，そういったお客様の目線で物事を見るように気をつけていました。

☑Check

④も良い考え方を持って接している。

☑Check

⑤でも，対人能力をチェックしているようだ。

☑Check

⑥のように，面接官は，応募者の自己アピールに対し，頻繁に具体的なエピソードを求める。

☑Check

⑦のように，きちんとエピソードを説明できれば問題ない。

☑Check

面接官は，面接でのこれまでの応募者の応対から，この応募者の協調性や人間関係構築力，チームワーク，リーダーシップについて，不安を感じたのだろう。それで⑧や⑩の質問が出たと思われる。

☑Check

⑨⑪のように，具体的な事例を挙げて（少々，説得力には欠けるが），「チームプレー」もできて，リーダーでもサブでも務まることを伝えているのは良い。きちんと返答できたことでマイナス評価されるのは防げたはずだ。

面接官 逆質問ある？

就活生 自分が輝いていると思う瞬間はいつですか？

面接官 人から評価される時や，自分が評価できる時，感謝されたりかな。

就活生 成長できたなと思う時はありましたか？

面接官 人に何かを教えられた時，難しいことに取り組んでできた時かな。

就活生 内定をもらった時に入社までに何をしたほうがいいと思われますか。

面接官 表向きとしては，ITスキルを身につけようと言うけれど，本音は，大学生活を楽しんでと思っているよ。そして，ちゃんと卒業しようね。本日の面接はこれで終了です。

☑ **Check**

⑫でも，この応募者の対人能力をチェックしている。

☑ **Check**

⑬では，相手から好印象を持たれるような振る舞いや環境整備について，自ら考え，実践できている様子がうかがえ，「自分を変える力」が伝わる。

　この面接トークからは，①で「企業理解」と「ビジョン」が評価されている様子がうかがえるが，仕事能力は物足りない。あえて言えば，⑪の発言から「チームブレーカ」，⑬の経験・行動から「自分を変える力」は伝わる。おそらく，１次面接を先にしており，そこである程度の仕事能力，志望意欲がすでに伝わっており，今回は，どちらかというと，「欠点の確認」をする面接だった可能性がある。

　特に面接官は，応募者自身が②で「人見知りだった」と語る通り，応募者の対人能力，つまりコミュニケーション力やチームワーク力，企業に入って組織・集団の中で上手く立ち回れるか，リーダーシップがあるかが，気になったのだろう。そこで，さまざまな角度から応募者の対人能力をチェックする質問を投げている。③⑤⑧⑩⑫は，すべて対人能力を確認する質問だ。このような面接では，「この応募者は大丈夫か」という面接官の不安を払拭できるような「自分は大丈夫です」というメッセージを具体的かつ説得力を持って回答することが合格の条件だ。この応募者は，④⑦⑨⑪⑬で，自分の経験談を交えながら，具体的かつ粘り強く答えている。その回答が面接官に「対人能力は問題ない」と感じさせ，面接を通過したようだ。このように，面接官が抱く「不安」には，具体的なエピソードを交えながら，粘り強く，「自分は問題ない」というメッセージを返していこう。

Part7 展開例 7

「裏打ち質問」をクリアし，面接の主導権を握る

大手出版社 内定

 面接官 まず事前課題の5分間の自己PRプレゼンをやってもらってもいいですか？

 就活生 わかりました（事前に作成してあった資料〈手書き・マインドマップ〉を配布）。タイマーをこちらで準備してもよろしいでしょうか？

面接官 構いません。どうぞ始めてください。

就活生 （塾アルバイトに関する自己PRを発表。5分）

面接官 では，早速ですがプレゼンに関する質問を始めさせていただきます。ちなみにこの手書きのプレゼン資料，作るの大変だったでしょ？　どのくらい日数かかったの？

就活生 正直，こうしたマインドマップなどを作るのが好きでしたので，それほど大変だという意識はありませんでした。日数は約1週間程度です。

面接官 なんで手書きにしたの？

就活生 ①おそらく多くの方がパワーポイントを使っての発表だと思いまして，私はどうしても温かみのあるホームメイド感，かつオリジナルなもので表現したかったので，あえて手間のかかる手書きにさせていただきました。また，簡単に作成のできるパワーポイントを使用するのは，逆にわざわざ面接の時間を作ってくださった役員や人事の皆様方に失礼だと感じましたので，手書きにさせていただきました。

面接官 そこまで考えてくれるとうれしいですね。このプレゼンを何人くらいの人に見せましたか？

就活生 5人です。内訳としましては私の父と母。以前セミナーでお

☑**Check**

①は，プレゼン慣れしていないとなかなか言えない発言だ。また，プレゼンで，ライバルとの差別化をはかろうという姿勢も評価できる。「コミュニケーション力」も伝わる。

世話になった講師の方。あとは友人の2人に見てもらい，フィードバックをいただきました。

面接官　ちなみに他人にこうしたプレゼンを見てもらったりすることに抵抗を感じたりしませんか？

就活生　私としましては，まったく感じません。②なぜかと言いますと，正直私自身の能力はたかが知れていますので，自分自身のスタンスとして，人様から貴重な意見をいただけて，勉強させていただいているので，むしろそうしたフィードバックをいただけるのは大変貴重な機会として捉えています。

面接官　なるほど。③あなたは学生時代にアルバイト，ゼミ，キックボクシングと実にさまざまなことを頑張ってきましたが，その中で，こういう人とは一緒にいたくないなと思った人っていますか？

就活生　はい，います。具体的に言いますと，個人的には指示待ちの人は苦手に感じております。実は昨晩もアルバイトをやっていたのですが，新人の方で自分でいろいろ試してもみないで，質問をしてきたので，思わず嫌だなと感じてしまいました。

面接官　そうした人々と上手くやっていくために，あなたがやっている工夫はありますか？

就活生　はい，あります。1つの工夫としましては，質問や問いかけに工夫をすることです。④具体的に言いますと，たとえば「なぜ」できない，「なぜ」やらないという質問をしてしまいますと，やはり相手側は答える時にどうしても「なぜならば」で始めて，言い訳につながってしまいます。そこで「なぜ」と聞くのではなく，「どうやって」「どうすれば」この問題を解決できるのかと聞きますと，言い訳ではなく自然と具体的な施策・行動に関する議論につながるので非常に有意義な工夫だと感じております。また，なるべく「他責ではなく自責」を心掛けると，自分としましては気持ちの整理がきちんとできる気がしています。

面接官　話が変わりますが，あなたは海外にいたんですよね。どのくらいいらっしゃったんですか？

就活生　⑤○○○に小学1年生から3年生までの計3年間，親元を離

☑Check

　②も，プレゼン慣れしていないとなかなか言えない発言だ。「柔軟性」が伝わる。また，多くの人の意見を取り入れようという姿勢も評価できる。

☑Check

　③は，「裏打ち質問」だ（39ページ参照）。面接官は，応募者が十分，優秀であることを認めると同時に，「この応募者自身，自分のことを優秀だと自覚しているだろう」と察知している。そこで，自分で優秀だと思っている応募者が得てして持ち合わせているマイナス要素「他者に厳しく冷たい」という一面が，この応募者にもあるかどうかをチェックするために，この質問を投げかけたと思われる。

☑Check

　④の発言から，この応募者は，「チームブレーカ」や「対人感受性」を備えた人物であることが窺える。③の「裏打ち質問」をした面接官は，「この応募者は，他者を思いやれる人物だ」と，評価したに違いない。

れて全寮制の学校にいました。

面接官　凄いですね。小学校から寮生活，しかも親元を離れて。○○語はやはりぺらぺらなんですか？

就活生　⑥はい，母国語に近いレベルで話すことは可能です。なるべく忘れないように大学では，ボランティアで日本に留学しているその国の方たちに日本語を教えています。

面接官　⑦あなたは○○語も話せるし，英語も結構できているので，海外に行ってほしいと言われたらどうしますか？

就活生　⑦喜んで行かせていただきます。

面接官　また，だいぶ話は逸れますが，あなたの将来の夢は何ですか？

就活生　⑧かなり壮大な夢で恐縮なのですが，毎年スイスで開催されるダボス会議のヤングリーダー部門に日本代表として参加して，是非教育立国・日本のプレゼンスを高めたいと思っています。

面接官　それはすばらしい夢ですね。他社の選考状況について伺ってもよろしいでしょうか？

就活生　A社が2次面接まで，B社が3次面接まで，C社が3次面接までとなっています。

面接官　仮に，全部内定をいただいたらどうしますか？

就活生　私としてはぜひ御社に入りたいと思っております。もし今，御社から内定をいただくことができるのならば，目の前で，今，選考が進んでいる会社すべてに電話して辞退します。

面接官　それはうれしいですね。今回の面接の結果については2週間以内に電話もしくはメールにてお知らせいたします。最後に何かご質問もしくは何か付け加えたいことはありますか？

就活生　⑨はい，1点あります。実は学生時代にアルバイトと同等に頑張っていたことがゼミ活動でして，そのゼミ活動で毎年ゼミ論文集，エッセー集を刊行していますので是非見ていただきた

☑ **Check** 👩

⑤のようなユニークな経験は，この応募者の大きなセールスポイントになる。

☑ **Check** 👩

⑥からは「英語スキル」と「自己向上力」が伝わる。

☑ **Check** 👩

⑦からは「チャレンジ精神」「旺盛な好奇心」が伝わる。

☑ **Check** 👩

面接では「将来の夢」について，よく質問される。夢を聞くことで，その応募者の志向性はもちろん，志の高さ，器の大きさなどがうかがえるからだ。⑧からは，まさに，この応募者の志の高さや，器の大きさがうかがえ，高く評価できる。また，⑥のアクションがあるので，⑧の「ビジョン」に説得力がある。

いと思っております。よろしいでしょうか？

面接官　⑨ぜひお願いします。

就活生　⑨（分厚い2冊を見せつける）

面接官　⑨（食われ気味に＆引き気味に見てくれる）
課題の提出数がすごいですね。

就活生　⑨大変充実しているゼミでしたので，頑張らせていただきました。

面接官　すばらしいものを見せていただき，ありがとうございました。これにて本日の面接を終了させていただきます。ありがとうございました。

☑**Check**

⑨からは「成果への執着心」と「チャレンジ精神」が伝わる。また，最後に，応募者の本業である勉強にも十分エネルギーを注いできたことをアピールするのは，非常に効果的だ。もちろん，アピールするだけの材料を持っていることが重要だが。

解説

　面接全体を通じて，この応募者は，プレゼンテーション慣れしていて，面接慣れもしているのがよくわかる。会話の主導権を常に応募者が握り，面接官を食っている気配すら感じる。また，この応募者は，語学力はもちろん，アルバイト，ゼミ，キックボクシングと，自慢できる成果も多く兼ね備えているようで，間違いなく「デキる人物」である。そんな応募者の面接のポイントは，③の，面接官の「裏打ち質問」だ（39ページ参照）。面接官は，この応募者の優秀さをあっさり認めつつ，逆に，優秀な応募者が併せ持つ可能性の高いマイナス要素「他者に厳しく冷たい」という一面が，この応募者にもあるかどうか，気になったようだ。そこで，おそらく③のような「裏打ち質問」をしたとみられる。しかし，④の発言は，この応募者が，他者を思いやれる人間であることを感じさせる発言だった。ここが，この面接の合否の分かれ目だったかもしれない。

　なお，面接トーク全体から応募者の仕事能力と志望意欲が非常に伝わる。①から「コミュニケーション力」，②の経験・行動から「柔軟性」，④の経験・行動から「チームプレーカ」「対人感受性」，⑥の経験・行動から「英語スキル」「自己向上力」，⑦の発言から「チャレンジ精神」「旺盛な好奇心」，⑨の経験・行動から「成果への執着心」「チャレンジ精神」が伝わる。また，⑧からは「ビジョン」が，さらに，⑥の「経験・行動」があるので，⑧のビジョンに説得力がある。

Part

7

みんなの内定実例
面接完全再現

外資コンサルの自己PRは，「強み／根拠／事例」でロジカルに

アクセンチュア内定

面接官 まず3分間あなたに自己PRをしてもらいます。目の前の時計で確認しながら，3分経過するまで話し続けてください。もし途中で終わったらそこで面接終了だと思ってください。①そのうえで注意点が1つあります。エントリーシートに書いてあるゼミの経験と高校時代の部活の経験はすでに知っていますので話さないでください。それでは準備ができ次第始めてください。

就活生 （30秒ほど頭の中で話題を組み立てる──）
はい，よろしくお願いします。

面接官 どうぞ。

就活生 ②私のウリを端的に表すと，熟考・差別化・柔軟の3つです。まず1つ目の③熟考についてですが，私は物事に対して，表面的な情報だけで満足せずにさらにその一歩先を見ようという姿勢を持っており，多角的に捉えたり，本質を理解することができてきました。④実際，自分が挫折や苦難を味わっている時も，この姿勢のお陰で前向きな考えに自分を引き戻すことができてきました。2つ目の⑤差別化については，チームで仕事を行う際には何か自分にしかできない仕事をしたいという想いがあるという点です。⑥大学での講演会の企画運営を行った際にも，前年踏襲が習慣づいていた中で，この想いをもとにシステムを大幅に変え，来場者数を向上させることができました。3つ目の⑦柔軟については，さまざまな価値観や考え方を受け入れ，時に合わせることができるという点です。そのため，⑧組織の中では，メンバー1人1人に根を張って全体の調和を保つような役割を担ってきました。⑨これらの3点は御社で働くうえで活きる素養だと考えています。⑩プロジェクト単位での仕事の中で，毎回違ったチームの中でも存在価値を発揮することができ，そして⑪主体性と変革する姿勢が求められる御社の社風とも親和性があると考えています。

✅ **Check**

①では，面接官は，応募者が状況に応じて自分の意見を端的にまとめ，ロジカルに伝えられるかどうかを見ている。

✅ **Check**

②〜⑪の応募者の回答は，伝えたいことを端的にまとめ，ロジカルに伝えられており，評価できる。②でまず自分の3つの強みを伝え，それを「can＋example」のかたち（198ページ参照）で，③＋④，⑤＋⑥，⑦＋⑧というふうに伝えている。そして⑨のように，それらの自分の強みが，志望企業で活躍する能力と「fit」すると述べ，その具体的な理由「because（なぜなら）」として⑩，⑪をアピールしている。なお，⑤⑥からは「変革する力」が，⑦⑧からは「調整能力」が伝わる。

✅ **Check**

⑩⑪から「企業理解」が伝わる。

面接官　それでは1次選考のグループディスカッションについてですが，反省点はありますか？

就活生　プラットフォーム事業の理解や認識のずれが埋まらないまま，議論を進めてしまった点と，評価軸の選定が雑になってしまった点です。

面接官　なるほど。それでは⑫今からグループディスカッションの15分前にタイムスリップできるとして，グループの中で必ず一番高い評価を取ってください，と言われたら何をしますか。

就活生　控え室でグループのメンバーとコミュニケーションをとる時間があったので，その時間の中で⑬メンバー全員の考え方やバックグラウンドをある程度掴んでおこうと思います。そうすれば，1人1人の発言が予想できたり，どの場面で意見を聞けばいいかがわかるため，ファシリテーターになることが可能であり，高い評価を得られると思います。

面接官　それで必ず1位になれますか？　⑭1位になるには何が必要だと考えていますか？

就活生　⑮周囲よりも高いアウトプットを出すことです。

面接官　そうです。スポーツでも，勝つためには相手より多くの点を取ることが必要だと思います。
（※面接官の意見が続く）

就活生　なるほど。ありがとうございます。

面接官　最後に，何か聞きたいことはありますか？

就活生　ビジネスで，⑯他人を動かすために何か努力していることはありますか。

面接官　それは—，（※面接官の意見が続く）

就活生　意外なお答えでした。ありがとうございます。

☑**Check**

⑫では，面接官は，応募者が課題を改善するためにどのような思考・行動パターンを取るか，また機転が利くかを見ている。

☑**Check**

⑬のように，ライバルの考え方や発言の傾向を把握することの重要性を理解し，その情報を自らのパフォーマンスに活かそうとする思考・行動は評価できる。ただ，この程度の回答では面接官は満足しなかったようだ。そこで⑭の質問が出た。

☑**Check**

⑮のように成果（アウトプット）が求められることを理解しているのは評価できる。「成果への執着心」の素養は感じる。

☑**Check**

⑯からは，この応募者が「人を動かせる人間になる」ことに，すでに意識が向いている様子がうかがえ，評価できる。

　伝え方がロジカルで，「理由」「事例」「結論」がしっかり述べられているのが良い。「自分には 3つの強みがあり，志望企業に貢献できる」という軸があり，かつ，②で3つの強み「熟考・差別化・柔軟」を端的に伝え，強みを順番に「can + example」で具体的に伝えている。1 つ目の「熟考」は，③の「多角的に捉えたり，本質を理解することができる」能力 (can) であり，その事例 (example) として④を伝えている。2つ目，3つ目の強みも⑤＋⑥，⑦＋⑧と「can + example」で伝えている。3つの強みとも，それを発揮した事例があるので説得力がある。また，⑨のように自分の強みが志望企業で活躍するための素養と「fit」すると述べ，理由「because」も⑩⑪で説明しており，伝わりやすい。

　面接後半では，面接官は⑫⑭の質問から，応募者が課題改善のためにどのような思考・行動を取るか，課題改善に必要な条件を挙げられるかを見ているが，⑬⑮から，ライバルを分析し，ライバル以上の成果（アウトプット）が求められることを自覚しており評価できる。

　今回の面接では，志望意欲を深くチェックする質問はないため，1次面接を先にしており，そこで志望意欲のチェックは終了しているのかもしれない。仕事能力については，③（〜⑪まで全体）から「論理的思考力」が，⑤⑥から「変革する力」が，⑦⑧から「調整能力」が伝わる。また⑮から「成果への執着」が，⑯から「他人を動かす素養」が伝わる。

「なぜ当社？」に的確に答え，モチベーションを印象づける

リクルートホールディングス 内定

面接官　自己紹介を踏まえて，学生時代に特に力を入れたことを聞かせてください。

就活生　私のセールスポイントは，目的意識を持って行動する「向上心」です。大学では経営学を専攻していますが，①学校の授業では物足りなさを感じ，もっと実際の社会やビジネスで通用する実践的スキルを身につけたいと思い，インターンシップに没頭してきました。

面接官　どこでインターンシップをしたの？

就活生　最初は，環境問題に興味があり，NPO 法人 A に参加しました。②ただ，NPO では，スケールの大きなことをするのは難しいと感じ，ネットベンチャーの B 社で，新規事業立ち上げメンバーとして 1 年半ほど経験を積みました。具体的な仕事内容は，B 社が持つ女性会員ネットワークを活用した，企業へのプロモーションパッケージの提案営業です。③たとえば私は，食品メーカー C 社の新商品のプロモーションとして，女性会員 100 名を集客したイベントの「企画」「運営」から「メディア露出」「口コミ効果」までをセットにして〇〇万円で受注するなどして，年間〇〇万円の売上を上げてきました。

面接官　凄いですね。そこで工夫したことは何かある？

就活生　④イベントを成功させるには，その企画に話題性と口コミ効果が期待できるコンテンツを必ず入れることです。また，クライアントにプレゼンテーションする際には，このプロモーションをする意義やメリット，効果について，徹底的にロジカルなストーリーで説明することです。

面接官　では志望動機を教えてください。

就活生　はい。⑤私は，いろいろなインターンシップを経験して学ん

☑ Check

①からは，向上心が伝わり評価できる。インターンシップも，きちんと目的意識を持って参加しているのも良い。

☑ Check

②から，「自己向上力」「チャレンジ精神」が伝わる。

☑ Check

③のように，実績があるのは良い。「営業センス」も伝わる。

☑ Check

④からは，ただ闇雲に営業したのではなく，きちんと戦略やロジックを考え，行動した様子がうかがえ，評価できる。
また，「戦略的思考力」や，「新しい構想を打ち出す力」が伝わる。

だことを踏まえ，⑥文系の自分が最も力を発揮でき，かつ，人生で成功できるキャリアモデルとして，営業のプロになって，事業をプロデュースして，経営者になる，というストーリーを描いています。それを実現できる企業に一番ふさわしいのが御社だと思い志望しました。

面接官 ⑦広告代理店や総合商社は志望しないの？

就活生 私の場合，そこには正直魅力を感じません。私が，御社に特に魅力を感じるポイントは３つあります。

1つは，御社は，⑧中小企業やお店などをクライアントにした媒体を多く扱っているのが魅力です。『○○○』や『△△△』などです。私は大企業よりも中堅企業やお店などを支援する時のほうが，より共感を持てて，テンションが上がります。

2つ目は，⑨御社の転職市場での評価の高さです。⑩あるヘッドハンターが，企業の経営陣に据える人材をヘッドハントする際に真っ先にリストアップするのが御社出身の社員だとおっしゃっていました。売上を上げ実力が身につく企業としては，日本一だともおっしゃっていました。御社で何十年も働くイメージはわきづらいので，転職市場の評価も正直，気になります。

3つ目は，実はこれが一番大きな理由ですが，⑪マインドが御社とは合います。私のマインドは，日常生活に近い新しいサービスを作りたい，まったくの白紙から新しい価値を生み出したい，というマインドですが，⑫実際，広告代理店や総合商社の社員さんともお話しさせていただいたことはありますが，そのようなマインドではありませんでした。御社とはマインドが合います。

⑬きっと○○（面接官）さんも私とマインドが通じると感じていただいてるのではないでしょうか？（笑）

面接官 確かに，通じてるかもしれませんね（笑）。

就活生 あともう1つ，先ほど『○○○』の名前を出しましたが，これは御社の媒体力と営業力がセットになった，本当に良くできたサービスだと感動します。⑭私の父が美容室をやっていて，『○○○』を利用させていただいているのですが，御社の社員さんが，父に，『○○○』での広告掲載後の効果測定と今後の展開についてアドバイスされていたのを，私も同席して聞いたことがあります。本当に微に入り細に入り，データに裏づけさ

☑ Check

「御社を志望する」という志望理由を持つに至った，これまでの経緯（⑤）と，今後のビジョン（⑥）の両方が合致するから，「御社が第一志望」なのだ，という話の展開は良い。

⑤と⑥により，志望意欲からモチベーションが一層伝わる。

☑ Check

⑦は，企業理解度や他社ではなくこの企業への志望動機をチェックする質問だ。

☑ Check

他社ではなく，この企業を選ぶ理由として⑧⑨⑩⑪を挙げているが，これらの「企業理解」からこの応募者ならではの視点がきちんと述べられており，評価できる。また，その内容も鋭いポイントを突いている。

しかも，⑩⑫のように，「アクション」を踏まえたうえでの意見なので，言っていることに説得力がある。

☑ Check

⑬のように，面接官も同調するような一言をタイミング良く投げかけるのは良い。「コミュニケーション力」の高さを感じさせる。

れた的確なアドバイスを丁寧にされていたのが印象的でした。まさに，これがリクルート式メディア営業なんだと，強い衝撃を受けたのを覚えています。

⑮私も営業には自信がありますので，リクルートの名前に恥じない，営業をしてみせます。

面接官　それは，頼もしいですね。

解説

　面接全体から，この応募者の優秀さは十分伝わる。②の経験・行動から「自己向上力」「チャレンジ精神」が，③の経験・行動から「営業センス」が伝わる。⑥から「ビジョン」が明確で，⑤のような「経験・行動」も起こしているので「ビジョン」に説得力もある。インターンシップの実績も十分あり，おそらくどの企業に入っても活躍できる人材だろう。

　面接官は，面接中に優秀な応募者が他社ではなく自社を選ぶ理由が気になったようで，⑦の質問をしている。しかし，⑧⑨⑪⑭からしっかり「企業理解」をしていることが伝わり，かつ「企業理解」も⑩⑫の「経験・行動」が伴っており，この企業の志望動機の本気度も伝わる。

　全体的に，仕事能力と志望意欲がしっかりと伝わる，良い面接トークだ。

「揺さぶり質問」にもブレない軸を アピールする

NEC 内定

 就活生 　○○大学○○学部の○○です。ゼミでは○○○を用いたマーケティングを学んでおります。ゼミ活動に加え，学生生活では長期インターンシップや，朝6時からのカフェのアルバイトを3年間努めてきました。

　①御社を志望するのは，ICT を通じて，世界中に健康を届けたいからです。祖母の介護や家族の病気経験を通じ，健康の重要性を痛感してきました。そこで，医療が行き届かない地域や海外，また，健康への意識が薄い人たちに対してシステムを通じて健康を届けたいです。

 面接官 　②会社はたくさんあるが，なぜ NEC ？

就活生　　はい。③御社は公共部門が強いことから，システムを利用する対象が幅広いと捉えるからです。御社のシステムが広まることで，健康へもたらす影響も大きくできると考えます。

面接官　　健康への思いが強いんですね。④では，NEC で希望部署でなかったらどうしますか？

就活生　　はい。⑤私はどんな部署でも，自分の責務をまっとうしたいですし，まっとうできると考えます。学生時代，自身の望みではない状況に置かれた時でも，その状況を楽しんできたからです。

面接官　　その具体的なエピソードはありますか？

就活生　　⑥第一志望のゼミに入れなかったことです。大学の○○学部生は，試験や面接で入るゼミを決めるのですが，私は一次試験に落ちてしまいました。今所属するゼミは二次試験で入ったのですが，正直当初は興味がわかなかった学問に対して，1年研究をするうちに面白みを持てたことや，切磋琢磨できる仲間に出会えたことから，今ではこのゼミに入って良かったと思います。

☑**Check**

①から「ビジョン」が伝わる。自分の経験を通じて感じた思いとそこから生まれた目指すべきビジョン・やりたいこと，そして企業選びの軸が上手くシンクロした，よい志望動機である。

☑**Check**

②の「同業他社ではなく，なぜ当社か？」という頻出質問に対して，③のように，「企業理解」ができていることをきちんと回答できており，モチベーションが伝わる。

☑**Check**

④のような「揺さぶり質問」（38ページ参照）に，⑤のように「どんな部署でも責務をまっとうしたいし，全うできる」とアピールするのは上手い。口で言うだけならウソでも言えるが，⑥のような具体的なエピソードもあるので，⑤のアピールに説得力がある。⑤⑥から「順応力」も伝わる。

面接官 ⑦一応営業・スタッフ部門での採用だから，営業ではなくスタッフになることもあるけど，スタッフなら何がやりたいの？

就活生 ⑧人事や労務に携わりたいです。私は学生時代，相手の立場に寄り添い，その人のために行動を起こす強みを養いました。そこで，働く人のために制度や環境を整えることで，社員のパフォーマンスを引き出したいと考えています。

面接官 いいですね。もちろん営業が希望だよね？

就活生 はい。⑨営業として，御社の製品を通じて健康を発信する第一人者となりたいです。

面接官 すごい気持ちが伝わるね（笑）。⑩さっきも聞いたけど，違う部門に入っても最終的には医療事業に行きたい？

就活生 はい。⑪そのように考えています。ですが，働く中で，御社の強みであったり自身のやりたいことをさらに見つけたりすることで，気持ちも変わることもあるかもしれません。働きながら，成長し，考えていきたいと思います。

面接官 ⑫今後は海外に向けて強くならないといけないが，海外は行ける？

就活生 海外にもチャンスがあれば挑戦したいです。

面接官 ⑬転勤は大丈夫？　海外の前に，日本全国に営業所はあるから……。

就活生 ⑭どんな地域でも，精一杯頑張ります。住んだことのない地域で働くことで，知識や経験も新たに積めることはむしろチャンスですし，わくわくします。

面接官 アルバイトは何かしてたんだっけ？

就活生 はい。大学1年の4月から，カフェ○○でアルバイトをしています。朝6時から働いています。

面接官 ⑮朝早いね。学業には支障は出ないの？

☑**Check**

⑦も「揺さぶり質問」だ。「希望職種以外でも大丈夫か？」と問われて，⑧のように，他の職種も興味があることを，自身の具体的なエピソードを添えてアピールしているのは上手い。「ビジョン」と，裏づけとなる「アクション」も伝わる。

☑**Check**

⑨も志の高い「ビジョン」やプロ意識が伝わり，評価できる。

☑**Check**

⑩で面接官は改めて応募者の第一希望の配属先を確認しているが，裏を返せば，面接官は応募者が第一希望以外の配属先でも，第一希望の配属先と同じ情熱を注げるか，不安を感じているのかもしれない。そんな面接官の不安を，この応募者は察知したようだ。そこで⑪のように，第一希望の配属先以外でも，情熱を注ぎ，また自らを成長させていけるという，ブレない軸（ビジョン）を改めてアピールしている。

就活生 ⑯むしろ学業に真剣に取り組めると思います。朝働いてから学校に行くことで，頭が冴えますし，「明日の朝はバイトだから，今のうちに課題を済ませないと」と前日の夜など，時間を無駄にしないで生活できます。

面接官 アルバイトで，何か⑰チームを巻き込んで行動したエピソードはある？

就活生 交換日記を設置したことです。新人が頻繁に離職してしまう時期があったので，店員同士を繋げるため，お互いを知る手段として交換日記を設置しました。

面接官 何か衝突とかはなかったんですか？

就活生 面倒くさい，サービス残業じゃないかという声はありました。

面接官 ⑱どうやって課題を乗り越えましたか？

就活生 店長に対し，⑲日記を書く時間を勤務時間に含めてもらうようお願いしました。最初は渋られましたが，「あなたが言うなら協力したい」と言ってもらい，交渉は成立しました。

面接官 他に工夫した点はありますか？

就活生 はい，あります。⑳交換日記を書く際には，私は一人ひとりを褒めるように意識しました。単純ではありますが，褒められれば誰でも嬉しいですし，アルバイトが面倒だ，という気持ちではなく，楽しい職場だと思ってもらえるように，日記を通じて声掛けやサポートを行いました。

面接官 確かに褒められると嬉しいですよね。

就活生 はい。私自身がされて嬉しかったことは，実践しようというモットーに基づいた行動ですね。

面接官 あなたから当社に対して質問はありますか？

就活生 はい。御社で働くにあたり，営業社員として心掛けるべきことは何だと思われますか？（後略）

☑ **Check**

⑫や⑬も「揺さぶり質問」だ。「海外勤務は大丈夫か？」「転勤は大丈夫か？」と，次々「揺さぶり質問」が投げかけられているが，この応募者は⑭のように「どんな環境でも，適応し，自己成長に活かしていく」という強い信念を伝えて，「揺さぶり質問」に上手く対処している。

☑ **Check**

⑮の面接官の何気ない質問にも⑯のように自分をアピールする具体的なエピソードで回答しているのは上手い。⑯からは，この応募者の自己管理能力の高さが伝わり，評価できる。

☑ **Check**

⑰⑱はコンピテンシーを確認する質問だ。⑰⑱で，面接官は，この応募者の「リーダーシップ」「組織を動かす力」「成果への執着心」などを探ろうとしている。それに対する応募者の回答のうち，⑲⑳のアクションからは「リーダーシップ」「交渉力」が伝わり，高く評価できる。

　この応募者の仕事能力は、⑤⑥の経験・行動から「順応力」が、⑲⑳の経験・行動から「リーダーシップ」と「交渉力」が伝わる。志望意欲は、①⑧⑨から「ビジョン」が、③から「企業理解」が伝わる。

　面接トーク全体では、「ビジョンの伝え方」が上手いのがこの応募者の特徴だ。面接官から「希望する仕事・部署に就けなかったらどうするか？」といった「揺さぶり質問」がきても、志望動機の「軸」を2つ用意して、上手く回答している。1つは①⑨で述べている通り、「ICTを通じて健康を届ける営業をしたい」という軸。もう1つは⑤⑪⑭で述べている通り、「ICTを通じて健康を届ける営業の仕事」ができなくても「どんな仕事・環境でもそれを糧に自己成長したい」という軸だ。応募者はまず、①で前者の軸をアピール。それに対して面接官から「希望する仕事・部署でなかったら？」「海外勤務・転勤は大丈夫か？」など、④⑦⑫⑬の「揺さぶり質問」が次々と投げかけられると、今度は後者の軸で⑤⑥⑧⑪⑭のように返答している。後者の軸もしっかりしており、回答もテンポよく、各回答のメッセージに「ブレがない」。

　面接では「希望する仕事・部署でなかったらどうするか？」といった「揺さぶり質問」は多い。この応募者のように、1番目に伝えたい軸と、その軸が果たせなかった場合の2番目の軸を事前に用意しておくことが、「揺さぶり質問」にも慌てず、一貫した姿勢をアピールするコツである。

みんなの内定実例

「粗探し質問」にはエピソードを添えてかわす

テクノプロデザイン内定

就活生　○○大学大学院○○研究科○○専攻○○コースの○○と申します。学生時代は，①学年1位の成績で卒業したのみならず，②英語で授業を受け，議論する副専攻に参加していました。大学院時代は③AI，データサイエンスを学ぶ副専攻を受講している他，④共同研究を含めて合計4つの研究に携わっています。本日はよろしくお願いします。

　自己PRは，⑤人の思いに向き合うことによってチームワークを最大限に発揮することができることが挙げられます。⑥塾講師の5年間の経験や研究室で後輩指導を行っていましたが，その中でこの強みを発揮し続けてきました。たとえば，研究室内の後輩育成といった場面では，後輩が40人ほどいたのですが，一人ひとりと面談を行いました。その中で，各々の抽象的な興味を，具体的な研究室内の研究テーマと結び付け，より目的意識であったり，興味がわくような環境作りを心掛けてまいりました。チームで何かをしたり，チームで興味を最大化できるような環境作りが得意と考えています。

面接官　学部1位。凄いですね。それは狙ったもの？

就活生　⑦やるからには上位を取ろうと最初から決めていました。心掛けたのは全科目をきっちりやり通す，ということで，捨て科目を作らないことでした。そこでバランスよく成績が取れ，総合成績1位を取れたのではないかと考えています。

面接官　英語の副専攻はどのような内容ですか？

就活生　幅広い知識を英語で学ぶ内容になっています。⑧理系の人間でありながら，歴史や心理学，倫理といった文系の科目も学びました。英語のみならず，文理融合的な考え方が身についたかなと考えています。

面接官　この中でデータサイエンスの科目もありましたね。学科では何をされていたのですか？

✓Check

　冒頭から多くの実績・スキルを備えたエリート人材であることがわかる（①②③④）。

✓Check

　⑥のエピソードがあるので⑤の「チームワーク」に説得力がある。

✓Check

　⑦から常に目的意識を持って取り組める，「自己向上意欲」の高い人材だと伝わる。

✓Check

　⑧⑨から「多様な視点」やビジネスで求められる「専門スキル」が備わっていることがわかる。

就活生 ⑨医療と情報学を融合させて新しいものを生み出そう，という学部になります。具体的にはたとえばプログラミングで，医療機器から得られる画像データなどを分析する，といったことを学びました。全体的には物理，化学，生物学など，幅広いことを満遍なく学ぶ学部でした。

面接官 大学を選ぶ際，この学部をめざされた理由は？

就活生 その時は脳や心といったものに漠然と興味を抱いていました。心なので心理学部も考えていたのですが，⑩脳情報を始めとした生体情報から心に切り込みたいと考えたので，生命医科学部に決めました。

面接官 大学入学時は将来何をしたいと？

就活生 その頃は⑪研究者になりたいと考えていました。あるいは情報を取り扱うような企業さんで働いて生体情報を取り扱おうとは考えていました。

面接官 情報系授業はどんな言語をされたのですか？

就活生 学部の授業では⑫C# を取った他，Python を習いました。Matlab と R 言語を研究で使用していますので，合計4つを使用できます。

面接官 研究分野は，どのようなものですか？

就活生 分野で申しますと，⑬認知心理学であったり，神経科学になります。卒業論文としては，感情的な意味を持つ言葉が認知活動に与える影響を調べていました（研究内容を30秒程度で説明）。

面接官 そういった情報はプログラミングで解析を？

就活生 プログラムを自分で作って分析しています。

面接官 プログラミング言語の使い分けは？

就活生 先ほどの4つの言語の中でも，データに関しての統計は R 言語を用いています。Python では機械学習の基礎を習い，研

☑ **Check**

⑩⑪から，大学入学時から既に，自分の将来の目標・ビジョンを描いていることがうかがえ，評価できる。

☑ **Check**

⑫⑬からも多くの「専門スキル」が備わっていることがうかがえる。

究にも応用させています。研究で用いているのは，8割がR言語，2割がPythonやMatlabになります。

面接官　研究を4つとのことですが大丈夫そうですか？

就活生　正直忙しく，研究内容もどのようにまとめようか迷っています。ただ，⑭そのうちの2つは共同研究であり，議論に参加することが主な内容になっています。各研究に割く時間を週に1回などと決めてしまうか割く時間の割合を決めてしまえば，同時に研究を進めることも難しくないのかなとは思います。

面接官　学会発表，受賞の経験もあるようですね。

就活生　受賞した経験がある学会は……。（中略）

面接官　どのくらいの方が優秀賞をいただける？

就活生　正直申し上げますと，5チームが発表し，3チームが入賞する発表会でしたので，割合的には入賞しやすかったのですが，助教や博士課程の方もいた中で入賞できたのは，内容よりも専門外の人にわかりやすく伝えた点であったり，イメージが伝わりやすいスライド作り，といった点が評価されたのかな，とは思います。

面接官　塾講師のアルバイトもされていたそうですね。

就活生　（中略）

面接官　意外と早くなじめましたか。

就活生　そうですね。⑮新しい環境になじむことは早いと自分では思っています。私の強みとして，色んなことに積極的に挑戦することがありますので，先ほどの4つの研究の件もそうだったのですが，そのためいち早く新しい環境にはなじむことができたと考えています。

面接官　人を教えることで工夫されていることは？

就活生　2つありまして，⑯1つ目には勉強内容のみならず，性格面や勉強に取り組む姿勢もコーチングする必要があるのかなと考

☑ **Check**
⑭から「事務処理能力」「タスク管理能力」が秀でていることが伝わる。

☑ **Check**
⑮から「立ち上がりの速さ」「順応力」「チャレンジ精神」が伝わる。

☑ **Check**
⑯から「指導力」「人間関係構築力」が伝わる。独自の「指導ノウハウ」を確立しているのも評価できる。

えています。小中学生には「何かに一生懸命取り組むことが大事である」ということを常に説いています。

　2つ目は，授業中のみならず，家庭での学習もサポートすることを心掛けています。家庭での学習が成績向上には欠かせないので，授業中は内容を教えることはもちろんのこと，その生徒さんのことを深く知り，最適な学習プランを一緒に考える，といったことを行ってきました。

面接官　コーチングについて学ばれたことは？

就活生　塾の研究で学びました。私たちの仕事はただ勉強を教えることではなく，自ら勉強できる人を育てることなのだ，ということを教わりました。

面接官　学部の時にサークルには入ってましたか？

就活生　⑰ラジオ番組を作るサークルとよさこい踊りをするサークルに所属していました（中略）

☑**Check**
⑰⑲から「旺盛な好奇心」が伝わる。

面接官　ラジオサークルではどのような活動を？

就活生　2つあります。1つは昼休みにラジオ番組を放送しておりアナウンサーを担当したり（中略）

面接官　アナウンスはどんなことを話すのですか？

就活生　主に雑談なことが多く，旅行先のおすすめスポットをあげたりするのですが，⑱どんな話題でも共通している信念としては，リスナーさんがいることを念頭に話を組み立てる，といったことを常に意識していました。あとは，ラジオドラマといって，演劇っぽいことをすることもあるのですが，メッセージ性にはこだわり，何を伝えたいのかを明確にしています。

☑**Check**
⑱から「コミュニケーション力」が期待できる。

面接官　中学，高校の時は，部活は何を？

就活生　中学生のときはテニス部に所属していました。高校生では，⑲演劇部に入っていたのですが，部活の掛け持ちが認められていたので，模擬裁判や写真など幅広い活動をしておりました。

☑**Check**
⑳は「裏打ち質問」だ。面接官は応募者に欠点，弱みがないか確認し始めた。

面接官 ⑳いろいろするとどっちつかずになるのでは？

就活生 　この頃から先ほどの共同研究の例のように，㉑自分の割くエネルギーの分配というものを自然と高校生のうちから行っていたのだな，と思います。幸いにして忙しい時期が被ることがなかったので，上手く配分することができました。

面接官 　その根本にあるのは，好奇心が旺盛なのか，とにかく走ってたいのか，どういう思いですか？

就活生 　2つあると思いまして，一つは先ほど仰ったように㉒好奇心だと思います。いろいろなことに挑戦して，幅広い知識を得たいという思いがあります。ここで2つ目につながるのですが，2つ目の理由として㉓「複数の知識を組み合わせることによってはじめて気づくような，誰にもできなかったことができるようになる」といった思いを持っていることが挙げられます。

面接官 ㉔その中で役職経験はありますか？

就活生 　役職を経験したことはなかったのですが，㉕チームのサポート役として，後輩と先輩の橋渡しを行っていることが多いです。現在私は修士2年生ですが，現在でもサークルに顔を出しており，後輩が困ったときにアドバイザーのように動くことがあります。

面接官 ㉖幅広くされていて疲れることはないですか？

就活生 　普通の人よりもタスクが多いなあと思うことはありますが，㉗自分にできる仕事を調節しています。人に適度にタスクを割り振ったり，逆に引き受けることもあるのですが，上手くやりくりしていると思います。

面接官 ㉘周りは〇〇さんをどのように言ってますか？

就活生 ㉙面倒見がいい，と言われることが多いです。特に後輩指導が上手いとよく言われており，たとえば研究室にて後輩一人ひとりと面談して興味を引き出すといったことをするあたり，人に向き合う力に長けていると言われます。もう一つは㉚話が上手いと言われます。学会の話でもお話ししましたが，まったく情報がない人にイメージを膨らみやすいような話し方をする能

☑ **Check**
⑰⑲のエピソードを聞けば㉒の「好奇心」も納得できる。

☑ **Check**
㉓はよいことを言っている。「成果達成力」や「創造力」を期待させる。

☑ **Check**
㉔も「裏打ち質問」だ。

☑ **Check**
㉕から「チームプレーカ」が伝わる。

☑ **Check**
㉖も「裏打ち質問」だ。

☑ **Check**
㉗は，⑭同様「事務処理能力」「タスク管理能力」が伝わる。

☑ **Check**
㉘も「裏打ち質問」だ。

☑ **Check**
㉙から「指導力」「人間関係構築力」が，㉚から「コミュニケーション力」が伝わる。

力が長けていると言われます。

面接官 ㉛逆に，短所は何があると思いますか？

就活生 自分ひとりで目標を達成することが苦手です。良くも悪くも，人に頼って，㉜人と相談して問題解決をすることが多いので，一人になると，意思が弱くなることもあります。ただ，成績1位を取っていたりもするので，一人になると完全に何もできなくなることはありません。

面接官 （中略）志望動機を聞かせてください。

就活生 私の夢の実現に必要不可欠な環境であるからです。㉝データから人の思いを抽出したいという夢が私にはありますが，㉞御社は今後必要とされる技術や戦略を予測するノウハウに長けており，私のやりたいことの実現に近い環境だと考えました。もう一つの志望動機として，㉟個人で評価されるという社風であることが挙げられます。㊱私は技術を単に身につけるのみならず，自分の名前で仕事を取れるような人になりたいと考えており，自分の考えと合っていると思いました。

面接官 入社したらどのような分野を考えていますか？

就活生 今の時点で申し上げると，㊲データサイエンスを考えています。世の中には活かしきれていないデータがありますので，そのような情報を活かしきるような技術者になりたいと考えています。システム開発にも興味があり，データを社会に活かす仕組み作りや，意味を持たないデータを意味のある形にする過程に興味があります。

面接官 他社さんの選考状況と，他社さんではどのような仕事をしたいという考えはありますか？

就活生 （中略）たとえば医療ですと，遺伝子といった，多くの企業があまり手をつけられていないデータ群を取り扱っています企業さんですので，㊳このように他分野にまたがってデータを活用する仕事をしたいと考えています。逆に御社も，大学などと提携されているとのことですので，他の会社にはないデータ活用ができると考えています。

☑Check

㉛も「裏打ち質問」だ。

☑Check

㉜は，短所と見せかけて，長所（自分一人でも，人と相談しても，目標達成もできる）を伝えている。

☑Check

志望動機の内容もよい。明確な目標（㉝㊱）があり，企業の特徴もおさえている（㉞㉟）。入社してやりたいことも具体的に説明できている（㊲）。

☑Check

前述の自分がやりたいこと（㉝㊱）が，他社でやりたいこと（㊳）とも合致する。したがって㉝㊱をやりたいという本気度がいっそう伝わる。

Part

7

みんなの内定実例
面接完全再現

213

面接官 （中略）ありがとうございます。では，当社に対して質問はありますか？

就活生 2つあります。㊱私は技術で評価されたい，名前を出すことで仕事を取ることができるような人物になりたいという夢がありますが，当社ではそのような機会がありますか？

面接官 結構あります。（事例の紹介）

就活生 活躍されている社員さんが多くいるのですね。ありがとうございます。もう一つの質問としては，御社は技術力を売りにされていると思いますが，㊵どういったところが技術のソースになっているのでしょうか。たとえば，AIや情報技術というのは世界中でしのぎを削って技術開発が行われていると思うのですが，特徴的な技術の源の事例があればお聞かせください。

面接官 （事例の紹介）

就活生 海外とも積極的に交流されている，とのことですね。ありがとうございます。質問は以上です。

☑**Check**

　質問しながらも，自分の目標（㊱）を改めてアピールしており本気度が伝わる。

☑**Check**

　㊵で技術ソースに強い関心を示すことで自分の目標（㊱）実現への本気度が改めて伝わる。

　最初から最後まで,「デキる人」オーラを感じさせる面接である。

　まず, 仕事能力は, 実績①や発言⑦から「自己向上意欲」が, 経験⑥や発言⑤㉕から「チームブレーカ」が, 経験②③や発言⑧⑨から「多様な視点」やビジネスで求められる「専門スキル（ノウハウ）」が伝わる。⑫⑬からも「専門スキル（ノウハウ）」が, 発言⑭⑮⑰⑲㉗および数々の経験から「事務処理能力」「タスク管理能力」「旺盛な好奇心」「立ち上がりの速さ」「順応力」「チャレンジ精神」が, ⑯から「指導力」「人間関係構築力」が伝わる。また, 経験⑰と発言⑱から「コミュニケーション力」も伝わる。

　次に志望意欲は, ⑬⑮⑰から具体的な「目標」が, ⑭⑯から志望企業への「深い理解」が, ②③④⑫の経験, 実績から, 目標実現に必要な「経験・行動」が, いずれもしっかり備わっていることが伝わり, 志望意欲の本気度が十分伝わる。

　この応募者は「仕事能力」「志望意欲」とも申し分なく, 十分「活躍イメージ」が伝わる。優秀応募者ほど, 面接で粗探しをされる。特に理系の場合は「人柄」「チームワーク」「リーダーシップ」に問題ないかを確認されるケースが多い。今回の面接でも, やはり面接官は次々と「裏打ち質問」をしている。それが⑳㉔㉖㉘㉛だ。しかし, 応募者は,「裏打ち質問」にも惑わされず, 確実にポイントを稼ぐ回答をしている。

　たとえば, 多くのことに挑戦する応募者に対して,「どっちつかずになるのでは?」という質問⑳には「エネルギー分配ができる」と,「事務処理能力」「タスク管理能力」をアピールして回答している。また, リーダーシップは問題ないかを確認するために「役職経験はありますか?」という質問㉔には,「リーダー経験はないがサポート役としてチームに貢献した」と, チームブレーカを発揮することに問題ないかをアピールし, マイナス評価を回避している。

　本人の能力, 志望意欲だけでなく, 面接での伝え方も申し分のない, パーフェクトな面接トークと言える。

みんなの内定実例

面接を楽しい雰囲気にする話術で自分の仕事能力を印象づける

電通テック内定

就活生　○○大学○○学部から参りました○○○○です。根っからのお祭り女で，学生時代は学園祭運営スタッフとして企画から運営まで全てを取り仕切る役割を担ってきました。10年以上スキーをやっているので体力には自信があります！　①今日は誰よりも面接を楽しんでいきたいと思います。よろしくお願いします。

面接官　○○大学の学園祭ってすごいよね。②具体的にどんなことが大変だったか，またそれをどのように乗り越えたか教えてください。

就活生　やはり知名度も期待度も大きい学園祭を作ることは，毎年大きなプレッシャーとの戦いでした。特に昨年は，直前で出演団体の不祥事が発覚したりと問題が多く，資金面でも苦しい年でした。問題が大きくなるたび，運営スタッフのやる気が失われていくのを目の当たりにしてとてももどかしくなり，③私はまずは運営スタッフを盛り上げる"お祭り女"になろうと決心して，今までまとめるだけであった運営スタッフも一緒に巻き込んだ企画作りをめざしました。今まで，④音響・ナレーション・進行と，役割でスタッフを振り分けてその中でしか活動していなかったのを"お笑い好き""音楽好き""ファッション好き"など役割を無視してさまざまなジャンルで区分したチームを新たに作り，本当に好きなものを担当し追求していくシステムにしたことで運営スタッフの士気は格段に上がり，結果として良い○○祭が実現できました。

面接官　皆が好きなことだけ担当したら，上手く回らない部分も出てくるよね？

就活生　⑤そこが全体リーダーとしての私の腕の見せどころで（笑），メンバーの希望を取ったうえで最終決断は私がしてチーム構成を決めました。⑥運営スタッフは100人近くいるのですが，私はきちんと全員と直接話し，各々の想いや考え方，個性などを

✓Check
①のような意表を突くアピールも面白い。

✓Check
②は困難や逆境を乗り越えた経験を通じて，この応募者にどんなコンピテンシーが備わっているかを探る質問だ。

✓Check
③のように，環境に応じた自分を演じられるのは良い。自分に自信があるのだろう。

✓Check
④からは「変革力」と，メンバーの特性を把握し，チームをマネジメントする「リーダーシップ」が感じられる。

✓Check
⑤は，面接の雰囲気を和ませながら，自分のペースに巻き込もうとして，このような表現になったのだろう。

知ったうえで決めていきました。努力というか，メンバーみんなのことが大好きで，話すことが大好きなのでまったく苦ではなかったのですが，きちんと接してメンバーのことを理解していたからこそ，どのメンバーを掛け合わせていけばいいのか，何となく自分の頭にあったので，それが上手く収まって良い結果となったのだと思います。とにかく人を見ることや動かしていくことが私は好きだったから，乗り越えられました。

面接官 メンバーをマネジメントしていったんだね。スキーはサークルに入ってやっていたの？

就活生 いいえ，高校時代から所属しているチームで毎年活動しています。冬になると3か月ほど山にこもるのですが，⑦50人ほどいるチームの中で女の子は6人しかいないので，とてもたくましくなります（笑）。ご飯の取り合いとか，テレビのチャンネル合戦とか……。スキーがあったからこそ，男の子に負けないような強さを身につけられたと思っています。

面接官 3か月も！ それは強くなるね（笑）。他に，○○さんらしいといえばこれだ！ というものはありますか？

就活生 ⑧とにかく食べることには自信があります！

面接官 そんなに細いのに，ほんと？

就活生 ⑨はい！ めちゃくちゃ食べることが好きで，大学周辺のあらゆるお店の"でか盛り"チャレンジは制覇してきました。そこらへんの男の子にも負けていないと思います（笑）。でも，⑩いろんな大学周辺のお店を荒らしてきたから顔を覚えてもらえて，学園祭でも協賛をもらったりお手伝いしていただけたんです！ 食べることが趣味で良かったなと思いました！

面接官 それはすごい。最後に，社会に出てどのように社会を変えていきたいか教えてください。

就活生 日々たくさんの事件が起きていて，世の中には暗いニュースも，苦しいことも蔓延（はびこ）っています。それでも，私たちは生きていかないといけないから，きちんと楽しいものや明るい希望を見たいという欲望があるのだと思います。私はそんな人の欲望を満足させてあげられるような刺激を世の中に生み出したいと

☑**Check**
⑥からは，「コミュニケーション力」「組織を動かす力」が伝わる。特に100人近くものメンバーをマネジメントした経験は評価できる。組織を動かす勘所を理解しているのだろう。

☑**Check**
⑦のように，「男性には負けません」ということをさりげなくアピールしているのも上手い。また，⑦のようなエピソードを挟むことで面接の雰囲気を和ませているのも上手い。

☑**Check**
⑧で「食べること」という意表を突くセールスポイントを伝えて面接官の興味を引きながらも，⑨で「男性に負けない」こと，⑩で「営業センス」も併せてアピールしているのも上手い。

みんなの内定実例面接完全再現

思っています。⑪それが，私の中では"広告"でした。正直言って"広告"がなくても人は生きていけるし，楽しい気持ちを与えてくれる娯楽は世の中に溢あふれています。でも，広告に心打たれて購入してしまった時のあの満足感は他に代えられないと思います。苦しい世の中に，少しの幸福を少しずつ作って，世の中を明るくしたいと思っています。

☑ **Check**

⑪から「ビジョン」が伝わる。面接の最後に，広告会社の社員ウケするフレーズを確実に盛り込みながら，広告業界を志す理由もしっかりアピールできているのは良い。

解説

　仕事能力は，④の経験・行動から「変革力」「リーダーシップ」，⑥の経験・行動から「コミュニケーション力」「組織を動かす力」が，⑧⑩の経験・行動から「営業センス」が伝わる。また，④の「経験」を伴った，⑪のような「ビジョン」もあり，志望企業への志望意欲も伝わる。

　面接全体では，終始明るく振る舞いながら，自分のペースに引き込もうとしている様子がうかがえる。それが①⑤⑦⑧⑨⑩の表現に表れている。同時に，③④⑥⑪のように随所で自分の強みや企業ウケするフレーズも的確に伝えているのも上手い。面接官も，面接では冷静に人物評価しようと努めながらも，やはり楽しい話術，人柄の良い応募者に対する評価が高くなる傾向はある。この応募者のように面接を意図的に楽しくする話術は参考になるだろう。

展開例

13

会話の端々にコンピテンシーを盛り込んでアピール

旭化成 内定

 就活生　○○大学○○学部４年の○○○○といいます。本日は，よろしくお願いいたします。

 面接官　どうぞ座ってください。それでは，３分くらいで志望動機と自己PRをお願いします。

（就活生）　私が御社を志望した理由は，２つあります。①１つは，素材の可能性の大きさに興味を持ったことです。素材の用途は自分自身が広げられるもので，さまざまな産業とビジネスができる素材産業にとても興味を持っています。

　②もう１つは，グローバルに活躍できる人材に成長できると思ったからです。③私自身，大学時代から３年近く広告営業や取材のインターンなどを行ってきて，その中で，ビジネスの種を見つける魅力というものにのめり込んでいきました。どうしたら契約が取れるのか，お客様は何を求めているのかということを，常に意識し，お客様の本音を引き出し，そこから，協賛に至る契約を引き出すことに楽しみを見出してきました。そうした，お客様の本音を引き出し，④お客様のニーズに応えるという力を活かし，御社でも素材営業をやりたいと思っております。

（面接官）　素材業界というと，他にもいろいろあると思うけど，どうして当社を希望しているの？

（就活生）　それは，インターンで御社の社員の方とお会いした時に，一番楽しそうに働くことができると感じたからです。御社の社員の方は，皆活き活きしていて，お会いした社員の方もそれぞれ自分の夢を持って働かれていました。自分もこんな社員になりたいと思える社員が一番多くいたからこそ，ここで働きたいと思いました。

（面接官）　なるほど。では，どうしてそのインターンを始めようと思ったの？

✅**Check**

①②から「企業理解」が伝わる。また，①の「自分自身が広げられる」とは，「自分自身で広げていきたい」という主体性や意欲の表れで好感が持てる。

✅**Check**

③は，面接官が興味を示しそうな話題を上手く盛り込んでいる。特に，「営業経験があること」「ビジネスの種を見つけようとしていること」「お客様のニーズを探ろうとしていること」などは，面接官が大いに興味を示す話題だ。また，③の経験があるので④の「ビジョン」に説得力がある。

就活生 ⑤大学の勉強だけではなく，自分自身の視野を広げたいというのがあり，色々な考えの人に会える環境があったからです。取材や営業を通して自分自身，少しは成長できたのではないかと思います。

面接官 ⑥インターンで一番印象に残っているのは？

就活生 一番は，初めて広告協賛をいただいた時のことです。最初はあまり協賛に乗り気ではなかったのですが，⑦1回1回の短い会話の中から相手が求めているのは何かということに常に注意を払い，意識していました。そして，1回ごとに，よりニーズに近いと思われる案を提示し，最後には協賛をしていただくことになりました。

⑧その中で，「○○君だから協賛するよ」と言われた時は，信頼を得ることができたと感じましたし，忘れられない経験です。

面接官 ⑨インターンで一番苦労したことは何かな？

就活生 一番苦労したのは，取材や営業においていかに相手の本音を引き出すかということです。最初はまったく的外れな提案をして，相手にされなかったこともありました。どこが駄目だったか自分で考え抜きました。そこで，自分がしたことが2つあります。1つは，こちらが学生だということでなめられないように，⑩徹底的に相手企業を調べ尽くしたことです。調べ尽くすことで，相手に「そこまで知っているのか」という小さな驚きを与えてきました。⑪それにより，相手も自分の話をまともに聞く気になります。それに加え，企業が欲しがるような情報を学生の視点で伝えていきました。もう1つは，話の中にさまざまなフックを用いて，どこに企業が食いついているかというのを見極めることです。これにより，相手の興味がどこにあるのかを知っていき，会話もより濃密なものになっていきました。

面接官 ⑫君は，自分は営業に向いていると思う？

就活生 向いているかどうかは，自分ではわからないのですが……お客様の話しやすい場を作り上げ，ビジネスをお客様と作り上げるのが好きなので，営業をやりたいと思っています（とびっきりの笑顔で）。

✓ Check 👩

⑤のように，明確な目的意識を持ってインターンシップに臨んでいるのは良いことだ。

✓ Check 👩

⑥⑨⑫が「深掘り質問」だ。

✓ Check 👩

⑦からは，「コミュニケーション力」や「戦略的思考力」が備わっていそうな印象を受け，評価できる。

✓ Check 👩

⑧のように，きちんと成果を上げられているのは，特に評価に値する。

✓ Check 👩

⑩から「情報収集力」が備わっていそうな印象を受け，評価できる。

✓ Check 👩

⑪からは，他の人にはない「付加価値」を与えることでビジネスを優位に進めようとしている姿勢が伝わり，評価できる。この応募者の「ビジネスセンス」などが感じられる。

面接官 笑顔がいいから向いてるよ（笑）。ところで，○○君は周りからはどんな人って言われるの？

就活生 ⑬周りからは，オンとオフがはっきりしていると言われます。やる時は，リーダー的に周りを盛り上げながらしっかりとやります。たとえば，インターンで30人程度の組織のリーダーとして活躍してきました。周りの意見をよく聞き，一人ひとりに合ったポジションなどを提案し，モチベートさせていました。また，オフでは，つまらない冗談を言ったり，友達には飲み会には欠かせないって言われています。

☑**Check** 👨

⑬から「リーダーシップ」と「チームプレーカ」が伝わる。

面接官 なるほどね。最後に何か質問はあるかな？

就活生 ○○（面接官）さんが働いてこられて，一番印象に残っていることは何ですか？

面接官 う〜ん，簡単に言うと，○○○の事業所を成功に導いたことかな。異国の地で，言葉も最初はあまり通じない中，どのようにその生産拠点を成功させるかには，苦労したね。でも，今となっては，それがいい糧になっているね。

就活生 ⑭いいですね。とても面白そうです。自分もそのような経験を積んでいきたいです。

☑**Check** 👨

⑭の発言は，面接官との共感度をアップさせる殺し文句。最後により一層良い印象を残して面接を終えられている。

面接官 では，時間ですので，お疲れ様でした。

解説

⑦の経験から「コミュニケーション力」「戦略的思考力」が，⑩の経験から「情報収集力」が，⑪の行動から「ビジネスセンス」が，⑬から「リーダーシップ」「チームプレーカ」が伝わる。また，④から「ビジョン」が，③から④のビジョン実現に向けた行動が，①②から「企業理解」がうかがえ，志望企業への志望意欲も十分伝わる。全体的に，面接の最初から最後まで，多くの「コンピテンシー」が自分に備わっていることを面接官に印象づけており，「模範的」な面接トークである。また⑬では，オンとオフの過ごし方を伝えながら，リーダーシップもとれるし，仲間たちの盛り上げ役のキャラクターもこなせるという，両方の長所をそれとなく伝えるなど，アピールの仕方が上手い。

みんなの内定実例

面接官と話が噛み合わない時は逆質問が効果的

ファーストリテイリング 内定

 就活生　○○大学4年の○○です。本日は，お時間を取っていただき本当にありがとうございます。
ぜひよろしくお願いいたします。

 面接官　いえいえ。わざわざありがとうございます。1回の面接だけでなく，もう一度お時間を取っていただきありがとうございます。それで，○○さん，あれからどうですか？

就活生　はい，志望理由を中心に再び考えてまいりました。

面接官　なるほど……。それでは早速，志望理由をお願いします。

就活生　①ユニクロに勤め，店長という経営の目線を養い，世界を舞台に仕事をしていきたいと思います。服を変え，世界を変え，常識を変えるという御社で，一緒になって変えていきたいと思います。

面接官　②店長とはどんな仕事だと思いますか？

就活生　③インターンを通して，店長は人をまとめる仕事だと思いました。具体的には，朝の朝礼を通して毎日の目標を設定し，モチベーションを維持させ，1つの目標に向かって導く存在だと思います。学生時代にも，同じく人をまとめる役割を担ってまいりましたので，これからその経験を活かしていきたいと思います。

面接官　④では，どういう店長が目標ですか？

就活生　⑤お客様のニーズをくみ取り，それを店舗に活かしていけるような店長になりたいと思います。そのためにも，店員とのコミュニケーションが大事だと思います。

面接官　⑥どういう店を作りたいのですか？

☑️ **Check**

　応募者の①の回答は，面接官には抽象的で真実味がないと感じたのだろう。だから②の「深掘り質問」が飛び出した。

☑️ **Check**

　③から，「リーダーシップ」とすでに店長経験を備え，店長という仕事の勘所を理解していることは伝わる。ただし，面接官には③の回答では期待外れのようだ。そこで，④の「深掘り質問」が飛び出した。

☑️ **Check**

　⑤も，面接官には期待外れのようだ。そこで，さらに⑥の「深掘り質問」が飛び出した。

就活生 ⑦……先ほどのように，お客様のニーズをいち早くくみ取り，それを実現できる店舗です。

面接官 ⑧仕事を通して何がしたいですか？

就活生 ⑨……。私個人の仕事が世の中にインパクトを与える仕事をしていきたいです。

面接官 ⑩なぜ衣服・ファッションを舞台にするのですか？

就活生 ⑪衣食住は人間に欠かせないものですし，なにより説明会を経てユニクロの店長という視点から学べるものが多いと思っております。

面接官 ⑫どういうキャリアを歩みたいのですか？

就活生 まずは⑬国内で店長を経験した後，海外での経験を積んでいきたいと思います。

面接官 当社に関係なく，就職活動ではどういった部門で働きたいのですか？

就活生 職種ということでしょうか？

面接官 はい。

就活生 私は，⑭営業で働きたいと思っております。

面接官 なぜですか？

就活生 粘り強く人に接していく，アグレッシブさという私の長所を最も活かせる職種だと思っております。

面接官 ⑮○○さんのやりたいことがまったく見えてきません。正直，当社で働くことを学生時代の延長と考えていませんか？

就活生 ⑯そんなことはございません。日々の目標計画を組み立て，金額の目標を立て，どのように日々行動していくかを細かく計画を立てられていると思います。

☑ **Check**

⑨も，抽象的で面接官には期待外れのようだ。そこで，さらに⑩の質問が飛び出した。

☑ **Check**

⑪も，抽象的で面接官には期待外れのようだ。

そこで，⑫のような将来のビジョンについての質問が飛び出した。

☑ **Check**

応募者の⑪⑬⑭の回答から，応募者の目指すものに一貫性がないと感じたのだろう。そこで面接官から⑮⑰のような発言が飛び出した。

みんなの内定実例
面接完全再現

面接官 ⑰店長をやってみたいというのは，店長以外のキャリアを知らないんじゃないかなというふうに思ってしまいます。スーパーバイザーをやってみたい，商品企画をしてみたいなど様々ある中で店長だけでは，正直〇〇さんが本当に当社を志望しているかわかりません。

就活生 ⑱大局的には，店長を経てスーパーバイザーなどより規模を大きくやっていきたいと思っております。ですが，まずは店長と海外勤務を経験していきたいと思っております。

面接官 それでは，当社に勤めて〇〇さん自身は何を学びたいのですか？

就活生 ……。人を動かすマネジメント力だと思います。

面接官 ⑲わかりました。それでは，こちらからは以上になります。〇〇さんから何か質問はございますか？

就活生 ⑳それでは，〇〇（面接官）さんはユニクロで働くことで何を学べると思われますか？

面接官 ㉑ヒト・モノ・カネすべてを学ぶことができると思います。店長を通して人材採用から給料まで，モノは在庫の管理，カネは日々の営業成果の確認などを通して学ぶことができます。

就活生 ㉒なるほど。まだまだ未熟ですが，そういったヒト・モノ・カネを学んでいきたいと思います。学生時代にはヒトの部分しか学べず，モノ・カネという概念はなくリーダーシップに努めてまいりました。是非ともよろしくお願いいたします。

面接官 ㉓なるほど……。うん，そういう意見を聞きたかったです。当社での仕事を学生時代の延長にしか考えておらず，正直心配でした。前の面接官からのフィードバックとして（略）。今までの経験を活かして頑張ってください。

就活生 ありがとうございます！

　この面接では志望意欲を重点的にチェックされている。おそらく前回の面接で仕事能力は伝わり，志望意欲が伝わらなかったのだろう。面接官と話が噛み合わないことは少なくない。応募者がアピールしたいことと，面接官が知りたいことがズレているためだ。応募者は，この企業ですでに実務経験があり，「店長」経験が自分のセールスポイントだと考えていることが③⑤⑦からうかがえる。しかし，面接官は，この企業でアルバイトをした人なら誰でも言えることで，評価に値しないと感じているのだろう。面接官は「具体的なキャリアデザイン」や「応募者が分析する自社の課題や可能性」を聞くことで，応募者が自社で働く志望意欲の源泉を知りたかったのだろう。その期待を込めて⑥⑧⑩⑫の質問をしているが，応募者が一向に面接官が期待する話をしないため，⑮⑰の落胆した発言になった。応募者も食い下がって⑯⑱をアピールするが，面接官が⑲の発言をした時点では，この応募者は「不合格」だった可能性が高い。ただ，応募者は，⑲の発言から「自分は合格ラインに達していない」と察知しながらも，諦めず，さらに食い下がっている。そして，⑳の面接官が自分に期待する発言を探る逆質問をしている。これが効果的だった。㉑の発言により，応募者は「店舗運営は，自分の想像よりも奥深く，仕事理解を深めて面接に臨まなければ志望意欲が伝わらない」と気づいたようだ。そして㉒でやっと面接官が聞きたかった「ビジョン」が応募者から伝わった。③の「経験」が活きて，㉒のビジョンに説得力もある。

　今回のように，面接官が自分に期待する発言がわからない時は，ぜひ，逆質問で真意を確かめ，その後の面接を優位に進めてほしい。

みんなの内定実例

一般職採用は「機転」「サービス精神」「主体性」アピールがカギ

ダイワボウ情報システム（一般職）内定

面接官 では早速ですが，志望動機をお願いします。

就活生 はい。志望動機は2点あります。まず1点目は，お客様第一主義であるということです。御社の DIS-NET II や iDATEN，また Face to Face の営業などお客様のためにという強い想いが創業時からあることに，強く魅かれました。①なぜなら，私自身アルバイトでお客様を第一に考えて行動してきたため，そのような想いを大切にしながら働くことができることに魅力を感じるからです。2点目は，御社の温かい社員の方と一緒に働きたいと思ったからです。待合室で私たち就活生の緊張をほぐすため，話しかけてくださったり，学内セミナー・説明会・面接を通じて社風がとても私に合っていると思いました。もちろん御社の一握りの方としか接していませんが，それでも他社との違いを肌で感じています。②私は今まで，辛いことを周りの方のおかげで乗り越えてきました。社会にでれば想像以上の辛いことが沢山あると思います。だからこそ，この人達となら頑張れる！　と思える方々と一緒に働きたいのです。以上です。

面接官 ありがとうございます。では次に，自己 PR をお願いします。

就活生 はい。私の長所は協調性があることです。私が考える協調性とは，相手の立場にたち自分が何をすべきかを一歩先まで考え行動することです。③実際に，日常生活でもそうですし，アルバイトではお客様はもちろん，社員さん・パートさん・アルバイトの皆の立場になって考え，ことが円滑に進むよう行動してきました。御社はチームワークを大切にしていらっしゃいますので，長所を活かし御社に貢献したいです。以上です。

面接官 じゃあ履歴書に沿って少し質問していきます。高校のグローバル・サイエンス科っていうのは？

就活生 いわゆる理系の学科です。簡単に言えば特進科みたいなものです。

面接官 ああ，やっぱりそうなんですね。じゃあ成績も優秀で？

就活生 いえいえ，そんなことないですよ（笑）。周りがすごく意識が高く，とても良い刺激になりました。

面接官 でも大学は文系だよね？

就活生 はい。別に数学などが嫌いになったわけではないんです。キッカケと致しまして，高校２年生の時，アメリカから交換留学生が来まして，④彼らと接するうちに英語や文化の違い，また文化が違うにも関わらず人間の考え方に共通点があることに興味を持ちました。そこで心理学を勉強したいと思うようになり，現在の大学に進学することにしました。

☑ **Check**

④から，大学・学部選びについても，自ら問題意識，目的意識を持って選んだことがうかがえ，評価できる。

面接官 へぇー，でも心理学って面白いの？

就活生 えっ，面白いですよー。

面接官 じゃあ学部選びも心理学ができるとこで？

就活生 はい。ただ⑤私の大学には心理学を学べる学部が，社会学部と文学部の２つありまして，なぜ私が社会学部を選んだかと言いますと，視野を広げたかったからです。社会学部では２回生まで，メディア・文化・コミュニケーション・経営・心理など，本当に社会全般のことを自由に選択して学べます。そして３回生から始まるゼミで専門分野を決め，深めていきます。一方文学部は，心理学科として入学するので，４年間ずっと心理学を学びます。ですので，社会学部に決めました。

☑ **Check**

咄嗟に⑤のような返答ができることから，どんな回答をすれば面接官ウケするかを考えながら，言葉のキャッチボールができており，この学生は，頭の回転が速く，機転が利く人間だと期待できる。

面接官 うん，なるほど。じゃあ次に資格のところで，社会調査士ってあるけど，どういう資格ですか？

就活生 はい，社会調査士とは，調査方法や分析の妥当性など調査の基礎力があるという資格です。

面接官 へぇー。何か役に立つことなどありますか？

就活生 この資格が直接使えることはないと思います。⑥ただ，数字や統計を見る目を養うことができました。例えば，「日本人の80％が○○だ」などといった安易な調査があった時，調査対

☑ **Check**

⑥のように，数字や統計に強いのは評価できる。

Part

7

みんなの内定実例
面接完全再現

象者が少ないのではないか，ネット調査であれば調査対象者に偏りがないかなど，⑦結果を鵜呑みにせず自分なりに考えることができるようになりました。

面接官　なるほど。語学もドイツ語の資格を取っているようで，これは第二言語ですか？

就活生　はい。

面接官　なぜドイツ語を選びましたか？

就活生　特に理由はないんですけど…ヨーロッパに行きたいので，まずヨーロッパで使われている言語にしようと思いました。その中でもドイツ語はかっこよさそうだったので。

面接官　へぇー，もうヨーロッパには行きましたか？

就活生　いいえ，まだ行けてないので，卒業旅行に行くつもりです。

面接官　そうですね，卒業までに色々な経験をして下さい。一緒に行く友達はいますか？

就活生　はい，もう一緒に行こうという話をしています。

面接官　そうですか。では，良い悪いではなくて，あなた自身のことを聞きます。あなたは，１つのことを集中してするタイプと，複数のことをまんべんなくこなすタイプどちらですか？

就活生　うーん，時と場合によりますが，⑧どちらかというと１つのことに集中するタイプです。前後関係がつかめているので，その分スムーズにできるからです。

面接官　なるほど。では，走ってから考えるのと，考えながら走るのと，考えてから走るのとのどのタイプですか？

就活生　考えてから走るタイプです。⑨ですが考えながら走ることができるように努力しています。

面接官　それでは最後に，何か言っておきたいことがあればどうぞ。

就活生 はい。私は今日で就活を終わります。今までの就活を振り返って，今緊張や安堵などさまざまな気持ちでいっぱいです。多くの企業を受けてきましたが，⑩その中でも御社は本当に私自身を見てくださっていると思います。そんな御社の一員となって，一生懸命働きます！ これからもよろしくお願いします！

面接官 そう言っていただき，ありがとうございます。こちらこそよろしくお願いします。では，これで面接を終わります，ありがとうございました。

解説

　一般職採用の面接では，「サービス精神」「主体性」「協調性」「情報処理能力」「頭の回転の速さ・機転」などの資質が備わっていることを，面接官に印象づけられるかどうかが合否の分かれ目となる。この面接では，面接官は，あまり突っ込んだ質問や掘り下げ質問はせず，履歴書に書かれた基本情報を再確認するような質問をするだけだが，この学生は，面接官の何気ない問いかけにも丁寧に答えながら，「機転」「サービス精神」「主体性」などを印象づけるような一言を添えて上手く回答し，確実にポイントを稼いでいる。例えば⑤では，「社会学部」を選択した理由として，「視野を広げるため」と添えることで，向上心を備え，多様な視点を持つことの重要性を自覚していることを印象づけている。同様に⑥⑦では，「社会調査士」の資格取得は，社会では直接役立たないが…と説明した後に，「数字や統計を見る目は養われた」「結果を鵜呑みにせず自分なりに考えることができる」と添えることで，企業に入ってからも行かせる「数的理解力・統計理解力・分析力」は備わっていることを，アピールしている。また，⑨では，最初に「自分は考えてから走るタイプ」と答えながらも，この学生は，"考えながら走ることができるタイプを，企業は求めているのかもしれない"と察知したのか，すぐに，「ですが考えながら走ることができるように努力しています」との一言を添えて，自分の回答を自分でフォローするとともに，自分に足りない部分は主体的に克服する姿勢も合わせて印象づけている。また，この学生の面接の対応ぶり全体から，この学生は，どんな回答をすれば企業ウケするかを理解し，タイミングよく，企業ウケする言葉を投げ返しながら，言葉のキャッチボールをしていることがよくわかる。頭の回転が速く，機転も利き，相手への配慮もできる人物のようだ。

Part

8

内定者たちはこう伝えた

みんなの内定実例
質問別編

面接で聞かれる質問は 6 パターンしかありません。
①私の強み（自己 PR），②志望動機，
③キャリアプラン，④自分の弱点，⑤人柄，⑥思考力。
　各パターン別に，面接で必ず聞かれる質問の攻略法を，内定者のトーク実例を交えて解説します。
　ぜひ，面接対策の参考にしてください。

「自分の強み」に関する質問
自己紹介（自己PR）を してください

質問意図▶応募者のアピールしようとしている情報の全体像を確認したい

　面接官は，そもそもどんな応募者なのか？　と，応募者の人柄全体，第一印象を見ている。ファーストコンタクト（自分を印象づけるしょっぱなの「掴み」）の上手い応募者は，面接官に「良さそうな人材が来た！」という好印象を与えられる。逆に第一印象が悪いと，その後の面接での挽回はなかなか難しい。特に（単なる自己紹介とはいえ），話し方，話すスピード，言葉の選び方から，品格，風格，地アタマの良さ，応募者のおおよその能力的レベル，コミュニケーション力が一瞬にして伝わってしまう。

攻略ポイント▶強み，ネタがたくさんありそうな印象を与えたい

● 「話し方，話すスピード，声」に知性と品格を漂わせよう。

● 最初から一度に多くのことを伝えようとしない。

● 人間的幅の広さ，強み，ネタがたくさんありそうな印象を与えたい。そのためには，それを期待させるような「自分のキャッチコピー」をつけると良い。

● 「過去の話（学生時代に頑張ったこと）」より「未来の話（ビジョン）」を強く打ち出したほうが，面接官は「この応募者には何かある」と期待を抱く。

攻略例　ユニークなキャッチフレーズで，自分のペースをつかもう！

　私は○○大学○○学部の○○○○です。人は私のことを① 「餅つき名人」と呼びます。力持ち，粘り持ち，長持ち── 。今日は，餅つき名人の名に恥じない面接を行えるよう，精一杯，自己アピールさせていただきたいと思います。

質問：面白いね。どんなお餅をつくのですか？

　はい。② まずは「力持ち」について。私は何事においても，自分のパフォーマンスを短期間で一気に "持ち" あげるために何をすればベストかを常に考え，行動するように努めています。たとえば，インターンシップで○○社の○○プロジェクトに参加した時の話なのですが……（後略）。

（博報堂／文系・男子 ニッ ク）

👤 **人事の目**

　①のように，「自分の強み」を端的に言い表すキャッチフレーズをつけていて面白い。しかもそれが②のように，自分がアピールしたい具体的なエピソードを披露するための秀逸な導入フレーズにもなっている。一気に面接官を自分のペースに巻き込んでしまうような自己紹介と言える。

　○○大学○○学部の○○○○です。①私は感動を生む仕事に人生をかけたいと思っています。そして，人々に最も素敵な感動を与えられる仕事は何だろうと考えていった時，最初はエンターテインメント業界やサービス産業を思い描いたのですが，そうではなく，逆に日常生活の中の最も基本である②「食」というものに感動を生み出せれば，それが実は最もすばらしいことなのではないかと思い，食品業界を中心に就職活動しています。③私は小学校から現在までサッカーをやってきました。怪我を克服してレギュラーを取った時，○○大会決勝で強豪○○相手に奇跡的に勝った時など，私はこれまで何度も感動の涙を流しました。感動することが，人間にどれほど次へのエネルギーを与えるかを，私は知っています。私は御社で感動を生む仕事をしてみせます。

（味の素／文系・男子 バランス）

人事の目

　①のように将来に向けたビジョンをアピールされると面接官のテンションが上がる。②は，面白い視点を持っていることが伝わり，ここを掘り下げて質問したくなる。①や②で言っていることに説得力があるのは，あくまで③のような実体験があるからである。

　私は，御社で即戦力として活躍するための5つのスペックを備えています。①5つとは「業界知識」「Webマネジメント力」「英語力」「営業力」「プレゼンテーション力」です。これまで○○社で2年間インターンをし，すでにIT業界での実績も人脈もあります。御社でさらにスキルを磨き，早期に新事業を立ち上げ，社長になるのが目標です。よろしくお願いします。

（楽天／文系・男子 バランス）

人事の目

　面接官が最も知りたい「君の強みは何？　当社で活躍できる？」ということに，単刀直入に踏み込んだ自己紹介だ。また，①から，この応募者自身，企業が求める能力が何かを熟知していることがうかがえる。ここまで断定口調で自己PRするには，相当な自信と実績が必要だろうが，非常にアピール度の高い自己紹介である。

Part 8

みんなの内定実例　質問別編

質問 Q2

「自分の強み」に関する質問
あなたの強み・セールスポイントは何ですか？

質問意図▶企業が評価する能力，成果を理解しているかどうかを確認したい

　あなたの「セールスポイント」や，あなたが「自信を持っていること」をチェックする。「どんな強み・セールスポイントを言えば企業に評価されるのか」を理解しているかどうかも見ている。

攻略ポイント▶「強み」はコンピテンシーを感じさせるものであること

- ●「強み」は，実際の具体的エピソードを交えてアピールすること。
- ●「強み」は，志望企業の職場で，その威力を発揮するものでないといけない。
- ●志望企業が重視するコンピテンシーに近い能力・資質を，自分の「強み」だとアピールできるのが理想的。
- ●「強み」「セールスポイント」のレベルが平凡なもの，誰でもできることだとアウト。
- ●志望企業の実際の仕事であまり重視されない能力・資質を「強み」だとアピールしても，ほとんど評価されない。

攻略例　強みに「キャッチフレーズ」をつけるとアピール度が増す

　「持久力」です。①体力面だけでなく，思考面と両方の「持久力」があります。「体力面」では，私は高校から○○をやっていて，そのため高校1年の時から今まで，毎朝5キロのランニングを欠かしません。○○マラソンにも参加し，完走しました。「思考面」では，私は学校で○○の研究を行っているのですが，一定の成果を出すために，問題解決のベースとして先人の培った研究モデルを当てはめて取り組むため，事前調査に長時間を要します。それでも私は集中力を切らせることなく，日々研究に没頭し続けられます。先日，○○社の○○の開発者の話を聞く機会があったのですが，その方の言葉が印象的でした。「世の中に優秀なやつはいっぱいいる。でも，②成果を残せるやつは少ない。その差は，成果が出るまで頑張り通せるか，途中でやめるかだ」と。私は成果を出すまで頑張れるタイプです。

（みずほフィナンシャルグループ／理系・男子 バランス）

 人事の目

　①はユニークなキャッチフレーズで面白い。発言内容からそれを実証する具体的エピソードも伝わり説得力もある。②は，会話のまとめ方として上手い。

　私の強みは「サービスマインド」です。常に相手が喜ぶことをイメージして，率先して取り組みます。たとえば，大学主催のキャンパスツアーのガイドとして，200人の案内をしてきましたが，自ら工夫したことが２つあります。１つは，有意義で楽しい時間を過ごしてもらうために，既存の案内冊子以外に，自ら写真をふんだんに盛り込んだオリジナルパンフレットを作成して，参加者に配りました。もう１つは，参加者との会話を盛り上げる手段として，事前にクイズをたくさん考え，クイズ形式で学校案内してまわりました。（中略）

　質問：①他にサービスマインドを発揮したことはありますか？

　外国人留学生たちを東京案内してまわることが多いのですが，少しでも楽しんでもらうために，外国人が喜ぶレストランの下見を頻繁にして，すでに山手線内で100店以上リストアップしたり，サークルの後輩に，協賛金獲得のコツを教えるために，コツを理解しやすいように図示化した資料を作成して配布したりもしてきました。

（日本旅行／文系・女子 バランス）

 人事の目

　自分の強みをアピールする場合，企業から①のように「他のエピソード」を求める質問が来ることが多い。この応募者のように，すぐに他のエピソードも言えることが重要だ。他のエピソードを言えなければ，「自分の強み」の説得力が欠けてしまう。

質問 Q3

「自分の強み」に関する質問
あなたの能力が当社でどう活かせるか説明してください

質問意図▶企業が求める能力，成果を理解しているかどうかを確認したい

あなたの「セールスポイント」や，どんなことに自信を持っているのかをチェックする。また，志望企業で活躍するためには「どんな能力が必要か」，また「どんな成果を出せば会社が評価するのか」を，応募者がしっかり理解しているかどうかをチェックする。

攻略ポイント▶「私の○○の能力が御社の仕事の□□に活かせる」と言おう

自分の強み，長所を言えばいいというものではない。それを志望企業の中で「どのように活かしていきたいのか」まで説明する。

● 自分がアピールする能力は，そもそも仕事でも活かせる能力であること。

● 自分の能力とそれを実証するエピソードのレベルが高いと説得力がある。

● 自分の能力が，仕事の"どのような部分に""どのように"活かせるのか，そこまで説明できると，相手に伝わりやすい。

攻略例　**アピールする能力は，志望企業が重視する能力であることが重要**

①自分の強みを特に活かせるのは，新たなビジネスチャンスの創出という局面だと思います。世の中には，よい商品や技術を持っていてもそれを成長・拡大させるリソースが乏しい企業や，潜在的ニーズはあっても，それを満たすコンテンツが足りない市場が多くあり，それは，私にとっては，眠った財宝を掘り起こすような感覚があります。そんな状況を目の当たりにすれば，私は，新たなビジネスとして結実させるための行動を，寝食を忘れて，実行すると思います。

質問：今までに何か新しい仕組みや企画を生み出したことはありますか？

象徴的な例として，②私は○○サークルの代表ですが，複数のサークルとパートナーシップを結ぶことで，個々のサークルに足りないスキル，リソースを補完し合いながら，学生初の○○○大祭の開催を実現したことがあります。

（三井物産／文系・男子 ハイスペ）

👤 **人事の目**

①のように志望企業に貢献できる強みを端的に言えるのはよい。しかも，①が商社で重視される能力であることを，応募者自身が把握しているのも評価できる。また，②のように①の能力が備わっていることを実証する体験があるのもよい。

　私の強みはリーダーシップです。①途上国で挑戦した学校づくりのボランティアを通じて培った，②困難な状況でもチームを指導し，目標実現に向けてメンバーをリードする私の強みのリーダーシップが③御社の開発事業の仕事でも活かせると思います。仕事はチームプレーだと思っています。また，仕事は困難なことや，不安なことの連続だと思います。チームが不安にかられたり，衝突することもあると思いますが，途上国での経験から得た，滅私奉公の精神と，問題解決力と，ポジティブさで，成功を引き寄せる自信があります。

（野村不動産／文系・男子 バランス）

人事の目

　まず，②の能力が③の仕事に活かせると具体的に伝えているのが良い。また，①のエピソードを交えて説明しているのも良い。アピールしていることに説得力が増す。

攻略例 仕事で活かせる内容が具体的なほどアピール度が増す

　①私のセールスポイントは，複数のプロジェクトを同時にこなせる器用さと最後までやりぬく執着心です。大学3年時，私は5つのことを同時並行で進めてきました。1つ目は大学の授業。2つ目は○○のゼミ，3つ目はダブルスクールとして○○スクールで○○を学び，4つ目はビジネスコンペ「□□」へ応募するためのビジネスプランの作成，5つ目は△△のアルバイトです。（後略）
　質問：凄いね。その長所を当社の仕事でどう活かせますか？
　持ち前の成果への執着心を活かして，②営業職として，与えられた目標に対して常にプラスオンのパフォーマンスを出していけるよう，邁進したいと思います。また，③会社の仕事に取り組みながら，同時に資格取得や語学力向上に励んだり，専門書を読み込んだりして，自分のスキル向上に努め，1日も早く一人前のビジネスパーソンになるよう努めます。

（日本生命保険／文系・男子 バランス）

人事の目

　①の強みと，それを「仕事でどのように発揮できるか」を説明する②③に矛盾がないので，説得力があり，また説明が具体的なのが特によい。仕事をよく理解している証だ。

Part **8**

みんなの内定実例　質問別編

質問
Q4

「自分の強み」に関する質問
あなたが当社に貢献できることを説明してください

質問意図▶企業が評価する能力，成果を理解しているかどうかを確認したい

あなたの強みや，どんなことに自信を持っているのかをチェックする。また，どんなことをアピールすれば有効か，応募者が理解しているかどうかも試している。

攻略ポイント▶貢献できることと，その自信・能力を実証するエピソードを伝える

まず，貢献できることが，志望企業の仕事上，大きな価値を生むものであることが前提。ただ，「あれもできる，これもできる」と言っても説得力がない。その能力があなたに備わっていることを実証するエピソードも伝えよう。

攻略例　自分の能力は，実証エピソードを添えるのが鉄則

　①既成概念に捉われることなく，柔軟な発想で新しいアイデアを次々と生み出すことと，どんな業務にも積極的にチャレンジして成果を出すことで，御社の発展に貢献していきます。

　質問：アイデアを出すのが得意なの？

　はい，ゼミやサークルでも，常に誰よりも多くのアイデアを出してきました。たとえばゼミでは，○○に関する研究をインターネット動画で配信することが決まった際，私は10通りのシナリオを考え，メンバーに提案しました。最終的に選ばれたアイデアは，雑誌『○○』でも取り上げられています。また，学園祭のサークルで○○を企画した際は，私は協賛金を集める係を担当したのですが，その集め方を工夫しました。私が所属するサークルに毎年協賛してくださる企業がいくつかあって，毎年そちらにご挨拶に行くのがこれまでのやり方だったのですが，私はそれに加えて資金集めの新しいルートを開拓することを提案し，実行しました（中略／説明が続く）。御社でも，常によりよい方法を模索しながら，何事にも積極的に取り組んでいきたいと思います。　　　　　　　　**（三井住友海上火災保険／文系・男子 ハイスペ）**

人事の目

　①のように，自分が貢献できることを最初にはっきりと言えているのがよい。またその後，自分が「何事にもチャレンジ精神旺盛で，アイデアも積極的に出せる人間である」ことを実証するエピソードをきちんと説明できているのもよい。

質問 Q5

当社があなたを採用するメリットはどこにありますか？

質問意図▶企業が評価する能力，成果を理解しているかどうかを確認したい

　この質問への回答で，応募者が「企業が求める能力，人物像についてどれほど理解しているか？」「利益貢献するという意識を持っているかどうか？」が読める。

攻略ポイント▶「自分の強み」が生む「メリット」を論理立てて説明する

　ただ単に自分の強みを伝えても評価されない。自分の強みが，志望企業でどう活かされるのか？また，なぜそれが志望企業にとってメリットがあると言えるのか？　以上の点について筋道を立てて説明すること。

攻略例　「利益貢献できる！」というメッセージがアピール度大

　売上にコミットできる点です。私は，PDCAを回しながら邁進する行動力を備えており，ベンチャー企業で営業インターンを経験した際にも学生インターンの中では営業成績1位を獲得しております。①きっと御社の売上に貢献できると思います。

　質問：インターンの話を聞かせてください。また，営業で工夫した点も。

　私は営業インターンで無料クーポンマガジンの広告営業をやってきました。①自ら「月間売上ノルマ100万円」という目標を課し，達成するために3点心掛けました。「1．決して闇雲に営業しない。成功のための方法論を模索する」「2．絶対にお客様にメリットを与えると，強く念じる」「3．商品理解，お客様理解など，事前の情報収集を怠らない」。その結果，③最初の2か月はほとんど受注できませんでしたが，3か月目からコツを掴み，売上100万円を達成。先月は売上300万円突破し，同じく広告を売る50名の社員さんと合わせても④第3位の営業成績を上げました。私が掴んだコツは⑤「お客様が抱える現状の不満とお客様が望む理想のギャップを埋めるストーリーを，お客様がわくわくするように語る」というものです。

（**リクルートホールディングス／文系・男子** 努力型）

 人事の目

　①から「利益貢献」という意識が伝わり評価できる。また②と⑤からは「戦略的思考力」と「目標達成意欲」が，③からも「成果への執着心」が備わっていそうなことが伝わり，評価できる。また，④のようにきちんと成果を上げているのも素晴らしい。

質問 Q6

「自分の強み」に関する質問

これまでで逆境・挫折を乗り越えた経験はありますか?

質問意図▶逆境を克服する際の思考・行動パターンを確認したい

企業が知りたいのは「逆境時に冷静な思考・行動が取れるか?」ということ。逆境に直面し,思いつきで対処する応募者は評価されない。「状況を把握」し,「何をすべきか」自問自答し,「打つべき戦略」を考え,複数の「選択肢」から「最善策を選ぶ」という,一連の思考・行動できる応募者を,面接官は特に評価する。

攻略ポイント▶逆境の克服経験の中でコンピテンシーを発揮していること

●逆境でも「状況を把握」し,「何をすべきか」自問自答し,「打つべき戦略」を考え,複数の「選択肢」から「最善策を選んだ」という流れでアピールできれば理想。

●逆境と呼ぶほどの経験ではなかったり,幼稚な経験では,逆にマイナスイメージを与える。それくらいなら,むしろ「大きな課題を克服した経験」を話したほうが良い。

攻略例 逆境を乗り越えた経験を仕事でどう活かせるかをアピール

(前略) 私は精神的にタフなので,社会に出て理不尽なことや高い壁にぶつかってもめげることなく解決を目指して前向きに行動できると思います。

質問:具体的にどのように壁を乗り越える?

辛いとか不安と感じるのは気持ちの問題です。壁を乗り越える方法を考えるのは脳の問題です。①ですから仕事で困難に直面しても不安がらず,冷静に脳を働かせて,何が課題かを分析し,課題の克服に必要な条件を見極め,解決に向けて前進します。

質問:その強さはどこで培ったのですか?

父親の影響だと思います。「迷ったら前に出ろ」と何度も励まされて育ってきました。

（コーセー／文系・女子 バランス）

 人事の目

逆境を乗り越えた経験や逆境に強いことをアピールするだけでなく,①のように,仕事で困難にぶつかった時にはどう乗り越えられるかまで説明したい。そうすれば面接官に「確かに,この応募者は仕事でも逆境を乗り越えられそうだ」とより好印象を与えられる。

　人生のピンチは，野球部でケガをして，レギュラーとしての出場が叶わなくなった時です。目標を見失い，自分の気持ちの整理の仕方もわかりませんでした。その時，①思考が変われば言葉が変わり，言葉変われば行動が変わり，で，最後は習慣が変わって，人生が変わるという有名な言葉を思い出し，とにかく思考だけは前向きになろうと自分に言い聞かせました。とにかく自分が今できるベストなことは何かを考え，強いチーム作りのためのデータ分析を自らに課し，独自の練習サポート方法をチームに提供しました。結果的に，まさにケガの功名で，②チーム力が上がりチーム防除率も得点力も上がりました。その経験から，③人生は山あり，谷ありかもしれませんが，思考を常に前向きに保てれば，いくらでも這い上がるヒントは見つかるものだと学びました。

（三井住友上海上火災保険／文系・男子）

 人事の目

　人生の逆境の時，逆境をどう乗り越えた方法を具体的に説明し，その方法が企業や仕事の中でも再現できるものなら評価できる。この応募者の回答がまさにそうだ。逆境時に①のような思考と行動をとったわけだが，このような考え方，行動の仕方は企業にも必ず活かされる。意識の転換ができ，行動力も備えている。

Part

8

みんなの内定実例　質問別編

質問 Q7

「自分の強み」に関する質問
これまでで何かを変革した経験はありますか？

質問意図▶応募者のイノベーション力，柔軟性，戦略性を確認したい

　応募者が何かを変革した経験から，応募者の主体性，チャレンジ精神，リーダーシップ，人を動かす力，コミュニケーション力，柔軟性，論理的思考力，イノベーション力などのコンピテンシーの有無をチェックしている。

攻略ポイント▶必ずコンピテンシーを感じさせるように伝える

　ただ変革した経験を話せばいいわけではない。しっかりと「イノベーション力」「戦略的思考力」といったコンピテンシーが備わっていることを相手に的確に伝えるようにしなくてはならない。そのためには，特に以下に注意したい。

● イノベーションした経験が，面接でアピールするに値するような内容・レベルであること。
● 状況・問題点を把握し，変革プランを考え，どのように実行すれば効果的かを検証しながら行動するといった，一連のポイントを踏まえた行動を取れていること。

攻略例 **コンピテンシーを感じさせるフレーズがあることが鉄則**

　私は，アルバイトで地元スーパーの売り場を改革しました。転機は，近所に競合店ができてお客様が激減してしまったことです。私は社員さんに売り場の改革プランを提案し，それが認められ，実際に行動に移しました。私が提案したのは，「故郷惣菜祭り」です。2週間おきに特定の県にちなんだ惣菜を並べるというものです。大変好評で，惣菜コーナーに関してはここ2年間で最高の売上を上げました。

　質問：工夫したことは？

　3点あります。まずは，①惣菜の売上を上げるために近隣エリアのスーパーをくまなく見てまわり，繁盛しているお店，繁盛しているコーナーを分析しました。そして，②自分なりに繁盛の法則を見つけ出し，出した結論が「惣菜祭り」です。2点目は，③売れ行きの状況に応じて，その後の展開を数パターン用意しておくこと。これは「事業ポートフォリオ」の考え方を取り入れました。売れ筋商品を伸ばし，死に筋商品を速やかに見切れるよう，柔軟な対応策をシミュレーションしました。3点目は④他のスタッフの方への配慮です。学生の私がでしゃばりすぎると快く思わない方もいらっしゃると思って，あえて道化を演じて，職場の雰囲気を和ませることに注意しました。（後略）

（リコー／理系・男子 バランス）

発言全体から，イノベーションするために必要な勘所を押さえているのがわかる。①のフレーズから「情報収集力」，②から「新たな構想を打ち出す力」，③から「戦略的思考力」，④から「対人感受性」が備わっていそうな印象が伝わり，評価できる。

攻略例 「私のイノベーション力は仕事でこう活かせる」と言えれば文句なし

私は母校の中学でサッカー部のコーチを務めているんですが，私がコーチになってチームを変革してからは，3年連続地区大会進出を果たしています。

質問：どのように変革したの？

①変革の柱は2つありまして，1つは，練習メニュー1つをとっても，また試合中の動き1つをとっても，そこに何の意味があるのかをきちんと理解したうえでプレーする習慣を身につけさせたこと。もう1つは，後ろ向きな発言を一切禁止したことです。不平，愚痴，元気のない発言を24時間365日，禁止しました。その際，気を遣ったのがコミュニケーションです。私の意図を生徒に理解してもらうために図や動画を見せて，動作の一つ一つにどんな意味があるのかを説明しました。あとは，とにかく生徒に「その理由は？」と質問を何度もすることで，チームを，単なるサッカー集団ではなく，頭脳集団に変えました。

質問：その変革の仕方が有効だという自信は最初からあったのですか？

ありましたが，もし上手くいかなくても，他にも指導ノウハウはありますので，状況に応じてベストな指導ができる自信はあります。

質問：あなたのそのノウハウは，仕事ではどう活かせますか？

スポーツに限らず，私は状況を把握し，常にベストな行動は何かを考え行動する人間ですので，②どのような仕事でも，臨機応変に対応し最善策をとることで，人よりも高いパフォーマンスを出せると思います。

（自動車メーカー／文系・男子 ）

発言内容全体から，物事の本質を捉え，戦略的に考え，行動する習慣が身についているのがうかがえ，高く評価できる。また，この手の質問に対して①のような端的な言い出し方をすることを，ぜひ見習いたい。そして②のように，自分の能力・ノウハウが仕事にどのように活かせるのかまで説明できている点がよい。

質問 Q8

「自分の強み」に関する質問
チームやグループで何かを成し遂げたことはありますか？

質問意図▶組織行動が取れるか？　チームワークを理解しているか？　を確認したい

　組織行動・チームワークが取れる人物かどうかを面接官は見ている。また，面接で「個人で頑張った話」ばかりアピールする応募者には，この質問が必ずくると思っておいたほうがいい。なお，この質問に対してただ単に「チームで頑張った経験」を話せばいいというものではない。315ページのようなチームワークの勘所を押さえた行動を取っていなければ，面接官からは評価されない。

攻略ポイント▶チームワークの経験よりも，コンピテンシーをアピールする

- ●ただ単にチームで頑張った経験をアピールするのではなく，チームワークの本質，勘所を押さえた行動(つまり「コンピテンシー」を発揮した行動)を取ってきたことをアピールする。
- ●これまでチームやグループで何かを成し遂げたことがない人は，今からでもそんな経験を積むこと。アルバイトでも，ゼミの研究でも何でもいい。

攻略例　**仲間と一緒に勉強した経験でもチームの成果をアピールできる**

　課題解決型学習で「子どもの朝食の欠食改善レシピ」を考案したことがチームの成果だと思います。普通はチームで１つの解決策を議論すると思いますが，私たちは①チームをさらに複数のグループに分け，各グループがそれぞれ解決策を検証しながら，最終的に各グループのレシピを地域の子供とお母さんたちに試食してもらい，一番良かったレシピに投票してもらう方法をとって，一番人気のレシピをチーム全体の解決策としてまとめました。複数のグループがバラバラにならないよう，私が率先してプロジェクトマネジメントの全体の計画と管理を上手くできたことが成功要因だと思います。②チーム全体から，納得のいくよい成果が出せたとほめられ，教授からも私のマネジメントをほめてもらえました。

（日立物流／文系・女子） 努力型

👤 **人事の目**

　①の一連の行動はビジネスでも用いられるプロジェクトマネジメント手法である。すでにプロジェクトマネジメントを実行でき，②の成果を出せているのは素晴らしい。

質問：チームをまとめた経験はありますか？

ゼミにてリーダーとしてチームをまとめました。チームで作業を進めるにあたり主に２つの問題点がありました。

１つは，①他の学生の意見が活発に出ないことです。原因は，意見が言いづらいことや，自分では考えがまとまっていないことが考えられました。そこで，②相手にゼロから意見を求めるのではなく，ある程度議論の方向性を示しつつ意見を求めることを心掛けました。その結果，③相手からも効果的な意見を出してくれるようになり，議論のスピードが格段に向上しました。もう１つは，④作業工程の遅延です。作業工程が周知できていなかったことや，各自で進捗に差があったことが原因でした。これには，１日に１回オンライン上で集まり，進捗を確認することで対応しましたが，他の用事で参加できない学生が多いことが実情でした。そこで，⑤参加できなかった学生に対しては電話し，進捗確認をしました。その後，「Googleドキュメント」を利用し，進捗を文章で残すことで全員が確認できるようにした結果，⑥進捗が遅れている学生に対しては手の空いている学生がバックアップに入ることで効率よく作業を進めることができ，課題を完成させることができました。

この経験を通じて，相手に意見を求める力や人に働きかける行動力を培うことができたと思います。⑦生産技術職では，自分では解決できないことに遭遇する場面が多くあったり，作業工程を設計現場と製造現場へ周知徹底しなければ工程に遅延が生じると伺いました。そこで，ゼミにて培った力を発揮できるのではないかと考えております。

（大手輸送機器／理系・男子 ）

人事の目

　チームをまとめた経験をアピールする場合，直面した「課題」と，その課題を乗り越えた「課題解決の方法論」と「成果」を伝えると，チームマネジメント力やリーダーシップといったコンピテンシーが伝わりやすい。この応募者の回答がまさにその模範回答だ。①で課題を，②で方法論と，③で成果を伝えている。同様に，④でも課題と，⑤で方法論を，⑥で成果を伝えている。さらに，⑦で，チームをまとめる力を仕事でどう活かせるかも伝えているのも素晴らしい。

質問
Q9

「自分の強み」に関する質問
あなたはリーダータイプ？
調整タイプ？

質問意図▶組織行動の中での応募者の役割や，組織行動センスを確認したい

　チームの中で，応募者がどんなタイプの人間なのかを確認するとともに，チームに貢献するためにどんな思考・行動を取ってきたか，そのあたりのセンス，実行力を確認する。評価されやすいのはリーダータイプだが，それ以外でも自分なりに「主体的にチームに貢献する行動が取れる」ことをアピールできれば評価される。

攻略ポイント▶リーダーシップの「質」をアピールする

主体的，かつ，最適な方法で集団を統制し，牽引できることをアピールする。

● 単なるリーダー経験だけではアピール度は低い。チームをどのようにマネジメントし，どんな成果を上げたのか，そこまで説明して初めて面接官に評価される。

● リーダータイプでなくても，自分なりに「主体的にチームに貢献した行動」を伝える。

攻略例　**役割に関わらず主体的にチーム貢献できることを伝える**

　どのような役割でも担当できるのが私の強みだと思っています。①インターンで，〇〇に取り組むプロジェクトにアサインされましたが，そこでは〇〇が得意な人がいなかったため自分がリーダーをしました。②サークルで参加した〇〇コンテストでは，〇〇が得意な人がリーダーやったほうが良いと思い，私はマネージャーを担当しました。③アルバイト先の〇〇では体制変更がありましたが，私は調整役に徹したほうが全体としてバランスがとれると思い，裏方に徹しました。組織のバランスや空気を読みながら，自分が活きる役割を冷静に見極めることが私はたぶん得意ですし，リーダーも得意です。貴社でお仕事をさせて頂けるなら，どんな役割でも振ってください。自信がありますから。

（DeNA／文系・男子 バランス）

　人事の目

　①②③のように具体的なエピソードがあるので発言に説得力がある。また，チームや会社の利益のために主体的かつ献身的に取り組む姿勢が伝わり，評価できる。

質問：サークルの中でのあなたの役割は？

　肩書きでは副委員長，役割的には，①サッカーで言うところのミッドフィルダー的役割を担いました。常に冷静に全体の状況を見ながら，チーム全体で確実に成果を上げられるよう的確なパスを出せます。特に私は，②数理解析やプレゼンテーションツールの作成が得意なので，チームが直面する課題や周囲の状況を把握しながら，誰よりも早く必要な情報を収集し，それを分析してメンバーに提供したり，新しいプランを積極的に提案してきました。先ほど申し上げた〇〇の話は，自分の存在を示す成功例の1つです。御社でも，仕事の状況に応じて自分の役割を冷静に判断し，必ず得点に結びつく働き方をしたいです。

（富士フィルム／理系・男子 バランス）

人事の目

　①のように，たとえ話や具体的名称で自分の役割を伝えられるのは良い。面接官もイメージがわきやすい。また②のようにチームに対して主体的，積極的に関わり，チームに貢献しようとする姿勢も良い。また，その内容もレベルの高さが感じられる。

　リーダーや委員長に就いたことはありませんが，常にリーダーシップは発揮して，主体的に，チームのことを最優先に考えて行動しています。例えば起業サークルでは，私は広告担当で，スポンサー集めをしてきましたが，私は，過去のやり方を踏襲するのではなく，自発的にスポンサー集めの課題や方法を見直そうと決め，仲間とアイデアを出し合いながら，「お金集めの10個の挑戦」を決めて，率先して，実行してきました。ですから，チームで成果を出すことは得意だと思っています。

（H.I.S／文系・女子 バランス）

人事の目

　回答全体から，組織に対する問題意識，献身性や，組織をリードしようとする積極性も伝わり，評価できる。

Part **8**

みんなの内定実例　質問別編

質問
Q10

「自分の強み」に関する質問
学生時代に特に頑張ったことは何ですか？

質問意図▶応募者の思考・行動のパターンを確認したい

　頑張った内容は，勉強でもサークルでも研究活動でも良い。面接官が知りたいのは，どんな思考・行動パターンで取り組んできたのか，ということ。たとえば，常に問題意識，目的，目標，向上意欲を持って何事にも取り組めるか？　自社が求めるコンピテンシー，資質が備わっていそうか？　などを面接官はチェックしている。

攻略ポイント▶必ずコンピテンシーを感じさせるように伝える

●応募者の経験の内容に大差はない。差がつくのは「コンピテンシー」。しっかりとコンピテンシーが備わっていることを印象づけるようにアピールすることが重要。

●偏ることなく，多方面でバランス良く頑張っているのがよい。

●「勉強を頑張った」「サークルを頑張った」と言うより，「あるテーマ（目標）に向かって，勉強もサークルも頑張った」とアピールするほうが，インパクトが増す。

攻略例　多方面でバランスよく頑張っている姿勢を伝えたい

　①○○（格闘技系の部活）と勉強です。○○（格闘技系の部活）は大学から始め男としてどこまで強くなれるか，自分の極限に挑戦したいと思い，日夜練習に励みました。ただ，一からのスタートなので普通にやっていては試合では勝てないと思い，闇雲に練習するのではなく，②最速で力をつけるにはどうすればよいのかをいつも考えていました。かつて野球の楽天の野村監督がID野球術を実践したように，私も独自の頭脳武道術を考え，独自の戦い方を模索しました。実績としては，○○の大会で3回戦まで勝ち上がることができました。勉強は「○○○」を専攻し，没頭しました。成績も多くの優を取りました。③物理，数学の勉強を通して，数値シミュレーション解析には特に自信を持っています。

（ 野村證券／文系・男子 ）

　人事の目

　①のように文武両道で頑張る応募者は企業から高く評価される。しかも②からは，「状況を客観的に多面的に見る力」が，③からは「論理的思考力」や高度な専門知識が備わっていそうな印象を受け，評価できる。

　大学から格闘技を始めましたが，誰よりも練習を課し，始めて2年で〇〇大会で4位に入賞しました。この経験は，自分にとってとても大きな自信と教訓を得ました。何事も努力し，慣れれば，成果は必ず出ると身をもって経験できたからです。貴社でも，この経験を活かし，どのような課題や新しい挑戦に直面しても，逃げずに，努力する姿勢を貫く自信があります。

（大和証券／文系・男子 ）

 人事の目

　頑張った経験を通じて，仕事でも活かせる…を身に付けた」という伝え方は企業に評価されやすい。この応募者のように「経験で得たことを，仕事でこのように活かせる」と伝えてくれると，面接官にも伝わりやすい。

攻略例 「この経験でアピールしたいことは〇〇です」と仕事軸でアピールする

　一番頑張ったことは，今までにないITイベントを開催し，1000人の参加者を集めたことです。①この経験で私がアピールさせて頂きたいことはマネジメント力です。このイベントを成功させるために，目標から逆算して，ＴＯＤＯと，必要なチーム体制を設定し，計画的にプロジェクトを推進し，目標通りの成果を上げたということです。

　プロジェクト立ち上げ時，自分たちに足りないものを洗い出し，それを一つ一つ解決していきました。チームに必要なエンジニアも，営業担当も，ＰＲディレクターも，イベントディレクターもすべてＳＮＳで集め，私は戦略と企画を担当し，あとは全体のマネジメントに集中しました。さまざまな年代，スキル，考え方のスタッフに，目指すビジョンと行動計画を示し，無事目標を達成できました。

（サイバーエージェント／文系・男子 ）

 人事の目

　①のように，「これから学生時代に頑張った話をしますが，この話のポイントは，仕事でも活かせる『〇〇』が自分にはあるということですよ」と，面接官に念を押すようにアピールできるのは良い。プレゼンテーション力もあるということだ。

Part 8

み
ん
な
の
内
定
実
例
　
質
問
別
編

質問 Q11

「自分の強み」に関する質問

サークルは何をしましたか？ そこで何を得ましたか？

質問意図▶応募者の思考・行動パターンを確認したい

何のサークルでもいい。どんな目的・基準でサークルを選び，それにどんな思考・行動パターンで取り組んできたのか，企業が求めるコンピテンシーが備わっていそうかどうかを，面接官はチェックしている。また，サークルに関する質問では必ず「なぜそのサークルを選んだのか？」「そこで学んだこと，工夫したことは？」「そこで得たことを当社の仕事でどう活かせるか？」と突っ込まれる。

攻略ポイント▶必ずコンピテンシーを感じさせるように伝える

サークルの内容をダラダラ説明するのではなく，次の点を必ずアピールする。

●きちんと目的意識，問題意識を持って取り組んできたことを伝えること。

●サークル経験の中に，コンピテンシーを感じさせる行動が盛り込まれていること。

●サークルで得たこと，学んだことを，志望企業でどう活かせるか。そこまで説明できるようにしておきたい。

攻略例　**実績よりもコンピテンシーをアピールしたほうが良い**

サークルは「○○」です。私はこのスポーツは全くの初心者だったのですが，①2年の□□□大会で3位入賞を果たせるくらい，短期間で上達したことが自慢です。また，この成功体験を通じて得たことは，最速で成功を掴むためには成功者の上達のプロセスを調べることだと，身をもって実感したことです。

質問：それはどういうこと？

ゼロから何かを始める時，普通は基本から一歩一歩地道に練習していくと思うんです。しかし私は，そのスポーツで活躍している②先輩数人に，どんな練習をしてきたのか？　効果のある練習・ない練習を聞いて，最も効率良く上達する方法を模索することに重点を置き，実践し，そしてその成果を実感してきました。以来，③何事もガムシャラに努力するのではなく，何に着目し実行すれば，最も効果的かを考える，そんな習慣が身に付きました。

（損害保険ジャパン／文系・男子 ）

①の実績だけでは評価はされない。この応募者の場合，②③の発言から「多面的な視点」「戦略的思考力」が備わっていそうな印象を受け，その点がむしろ評価できる。

攻略例 活動内容より学んだ内容をアピールするのが GOOD

映像制作サークルのリーダーをしております。活動内容は主に企業様とのタイアップ映像の制作です。

質問：具体的にはどんなことをするのですか？

はい。一般企業やマスコミ系企業から依頼を受けて，主に学生のインタビュー映像や○○のレポート映像を制作したり，Web サイトにアップするための……（中略／活動内容の説明）。

質問：サークルを通じて成長した点は何ですか？

①全体を見渡しながらチームを的確に動かすリーダーシップが身につきました。

映像を作って企業へ提供するという行為の中には，主に３つの管理が求められます。１つ目は，クオリティの高い映像制作を完成させるための制作管理。２つ目は，納期に間に合うようにメンバーを指揮するスケジュール管理。３つ目は予算内で仕あげるためのコスト管理。この３つのうち１つでも上手くいかないと，とたんに活動がクラッシュしてしまうんです。ただ，最初，私は上手く３つの管理ができずミスが頻繁に起こりました。最大の問題は，私がすべての業務に深く首を突っ込みすぎたため「木を見て森を見ず」になってしまったからだと反省しました。そこで意識を変えて，②常に全体を見渡して行動するよう努めました。そして具体的に工程シートと予算シートを作成したり，全体計画とユニット計画を徹底したり，とにかく効率良く全体を管理する術を，トライアンドエラーを繰り返しながら身につけていきました。

（タカラトミー／文系・男子 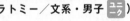）

 人事の目

映像制作に取り組んできたとアピールする応募者は多い。この応募者もその１人だが，この応募者が良いのは，①のようなチームマネジメント力の重要性を自覚し，その能力を身に付けたとアピールしている点。当然，面接官から好印象を持たれる。しかも，発言内容全体から，チームマネジメントの勘所を理解していることがよく伝わる。また，この応募者独自のチームマネジメント術として，②のように工程シートや予算シート，全体計画とユニット計画の立案など，具体的な工夫を編み出し実践している点が素晴らしい。

「自分の強み」に関する質問
アルバイトは何をしましたか？ そこで何を得ましたか？

質問意図▶応募者の思考・行動パターンを確認したい

何のアルバイトでもいい。どんな目的・基準でアルバイトを選び，それにどんな思考・行動パターンで取り組んできたのか，自社が求めるコンピテンシーが備わっていそうかどうかを，面接官はチェックしている。また，アルバイトに関する質問では必ず「なぜそのアルバイトをしたのか？」「そこで学んだこと，工夫したことは？」「そこで得たことを当社の仕事でどう活かせるか？」と突っ込まれる。

攻略ポイント▶必ずコンピテンシーを感じさせるように伝える

アルバイトの内容の説明をするだけではなく，次の点を必ずアピールすること。

- アルバイトでは，目的意識，問題意識を持って仕事に臨んできたと伝えること。
- 面接で伝えるアルバイト経験の中に，コンピテンシーを感じさせる行動が盛り込まれていること。
- アルバイトで得たことを，志望企業でどう活かせるか，そこまで説明すること。

攻略例　アルバイトを選ぶ理由から「意識の高さ」をアピールしたい

質問：なんで寿司屋のアルバイトを選んだのですか？

同じアルバイトなら，①一流の人から学べるアルバイトをしたいというのがまずありました。私が働いている寿司屋は行列ができる有名店で，そこで，一流のすし屋のノウハウを学ばせて頂いています。

質問：仕事にも活かせることはありますか？

とてもたくさんあります。たとえば，（中略）。

儲けの構造も学ばせてもらってます。（中略）

②ですから，寿司屋も，他の商売でも，客商売には創造性とシステムの両方が必要で，私は仕事でも，創造性とシステム面の両方を追求したいと考えています。

（リクルートホールディングス／文系・男子 ）

 人事の目

①から，この応募者の「意識の高さ」がうかがえ，評価できる。②からも，仕事を活かせる学びを得ており，高く評価できる。実際，②は良いことを言っている。

　私はテレビ通販のコールセンターでアルバイトをしております。主な業務は受注業務ですが，その他お問い合わせやクレームの対応も行っています。その中で，特にクレーム対応に力を入れ，お客様対応の技術向上を図りました。

質問：なぜクレーム対応に力を入れようと思ったのですか？

　アルバイトを始めた当初はクレーム対応が非常に苦手で，お客様をさらに怒らせたり，上司に代われと言われてしまうことが多くありました。そして，対応したお客様に自分まで対応することができないふがいなさや，社員の方への申し訳なさから，①アルバイト自体へのモチベーションが低下してしまい，その状況を打破したいと考え取り組みました。

質問：課題は何だと考えていましたか？

　②当初は自身の経験不足による対応力のなさであると考えていましたが，取り組みの中で自分の立場やお客様対応の姿勢に問題があったと気づきました。

質問：具体的にどんな問題があったのですか？

　はじめは自分の業務は唯一お客様と直接接する仕事であるため，会社の代表としてとにかく誠意を持ってお詫びすることを重視していました，ですが，取り組みの中で時にはお客様に寄り添い，お客様の代わりに会社に訴えるような姿勢が必要だと気づきました。

質問：その気づきはどんな結果をもたらしましたか？

　数字で表せる結果はないですが，③クレーム対応の際は特にお客様の話をまずはよく聞き，共感や理解をわかりやすく示すことでお客様に安心感を与えられるようになったと思います。そして，クレーム案件を上司の方々の助けなしにスムーズにお客様の納得へ導けることが増えました。

（大手損害保険／文系・男子 ）

 人事の目

　アルバイトでも自ら課題を発見し，課題解決に向けて意欲的に行動できており評価できる。特に①②③からは自己変革力，コミュニケーション力が伝わる。

質問 Q13

「自分の強み」に関する質問

ゼミ・勉強内容は？
仕事でどう活かせる？

質問意図▶何を学び，何を得たか確認。地アタマのレベルも確認したい

専攻科目について質問しながら，応募者の勉強に対する姿勢や知識レベルを確認する。勉強やゼミの研究テーマそのものが採用の合否に影響する企業も一部あるが，大抵は勉強・ゼミの内容よりも，問題意識や分析力，情報収集力，地アタマのレベルを見ている。

攻略ポイント▶勉強内容よりもコンピテンシーをアピールする

勉強・ゼミの内容を要約するだけでは評価されない。以下をアピールすること。

●勉強・ゼミで学んだことを，今後，どう活かしていけるのかを説明する。

●勉強・ゼミに取り組むあなたの思考・行動パターンにコンピテンシーを感じさせる行動が含まれていること。

●勉強・ゼミで学んだことを踏まえて，自ら生み出したものをアピールしよう。

攻略例　インプットしたことをアウトプットできれば評価される

ゼミ活動では環境経済学を学んでおりました。排出権取引を想像して頂ければと思います。

質問：その中で具体的にどんなことを学びましたか？

インドネシアにおける持続可能な林業について学びでおりました。インドネシアにおいて，パーム油のプランテーションのために熱帯雨林が切り開かれています。熱帯雨林の保全をしつつ，企業がインセンティブを持って環境保護をできるような政策を考えました。

質問：どのような政策ですか？

①商品に環境税というプラチナ価格を付加することで，減少する利益を補いインセンティブを持たせるようにいたしました。

（富士通／文系・男子 バランス）

 人事の目

①は説明不足だが，環境保全に貢献した企業へ何らかの経済的利益（減税か税の還付などを意図しているのだろうか？）を持たせる制度設計を意図しているのだろう。①だけではその有用性は測れないが，学んだこと（インプットしたこと）から，独自の構想をアウトプットできるのは評価できる。文章全体から，企業が「損得」

で動くことを理解しているのも評価できる。

攻略例 「勉強内容のＡは仕事のＢで活かせる」と言えば仕事理解度の深さが伝わる

　　統計学で，問題点や期待利益を数式で理論的に整理していく作業が，非常に勉強になりました。何かの意思決定をする際に，数字に置き換えた文脈で考えていく思考が身についたと思います。①この思考は，仕事でも，さまざまなシチュエーションで活用できると思います。たとえば，広告プロモーションで，限られた予算で最適なプランを検討する際や，商品企画で，お客様のニーズを掘り起こす際に，個人的な主観に頼り過ぎることなく，数字的な裏づけを持って意思決定していけると思います。

（東急不動産／文系・男子 ハイスペ）

 人事の目

　　勉強内容と仕事での活用方法をリンクさせて説明できるのは，仕事内容や仕事で求められるスキル，資質を理解しているからである。①はまさにそのとおりで，発言全体から，この応募者は，仕事やビジネスのことがよくわかっている様子がうかがえ，評価できる。

攻略例 勉強内容が仕事と無関係なら，仕事に必要な努力をしている姿勢をアピール

質問：建築を勉強したなら，そっちの業界に行こうとは思わないの？

　　①建築家は腐るほどいます。自分は，不動産ビジネスに関する事業家を目指しています。そのために不可欠な集客と営業スキルを身につけたいと思い御社を志望しています。営業っぽくないかもしれませんが，②○○社で長期インターンをしており，営業成績も上がっていますので，適性はあると思います。

（リクルートホールディングス／文系・男子 バランス）

 人事の目

　　業界と畑違いの応募者を採用することはよくあること。この質問は，応募者の機転をチェックしているのだ。この応募者のように，①勉強内容と異なる業界・職種を志す理由と，②この業界・職種で仕事をするために足りない要素をどう克服するのかをアピールすることが模範回答といえる。

Part 8

みんなの内定実例 質問別編

質問 Q14

「志望動機」に関する質問

インターンシップに参加を希望する理由は？

質問意図▶自社への理解と，応募者のキャリアビジョンを確認したい

　企業はインターンシップ参加者の中から採用候補者を見つけたいと考えている。したがって，優秀な応募者であることはもちろん，自社に対する志望意欲が高い応募者を選ぼうとする。インターンシップへの参加理由から，そこをチェックする。

攻略ポイント▶インターンシップに「受け身」ではなく「挑戦」する姿勢が◎

- ●同業他社ではなくこの企業のインターンシップを選ぶ明確な理由を伝えたい。
- ●自分の夢，キャリアビジョンとインターンシップの内容が合致すると伝えたい。
- ●インターンシップで「やりたいこと」の理由や背景を伝えると説得力が増す。

攻略例　「自分のキャリアビジョンとインターンがフィットする」は高評価

質問：インターンシップに参加して学びたいことは？

　インターンシップに参加して吸収したいことが３つあります。①１つは，世界一のサービスを作る企業の雰囲気や社員の方の考え方です。２つ目は，②EC事業や，金融業や球団経営など，さまざまな業界で速いスピードで新しい事業を作り出す仕組み。３つ目は，③御社のインターンシップに参加を希望する，志の高い学生たちのレベルです。

質問：なぜ，今話したことを吸収したいと思ったのですか？

　私は，④大きな規模のビジネスを一から生み出せる人間になりたいと思っています。そのためには，まずは若くても大きな裁量と責任を勝ち取れる環境で仕事をしたいと思っています。御社のインターンシップに参加することで，事業を一から生み出すイメージや，大きな裁量を得て活躍している方たちの考え方のイメージを持てるようになることで，私の目標である「ビジネスを生み出す」ことに近づけると思うからです。

（楽天／文系・男子　バランス）

人事の目

　④のようにキャリアビジョンが明確なので，①②③のインターンの参加理由に説得力がある。また①②③の理由と②がフィットするのも良い。

　銀行業務や証券代行，不動産業務など，幅広いソリューションでお客様のライフプランをサポートする信託銀行の仕事に就きたいと思い，いろいろ研究しています。インターンシップを通じて，講義やネット，本で得た知識，情報と，実際の実務の差を発見していくことで，この仕事に対する理解度を高めたいと思っています。また，①グループワークでアウトプットする力を高めていきたいと思います。

（三井住友信託銀行／文系・女子 ハイスペ）

 人事の目

　インターンシップに参加する理由が，単に"学びたい"という受け身ではなく，①のように"アウトプットしていきたい"という前向きな姿勢を示しているのは良い。

　卒業後は，①世の中のライフプラン形成を支える仕事に就きたいと思い，インターンシップではライフプラン設計の実務に挑戦できるプログラムを探し，御社を志望しました。②すでにFPの勉強をしており，生命保険には特に興味があります。御社のインターンシップでは，今の自分の力でどこまで保険の提案ができるかを試し，自分に足りない部分を感じ取り，今後の成長の糧にしたいと思います。

（日本生命保険／文系・女子 バランス）

人事の目

　①のインターンシップで取り組みたいことを，②のようにすでに自ら努力しているので，志望理由に説得力がある。

Part

8

みんなの内定実例　質問別編

質問
Q15

「志望動機」に関する質問

志望動機は何ですか？

質問意図▶企業が評価する能力，成果を理解しているかどうかを確認したい

　企業が知りたいのは，応募者が「そもそも何をめざし，何をしたい人物なのか？」「なぜ当社なのか？」ということ。ビジョンや志望動機の内容にウソがないかをチェックしている。また，企業理解，仕事理解の度合も見ている。

攻略ポイント▶「ビジョン，根拠，すでに努力していること」が重要

●自分がやりたいこと，ビジョンを話す際，その「根拠」と「経緯」を入れると良い。
●ビジョンを実現するために，すでにどんな準備・努力をしているのかを話すと良い。
●その会社を選ぶ理由は，深く企業分析したことが伝わるように，具体的に伝えたい。

攻略例　**志望理由は，「根拠」と「経緯」があれば説得力が増す**

　私が目指すのは，プロのマーケターになって，世の中に大きなインパクトを与えることです。その活躍の場として御社に魅力を感じます。御社なら，リサーチから商品企画，プロモーション，ブランディングまで，マーケティングの幅広い工程に関わるチャンスがあります。また，マス媒体から大規模イベントまで，御社はコミュニケーション手法を多く持っておられますし，大型クライアント数の多さも魅力です。世の中にインパクトを与えるうえで，コミュニケーション手段のバリエーションと大型クライアントを多く持つことは，圧倒的なアドバンテージだと考えるからです。

　質問：マーケターを目指す理由は？

　①これまで企業経営のケーススタディに取り組んできた過程で，実際に30社以上の企業取材を行ってきました。最も多く耳にした言葉は，「企業の盛衰はマーケティングしだい」というものです。文系の自分でも企業経営に影響を与え，世の中にインパクトを与えられる仕事として，マーケティングのプロを目指しています。

（電通／文系・男子 体育会）

 人事の目

　①のように，マーケターを目指すきっかけとなった，実体験に基づく「経緯」があると，志望理由に説得力が増す。

　夢はもの作りの一端を担い，社会に貢献できるスペシャリストになることです。その夢を実現できるフィールドが御社だと確信しました。御社を志望する理由は，御社の企業スローガンに共感したからです。①一人ひとりの個性を大切にし，独創性を尊ぶ社風から，テレビなどの家電製品からエレベーターのような建築設備に至るまで幅広いカテゴリーにわたる独創的な技術・商品を開発・生産する御社に魅力を感じました。

質問：具体的にやりたい仕事は？

　知的財産です。さまざまな製品を扱う御社で，多様な技術とそれを対象とする知的財産権の有効活用・保護に関する全般的な業務に携わりたいと考えています。「日本一の特許マン」と呼ばれる方がいらっしゃいますが，私の将来の夢は，②御社で知的財産権に関わる技術を学び，「世界一の特許マン」になることです。その夢を実現できるフィールドが，③国内外を問わず多くの特許出願件数を誇る御社であると思いました。必要であれば，④弁理士，弁護士といった資格を取得し，知的財産のプロフェッショナルとなり，社内外，国内外に知財戦略のあり方を発信できる「世界一の特許マン」になりたいと思っています。したがって，このような夢を実現させるべく，これまで培った機械工学の知識を活かし，御社の多様な技術に精通して，さらに特許に関する法的専門能力を向上させていきたいと思います。

質問：なぜ，知的財産？

　アメリカのプロパテント政策による国際的産業技術競争力強化の成果にならい，特許重視の企業戦略が叫ばれる中で，⑤これからのメーカーの経営は事業面，技術力面の強化に，知的財産権の強化を加えた３本柱の強化が必要であると考えます。したがって，このうちの１つの柱である知的財産権の強化につながる業務に携わり，御社のさらなる産業競争力強化に貢献し，ひいては日本の技術立国としての立て直しの一端を担いたいと考え，知的財産部を希望します。

（パナソニック／文系・男子 ハイスペ）

 人事の目

　②のようにしっかりとしたビジョンを持っているのが良い。さらに，⑤のようにそのビジョンを持つ根拠や，④のようにビジョン実現に向けた具体的な実行計画を言える点が良い。また，①や③のように，この会社を選ぶ根拠もきちんと言えるのもよい。全体的に筋が通っており説得力がある。

質問 Q16 「志望動機」に関する質問

企業選びの基準は何ですか?

質問意図▶考えが確立しているか?　回答に矛盾はないか?　を確認したい

　企業は「志望企業を決める以前に,そもそも自分なりの職業観が確立されているか?」を確認する。企業選びの基準が曖昧だと,「企業の知名度や待遇の良さで選んでいるのではないか?」と勘ぐられ,マイナス評価を下される。

攻略ポイント▶企業選びの基準は,「根拠」「理由」も併せてアピールする

●企業選びの基準と志望企業の特徴がフィットするようにアピールすれば,志望動機に説得力が増す。

●企業選びの基準と,その「具体的な根拠,理由」も併せてアピールすると,説得力が増す。

●「自分が成長できるかどうかです」と語る応募者が非常に多いが,よい回答ではない。企業は応募者を成長させるための場ではない。あくまで利益を出す場である。したがって,少なくとも「自分が最も成長でき,最も活躍できる企業で働きたい」と言いたい。

攻略例　企業選び基準と志望企業の特徴がフィットすること

　①働く女性を応援できる仕事に従事したいと思っています。私自身,②長年,家事と学業を両立してきて,両立の苦労を身にしみて理解しているため,その負担軽減に貢献したいのです。今後,ますます働く女性が増えると言われていますので,家事と仕事を両立する女性のために,少しでも苦労を軽減できる商品やサービスを提供していきたいという気持ちがどんどん強まっています。

　質問:では,なぜ当社を志望するのですか?

　③貴社の,「消費者起点」という理念に共感しますし,実際,御社の製品は使いやすさ,節電,節水,収納しやすさなど,本当に家事に携わる人のことを考えて考案されたものばかりです。自ら家事をしてきて,日用品1つで家事が楽になることを実感しているので,私も,日用品を通じて,働く女性を応援したいと思い,志望しました。

(花王／文系・女子 バランス)

 人事の目

　①のような実体験があるので①の発言に説得力がある,また,③のように企業の特徴と①の企業選びの基準が合致するので,志望動機全体に説得力がある。

攻略例 企業選びの理由の伝え方でもコンピテンシーを感じさせられる

質問：企業選びの軸は何ですか？

　上場企業か大企業で30歳までに①事業責任者になれるチャンスがある企業です。

　理由は，私は世の中にインパクトを与えられる事業を次々と作りだせる人間になりたいと思っています。②30歳に事業を立ち上げ，30代で事業を成長させ，40代で，そこから連鎖させて事業を周辺に広げていくイメージです。貴社はそのチャンスがあるかと思いますので，御社を志望しております。

（Speee／文系・男子 バランス）

人事の目

　①から事業家マインドが伝わる。②も，キャリアビジョンもかなりしっかりと持っていることが伝わり，評価できる。

攻略例 企業選びの基準は，「根拠」「理由」も伝えると説得力が増す

質問：なぜ食品メーカー？

　もの作りの中でも，やはり身の廻りの自分の親，友人など，身近な人たち全員に日々試してもらえるような「もの作り」に携わりたいと思い，「食」に惹かれました。しかし，もっと大きな理由は，食品製品が熾烈な競争を繰り広げているという点です。①私は中学からずっと○○（体育会系部活）をやっていて，基本的に自分の能力の限界に挑むことが好きなのです。星の数ほどある食品製品の中から自分が携わる商品をヒットさせるのは，最高の勝負ごとだと感じるのです。②日々真剣勝負ができる企業，これが私の企業選びの基準です。

（味の素／文系・女子 体育会）

人事の目

　企業選びの基準として，最後に②を挙げているが，これは①の経験があるからこそ説得力がある。①の説明がなければ，この応募者の発言はすべて，口だけのウソでも言える内容である。企業選びの基準を伝える時は，その「根拠」「理由」も具体的に伝えよう。

Part

8

みんなの内定実例　質問別編

質問 Q17

「志望動機」に関する質問
なぜA社でなく当社なのですか？
A社のほうがいいのでは？

質問意図▶志望動機，企業分析の「内容の深さ」を確認したい

面接官は，「あなたの志望動機，やりたいこと」がどの程度本物で熱意があるのかを知るため，このような質問をする。熱意があれば，当然，企業分析も深く掘り下げ，他社との違いも理解しているだろうと面接官は思っている。したがって，面接では他社との違いをしっかり言えないと，評価されない。

攻略ポイント▶他社と比較したうえでの優位点，差別化点を挙げること

●自分なりの着眼点で，他社との違いを説明する。

●単なる違いではなく，「その違いが自分の夢，ビジョン実現のためにとても大切なのだ。だから，御社を志望する」と伝えよう（68〜71ページ参照）。

●資料やHPで調べて見つけた「違い」だけでなく，実際にOB・OGを訪問したり会社見学をしたりと，足と時間をかけて見つけた「違い」を述べる。その手間暇をかけた熱意が評価されて，あなたに対する評価が上がる。

攻略例　他社との違いをしっかりと理解していることをアピール

御社との魅力は2つです。1つは人事制度です。御社は〇〇という人事制度があり，29歳の社長も誕生してらっしゃいますよね。年齢に関係なく若くしてチャンスを獲得できる制度があるのが，御社を希望する最大の理由です。2つ目は，事業領域の広さです。IT企業でありながら，〇〇事業，〇〇事業まで，次々と拡大しています。実際，①社員さんにお会いして社内の雰囲気を伺いましたが，いろんな事業をやっているので，いろんな人間がいて，まさに才能のるつぼだとおっしゃっていました。多様な価値観，才能，アイデアがあふれる職場こそ，私が最も希望する職場です。

（ITベンチャー／文系・男子 ）

 人事の目

全体的に，他社とは違う特徴をしっかりと理解しており，評価できる。①のように，企業分析をするために行動を起こしている点も評価できる。

　多くのプロフェッショナルたちとともに，世の中，企業，生活者を幸せにする構想を作りたいからです。(後略)

質問：ではなぜ広告なの？

　広告というよりマーケティングという軸です。多くの企業の目的は売上を上げること。売上を上げるためにはお客さんを集めてつながりを維持する必要があります。その関係を実現させるマーケティングのプロになりたいと思っています。

質問：メーカーや事業会社のマーケティング部には興味はないの？

　どうせ仕事をするなら，①より世の中にインパクトを与えられることをしたいと思います。そのためにも，1つの企業ではなく，多くの企業，多くの業界を巻き込むことで，もっと世の中，生活者にインパクトを与えられる構想を作れると思いますし，それをしたくて広告代理店を希望します。

（博報堂／文系・男子 ハイスペ）

人事の目

　①のように，他社や他の業種では実現できない，志望企業でこそ果たせる夢を語るのは評価できる。そして，それが的を得ているので説得力もある。

　私は投資銀行業務に就きたいと思っています。その中でも御社を志望するのには理由が2つあります。1つは，金融業界は他業界と比較しても特に信用が求められ，その信用力を背景とした規模の経済が発揮されると思います。ですから，①リーディングカンパニーである御社には，各業界を左右するようなM&AやIPOの機会が豊富だと思ったのです。2つ目は，そのような機会を多く経験していることから，②それに関するデータやエキスパートが多く確保されており，実務上のスキルを最も効率良く習得できると思っているからです。

（野村證券／文系・男子 ハイスペ）

人事の目

　全体的に大雑把ではあるが，①②のような志望企業の特徴を掴んでいるので，発言内容に説得力が増す。

Part **8**

みんなの内定実例　質問別編

質問
Q18

「志望動機」に関する質問
具体的にやりたい仕事・職種は何ですか?

質問意図▶志望動機についてどこまで深く考えているかを確認したい

「志望動機は?」という質問の次は，大抵この質問がくる。企業は，応募者が当社を志望する理由をどこまで深く考えているかをチェックしている。やりたい仕事について具体的に説明できなければ，「志望動機もどうせウソを言っているのだろう」とマイナス評価となる。

攻略ポイント▶やりたいことの「理由」と「先々の話」も説明する

- 具体的に説明したい。ただし，現実離れした内容はNG。
- やりたい仕事について，「先々の話」まで言えるともっと評価が上がる。
- やりたい仕事について，「その理由」を言えるともっと説得力が増す。
- やりたい仕事では，「どんな能力が求められるか」を把握していることをアピールすると評価が上がる。

攻略例　**具体的な話，将来的な話をアピールすることで印象を良くする**

　質問：当社でやりたいことは?

　私は御社でセグメントNo.1商品を増やしていきたいと思います。そしてレモンやクランベリーといった独自のNo.1商品によって，他社とは違う新しい提案を飲食店や小売店に行っていきたいと思います。

　①**質問：たとえば，何か考えているものはありますか?**

　②日本にはあまり流通していないような果汁飲料を海外から調達してみたいです。たとえば，パッションフルーツやキウイ，ココナッツジュースなどはまだ日本ではほとんど店頭に並んでいないように感じますので。

　　　　　　　　　　（ポッカサッポロフード&ビバレッジ／**文系・女子** バランス）

 人事の目

　自分のやりたい仕事に対して①のような「深掘り質問」がくることが多い。この応募者の②のように，具体的な構想を言えることが重要だ。

　経営企画に興味があります。具体的には①テーマパークのビジネスの可能性を追求していきたいです。私はテーマパークやエンターテインメント施設のビジネスを研究していますが，人気の施設はビジネスモデルが本当によく練られています。御社でも，東京ディズニーランドという強力なブランドを活かしたビジネスをさらに成長させられるよう，頑張りたいと思います。

質問：ビジネスの研究って，例えばどんな研究ですか？

　最近では②ラスベガスに興味を持っており，実際に視察にも行ってきました。ラスベガスは，お客様のカジノでの滞在時間をいかに長くするか，いかにお金を使ってもらうかをよく考えています。たとえば……(後略)。

（オリエンタルランド／文系・男子 バランス）

 人事の目

　この企業の応募者の大半は，「多くの人に感動を与えたい」という志望動機を語るが，この応募者の①の視点はユニークで，面接官に強い印象を残すことができる。②のように，実体験に基づく独自の視点を備えているのも評価できる。回答全体から，ビジネスマインドが伝わるのが特に良い。

攻略例 やりたいことを「具体的」に語ることで本気度が伝わる

　営業です。(中略)①具体的には，真の顧客ニーズ，顧客満足に対応するとともに，御社のさまざまなスペシャリストの方々を巻き込みながら，実績を上げていけるマルチな営業マンになっていきたいです。そして，②ゆくゆくは究極の目標である「クライアント企業の最高の参謀役になる」ために営業以外のいろいろな業務，たとえば投資銀行業務，国際業務にも挑戦して，自分のスキルの幅を広げていきたいです。

（三井住友銀行／文系・男子 バランス）

人事の目

　①のように具体的な仕事のイメージを伝えたり，②のように具体的なキャリアビジョンを語れるのは素晴らしい。志望意欲の本気度が伝わる。

質問 Q19

「志望動機」に関する質問
あなたの夢，ビジョンは何ですか？

質問意図▶応募者のビジョンと，人間としての深みを確認したい

　企業は，応募者がそもそもどんな夢，ビジョンを持っているのか？　また，そのビジョンと志望動機に矛盾がないか？　を確認する。また，ビジョンを語ることで，社会に対する理解度，応募者の「器」の大きさ，地アタマの良さ，人間的なパワーがわかる。

攻略ポイント▶確固たるビジョンを持ち，すでに努力していることを伝えたい

　まずは軸となるビジョンを持っていることが重要。そのうえで，以下の点を併せてアピールしたい。

- ●ビジョンが幼稚でなく，志の高さ，社会性を備えていること。
- ●ビジョン実現のために何が必要なのかを自覚していること。
- ●ビジョン実現に向けて，すでに努力していること。

攻略例　ビジョン実現に向けた現在進行形の努力を伝えると効果的

　旅行商品を多く企画したいです。特に興味があるのが，①シニア向けの旅行企画です。ヒット企画を生むためにも，入社後，まずは②お客様と直接接する業務につき，ニーズを肌で感じ，自分の中に蓄積するとともに，旅行ビジネスをすべて理解できるようになりたいです。また，20代前半で少しでも多くの知識，スキルを身につけて，その後の活躍の鍵にしたいと思います。③トラベルコーディネータの資格や英語力はもちろん，マーケティング力も高めたいです。ちなみに④今はコピーライティング講座に通っています。卒業するまでに，コピーのプロになっておきたいと思います。

（H.I.S／文系・女子 ）

人事の目

　思いついたことをペラペラ話している感じがするが，発言内容は評価できる。まず①の着眼点が良い。旅行業界の中でも，ますますビジネスチャンスが見込める領域であることを踏まえての発言だろう。また②や③のように，自分なりのキャリアデザインが具体的にイメージできているのも良い。また，特に④のように，すでにアクションを起こしているのが良い。

①新しいワークスタイルを提案し，ビジネスとしても成立するような市場を作りたいです。私は②日本の雇用事情について研究し，○○社でインターンシップをして人材紹介や人材派遣ビジネスについて学習したり，実際に社会人の方にも多くインタビューしました。結論として，やはり大多数の方が大企業での正社員勤務を希望しています。ただ，それは大企業がよいというわけではなく，それ以外に，経済的にもやりがい的にも魅力的なワークスタイルがないという，選択肢のなさからくる結論だと私は受け取っています。ですから私は，これまでにはない新しいワークスタイルを多く提案し，働き方の選択肢を増やしたいと思います。

質問：たとえば，どんなワークスタイル？　もうイメージはありますか？

③漠然としたアイデアはあるのですが，すでにやっている企業がありまして。○○会社のＡというサービスや，NPO 団体△△のＢというサービスをご存知かと思いますが，両方とも上手くいっていないようです。ですから，私自身，まだまだ勉強しなくてはと思っています。

（パーソルキャリア／文系・男子 バランス型）

👤 **人事の目**

①はハードルの高い夢だが，②の行動や③の行動があるため，この応募者が本気でその夢に取り組もうとしている様子が伝わり，評価できる。

①オーストラリアにホームステイさせて頂いたお家がとてもきれいで素敵で，日本でも，素敵な家や暮らしを広めるのが夢です。また，②家事と仕事を両立するワーキングママの負担も減らして女性が生き生き働ける社会にすることも夢です。御社の信用力やネットワークがあればそれは実現できると思っています。

（ダスキン／文系・女子 努力型）

👤 **人事の目**

①②からは，アイデアが良いだけでなく，社会課題やビジネストレンドも把握していることが伝わる。単なる夢を語っているだけでなく，ビジネスとして成立する具体的な構想を描けている点が評価できる。

Part

8

みんなの内定実例　質問別編

質問
Q20

「志望動機」に関する質問

入社して半年たっても成績が上がらなかったらどうしますか？

質問意図▶応募者の問題解決力，逆境を乗り越える力，発想力を確認したい

　面接で応募者は，誰もが熱意をアピールする。しかし熱意だけでは仕事で成績を上げられない。重要なのは実力である。そこで，この質問をすることで，その応募者の実力（問題解決力，逆境を乗り越える力，発想力など）の程度をチェックする。また，このような質問で不意を突かれた時，応募者の「素の自分」が出る。面接官は，そこもチェックしている。

攻略ポイント▶正解はない。面接官に「この応募者は他とは違う」と思わせることが重要

「闇雲に熱意をアピールする人」「慌てたり感情的になる人」は低評価。この質問に正解はないが，たとえば以下のような回答はそれなりに評価の対象になる。

- ●努力しても成績が上がらないなら，自分の発想，視点，やり方を変える。
- ●デキる人をよく観察し，自分に足りない部分を見つけ，克服する。

攻略例　「自分の発想，視点を変える」という発言は面接官ウケするキーワード

　質問：やる気はわかりますが，半年やって成績が出なかったらどうしますか？

　優秀な成績を上げている人を観察したり，自分に足りない部分を自覚して，向上できるよう努めます。

　質問：それは誰でもします。それでも成績が上がらなかった時，あなたはどうするのかを聞かせてください。

　自分がどういう状況に置かれているかによって打開策は変わると思いますが，やはり，基本は，①自分に足りないものを見極め，それを克服するという努力をしたいと思います。ただ，②考え方や発想，自分自身を変えてみることで道を切り開くという選択肢も含めて，問題解決に挑みたいと思います。直球派の投手が直球で勝負できなくなった時，変化球中心の投球スタイルに変えてまた活躍することがあるように，私も自分の考え方，パーソナリティを変えることは厭いません。実は，実体験があるんです。③友人に偏差値50から1年間で○○大学に入学した人がいます。彼は予備校で，勉強の仕方を根本的に見直すことで成績が上がったんです。私は，人間の能力には限界があると思っていました。ですが，能力は，視点や発想を変えると飛躍的に伸びると，その友人を見て痛感したんです。

（大手生命保険／文系・男子 バランス）

人事の目

　面接官はもっと具体的な回答を求めたのだろうが，圧迫面接に対しても急に自説を覆すことなく，①のように自分の信条を貫いているのは良い。そのうえで②や③のような事例を挙げて，自分の意見を言っているのが良い。③のような実体験を，応募者自身がしていればもっと良かった。

攻略例　圧迫面接は，「逆質問」で自分のペースに戻す

質問：1年やって営業成績が上がらなかったらどうしますか？

　もっと勉強し，もっと能力を上げて，お客様のニーズに応えられるよう，もっと努力します。

質問：それでも成績が上がらなかったらどうしますか？

　そうですね……。あの，1つ質問させていただいてもよろしいでしょうか？

質問：どうぞ。

　①御社では，入社後1年間成績が上がらなくても，その後，急成長された社員さんはいらっしゃいますか？

質問：そうだねえ，いるね。

　②それでしたら，その方たちに急に成績が伸びた理由を聞いてまわります。それを自分と照らし合わせ，自分に足りないもの，克服すべき点を把握したいと思います。私はずっと演劇をやってますので，③自分の人格を変えることも苦になりません。人格が変われば運命が変わるという言葉をよく耳にしますので，まずは，そのようにして成績向上に努めたいです。あとは，よく上司の方と相談して，成績をあげる努力をします。

（パーソルキャリア／文系・男子 ）

人事の目

　これは一種の圧迫面接だが，この質問を通じて，営業という仕事の理解度，応募者の頭の回転の速さ，ストレス耐性を見ている。この応募者の①の切り返しは上手い。頭の回転の速さも感じられる。また，②の回答も理に適っていて良い。また③の「人格さえも変える」というのは面接官ウケするキーワードである。

質問 Q21

「志望動機」に関する質問
当社の強み・弱みは？ どう改善すればいい？

質問意図▶しっかりと企業分析しているかを確認したい

　自社の商品やサービスだけでなく，自社のことをしっかりと理解したうえで採用選考に臨んでいるのかどうかをチェックする。

攻略ポイント▶事前に志望企業の強み・弱み・課題を把握することが重要

　関連書籍やネット検索等で，志望企業の特徴・課題・経営方針に関する基本事項について把握しておくとともに，「改善策」について自分の意見をまとめておくこと。

攻略例　しっかりと企業分析していることをアピールしよう

　質問：当社の強みを教えてください

　強みは，親会社に頼らない事業展開をしている点です。①通常のグループ企業内での物流企業の場合，親会社からの売上が多くを占めるのに対し，グループ会社からの売上は25％で外販が75％の売上を占めています。このことから親会社に頼らずとも戦える力を持っていることが強みだと思います。

　質問：当社の主軸の技術は他社でもできるんだよね。他社が追い上げるなかで当社はどうあるべきだと思う？

　海外で事業拡大するべきだと思います。②確かに決算書を拝見させて頂いた時，過去5年間の売上の7割は国内で，成約件数も30件とコンスタントに取れています。しかし10年後，20年後となっていけば，国内だけでは限界が見えると思います。そうした場合，生き残るには海外で事業拡大するしか方法はないと思います。海外であればマーケットはありますし，ある程度企業が大きくないと海外へ挑戦できないと思いますので，御社は戦えると思います。

（大手物流／文系・男子 ハイスペ）

 人事の目

　自分の意見を述べる時，①②のように根拠となるデータを踏まえて意見しているのが良い。事前に①②のような企業分析がきちんとできている点が評価できる。

「志望動機」に関する質問

もし,自分はこの仕事に向いていないとわかったら,どうしますか?

質問意図▶志望動機の本気度, キャリアプラン, 職業観を確認したい

　このような質問で不意を突かれた時,応募者の「素の自分」「本心」が出る。面接官は,応募者の「本心」の職業観を探ろうとしている。

攻略ポイント▶揺るぎない「職業観」を備えていることが重要

　この質問に対して志望動機が揺らぐのは最悪。「仕事選び」には,確固たる信念があることをアピールする。

攻略例　揺るぎない「志望動機」を伝えよう

　後でそんなことにならないように, 私も懸命に仕事選び, 会社選びをしています。①御社の社員の方にも多く会い, 仕事内容ややりがい, それに人事制度まで深く聞かせていただきました。この仕事が向いてないとは思えないのですが。

（電通テック／文系・男子 バランス）

 人事の目

　面接官の質問に揺らぐことなく, この仕事に対する熱意を伝えているのは良い。特に①のような行動を取っているので, 応募者の発言に説得力がある。

攻略例　「職業観」を確立していることが大前提

　20代は,向き不向きに関係なく,ひたすら仕事に挑み,自分を鍛えます。30歳になってどうしても向いてなければ起業をめざします。自分が最も力を発揮できる環境を自ら整えます。①しかし, 教育産業でビジネスをしていきたいです。

（大手教育サービス／文系・男子 努力型）

 人事の目

　特に,①のように志望企業の業種と自分のこだわりのある業界が一致するのが良い。職業観が備わっており, かつ, 教育業界を志望することに偽りがないのがわかる。また, 全体的に, 仕事に対する覚悟や自己向上意欲を伝えているのも良い。

質問 Q23

「志望動機」に関する質問
その仕事で必要な能力は何だと思う？　あなたにそれがある？

質問意図▶その仕事の本質を理解しているかどうかを確認したい

　その仕事の内容，能力について，本質までしっかりと理解しているかどうかをチェックしている。この質問に対する回答で，応募者の分析力，情報収集力，理解力が露呈する。回答に深みがない応募者や，単なる受け売りの意見はマイナス評価を下される。しっかりと仕事研究をした上で，なおかつそこに独自の着眼点，独自の実体験からくる見解を言えると，アピール度は増す。また，この質問の後には間違いなく「では，あなたにその能力はありますか？」という質問がくる。

攻略ポイント▶能力のアピールには実証エピソードが不可欠

● その仕事内容をしっかりと調べたうえで回答するのが大前提である。
● 求められる能力が自分に備わっていることを実証できるエピソードを用意しておく。
● 仕事内容について説明しながらも，自分のコンピテンシーをアピールできるようなフレーズをさりげなく盛り込む工夫をする。

攻略例　**仕事で求められる能力が自分に備わっていると実証するのが鉄則**

質問：営業で求められる能力とは何でしょうか？

　①付加価値のアウトプット力と情報のインプット力だと思います。お客様に商品やサービスをご提供する際，そこにいかにお客様が喜ぶような付加価値を，営業マン自らがつけられるかどうかが重要だと思います。そのためにも，日頃から専門知識，最新情報などを貪欲に収集することが必要だと思います。

質問：あなたはそれができる？

　②アルバイトで○○の販売員をやっているのですが，そこのアルバイトの中では私は常に売上トップです。その秘訣は，お客様のどんな質問にも答えられるよう，徹底的に情報収集しておくこと。そして，情報を伝えるだけでなく，お客様の購買意欲が増すような具体的な提案を話すよう心掛けています。自分では，営業向きだと思っています。

（JTB／文系・男子 バランス）

人事の目

　①はよい見解だ。また，①が備わっていることを②で実証できているのが良い。

質問：プロジェクトマネージャーに必要な能力は？

コミュニケーション力と全体を見渡す力だと思います。コミュニケーション力とは，メンバーに対しては，各自がいつまでに何をすべきかをきちんと理解して迷いなく仕事ができるよう，仕事の計画と方向性を的確に伝える伝達力です。クライアント様に対しては，プロジェクトのゴールや計画内容をわかりやすい言葉で伝える伝達力が必要です。また，全体を見渡す力というのは，全体のスケジュール状況，メンバー全員の仕事状況，品質チェックなど，あらゆることを見渡し，状況に応じて適切な指示を出せる力です。

質問：あなたにその能力はある？

まだまだ未熟ですが，以上の点が必要だと自覚して行動しているつもりです。①私がリーダーを務める○○サークルでは，○○を制作しているのですが，制作はプロジェクト制をとり，プロジェクト運営に当たって先ほどの点に気をつけてマネジメントしています。サークルで制作した「○○」がマスコミに取り上げられるなどすぐに反響を呼んでいるのですが，それは，プロジェクト運営が上手くいっているからだと思います。

（野村総合研究所／理系・女子 バランス）

人事の目

①のように，その仕事をすでに疑似体験しているので，発言に説得力がある。

質問：マーケティングはどんな仕事で，どんな能力が必要だと考えていますか？

マーケティングは「消費行動のサイエンス」だと思います（中略／マーケティングに関する説明が続く）。①関連書籍を読み漁あさり，事例も研究してきましたが，学べば学ぶほど，マーケティングにはベターはあってもベストはないということがわかりました。ですから不断の努力をしつつも，ベターな案を求めることに執着する力こそ最も必要なのではないかと思っています。

（ソニー／文系・男子 ハイスペ）

人事の目

仕事内容を説明しても大して評価されない。それより①から，この応募者の情報収集力，分析力が伝わる。これこそ，マーケティング職に必要な能力である。

Part **8**

みんなの内定実例 質問別編

質問
Q24

「志望動機」に関する質問
希望する配属先に行けなかったらどうしますか?

質問意図▶応募者の発想の柔軟性と志望動機の方向性を確認したい

　応募者の仕事へのこだわりと発想の柔軟性を見ている。また，状況に応じた適切な回答を言えるかどうか，応募者の頭の回転の速さも見ている。この質問に対して，「この仕事しかしたくない」というかたくなな応募者は，落とされる可能性が高い。しかし，逆に「何の仕事でもいい」と言えば，「仕事に対するこだわりがないのか?」とこれもマイナス評価を下される。面接官が「なるほど」と唸るような回答をしたい。

攻略ポイント▶配属先ではなく，ビジョンにこだわる姿勢を示すとよい

● 「ビジョンを実現するためにもさまざまな仕事を経験することは歓迎だ」と言おう。

● 「さまざまな部署を経験することで自分のスキル，視野が広がるから歓迎だ」と言おう。

●実際にOB・OGを訪問し，「社員の方たちもいろいろな部署を経験したからこそ輝いていることがわかった。だから自分もそうなりたい」と言おう。

攻略例　「ビジョンの実現にはさまざまな仕事の経験は大歓迎だ」という殺し文句

　①私は鉄道経営そのものに興味があります。ですから，さまざまな部署を経験することは，経営スキルを総合的に身に付ける上でとても有益だと思います。もちろん，人間ですから興味のない仕事に就くこともあるかと思います。しかし，興味のない仕事に興味を持てるようになった時，自分は一段，成長したと言えるのではないかと思っています。ぜひ，あらゆる仕事に積極的に取り組みたいと思います。

（鉄道会社／文系・男子 バランス）

　人事の目

　①のように，まずしっかりと自分のビジョンを伝えている点が良い。

　人材ビジネスに深く関わりたいと思っていますから，どんな部署でもしっかりと仕事を覚え，成果を出せる人材になりたいと思います。また，①特定の仕事の専門家よりもさまざまな仕事がわかるゼネラリスト志向ですので，その点でも問題ありません。ゆくゆくは，さまざまな仕事で培った知識・スキルを活かしながら，自分独自のビジネススタイルを構築していける，②人材ビジネスのトータルプロフェッショナルになりたいと思っています。

（ディスコ／文系・男子 努力型）

人事の目

　①②は上手いことを言っている。専門家ではなくゼネラリストを経て，そしてプロになりたいというのは，面接官が最も喜ぶ回答である。

　問題ございません。どのような業務に配属されても，そこでしっかりとスキルを身につけ自分の武器の幅を広げたいと思います。実は，①OB訪問で〇〇部の〇〇様にお話を伺った際に，〇〇様のキャリアプランについても質問させていただき，とても多くを学ばせていただきました。②複数の業務，職種を経験することで，ビジネスパーソンとしての視野，問題解決の手法が非常に広がることがよくわかりました。積極的に多くの仕事に挑戦し，自分の殻をどんどん破っていきたいと思います

（凸版印刷／文系・男子 バランス）

人事の目

　①のような実体験があるので，発言内容に説得力が増す。また②も，非常に的を得たよい発言である。しかしこれも，①の経験があるので説得力がある。

Part 8

みんなの内定実例 質問別編

質問 Q25

「キャリアプラン」に関する質問
5年後，10年後，あなたはどうなっていたいですか？

質問意図▶あなたの仕事理解，企業理解，キャリアプランを確認したい

　この質問で，あなたの志望動機の本気度や，仕事・企業に対する理解度がわかる。抽象的なことしか言えなければ，低評価を下される。

攻略ポイント▶抽象的ではなく，具体的なビジョンを語ろう

　抽象的な話や現実離れした話ではなく，企業・仕事理解を深め，現実的なプランを伝える。

攻略例　**志望企業の仕事やキャリアパスを理解していることが重要**

　まずは①支店営業でビジネスマンとしての基本スキル，営業ノウハウを身に付け，併せて，②マーケティングや会計，FPなどの専門知識を独学で身に付けたいと思います。そして，5年後には，③資産運用部門や商品企画部門など他の部署にも挑戦し，さらにビジネスマンとしての器を広げていきたいと思います。

（損害保険ジャパン／文系・男子 バランス）

人事の目

　①→②→③というスキルアップのイメージが現実的で，きちんと企業や仕事内容を理解したうえで発言していることが伝わり，評価できる。

攻略例　**十分，仕事＆企業理解ができていることを印象づける**

　最初の数年は，サービスの質を向上させ，お客様に笑顔になっていただける接客とサービスを身につけます。その後は，帝国ホテルの質の向上に貢献できるよう，お客様に選ばれるサービスを企画提案できる人間になりたいです。伝統とブランドを重んじつつ経営にも通じ，次代の帝国ホテルを自ら作る気概で，さまざまな企業とのアライアンスなども含め，既存のホテルビジネスにない，①新しいニーズや市場を創出できるホテルマンに成長したいです。　**（帝国ホテル／文系・男子 ハイスペ）**

人事の目

　発言全体から，ホテルビジネスをしっかり勉強している様子がうかがえ，評価できる。また，①から志の高さがうかがえる。

質問 Q26

将来, どんなビジネスパーソンになりたいですか?

質問意図▶あなたのビジョン, プロ意識, キャリアプランを確認したい

　この質問で, あなたのビジョン, プロ意識, そしてビジネス社会に対する理解度も確認する。抽象的なことしか言えなければ, 低評価を下される。

攻略ポイント▶具体的なビジョンと行動計画をアピールする

　企業が評価するビジネスパーソン像をまず理解すること。その上で, 自分の描く想像を実現するために必要なものを自覚していることを伝えたい。

攻略例　理想像を実現するための具体的な行動計画を伝える

　①人々が幸せになれるような新しい価値を, 次々と生み出せる人間になりたいです。

　質問：そのためには, どうすればいいと思いますか?

「こういうものがあったらいいな」というイメージを実際に形にして, 世の中に広めるまでの全ての工程, たとえば, ②企画, 開発, 生産, 販売などの業務知識を身につけます。また, 世の中のライフスタイル, 流行, 技術動向など, 幅広い情報収集に努めて, その上で自分ならではの仕事のスタイルを確立することだと思います。あと, ③私が新しいことに挑戦する時, ○○（応募者の名）がやるんだったら手伝おうと思ってもらえるような多くの仲間ができるよう, 日頃から誰からも信頼される働きぶりをして実績を積み上げていくことだと思います。

（リコー／文系・男子　ハイスペ）

 **人事の目**

　①から, きちんとした人生観, 仕事観を持っていることが伝わり評価できる。また②のように, そのために何をすればいいのか, 具体的に言えるのも良い。企業理解度もアピールできている。また③のように, 周囲に対する配慮, 人間関係構築の重要性も自覚できていることが伝わり, この応募者の人間の幅を感じる。

質問
Q27

「キャリアプラン」に関する質問

そもそも，あなたはなぜ就職したいの？

質問意図▶応募者の職業観，人生観を確認したい

　この質問から，「就職とは？」「仕事とは？」「自分が希望する人生とは？」といった点について，日頃からどれだけ深く考えているのかをチェックしている。

攻略ポイント▶確固たる職業観とプロ意識をアピールする

　確固たる職業観を持っていることが大前提だが，加えて，志の高さ，プロ意識が備わっていることも面接官に伝えなくては評価されない。

攻略例　**プロ意識，志の高さをアピールする**

　就職にこだわるわけではありません。ビジネスという勝負の世界にエントリーしたいのです。私は①企業インターンを通じて，営業を経験し，その面白さに取りつかれました。コツも掴みました。これから②本格的に自分の営業力，もっと言えばビジネスに必要な多くのスキルを身につけていき，ビジネスの総合力で自分がどれだけのことができるのか，勝負したいのです。その入り口として就職したいのです。

　質問：他にも営業ができる会社は多いけど，なんで当社なの？

　私がこだわるのは，③何を売るかです。私が売りたいのは，本当のところ，社会貢献です。特に，中小企業を活性化させ，売上に貢献できるソリューションを売りたいのです。その思いが，私がこれからビジネス社会にエントリーするモチベーションのコアですから。

（リクルートホールディングス／文系・男子 バランス）

人事の目

　②は良い心構えである。プロ意識，志の高さが伝わる。ただ，それも①の実体験があるから説得力がある。また，③でも独自の考え方がはっきりと述べられていて良い。しかも，このこだわりがリクルートという会社の特徴に的確にフィットしているのが良い。日頃から，「仕事とは何か？」「自分は何をやりたいのか？」「自分はどんな時に力を発揮できるのか？」を，よく考えているのだろう。

質問
Q28

「キャリアプラン」に関する質問
では,プロフェッショナルとは どんな人ですか?

質問意図▶仕事に対する理解度,志の高さを確認したい

　この質問から,応募者の仕事に対する理解度,志の高さを推し量ろうとしている。

攻略ポイント▶一般論ではなく,「自分がめざすプロは」と言うと具体性が増す

「プロ」について一般論を述べても評価されない。「自分がめざしているプロの条件は〜」と具体的に説明する。かつ,自分のプロ意識,志の高さもアピールすること。

攻略例 「私がめざしているプロは」と言い直すことでアピール度が増す

　私自身がめざしているプロの条件に関して言うと,①「1. 能力面において他を圧倒するレベルにある」「2. 人物面においても一目置かれる人格者である」「3. ○○のことならあの人に頼もう,と広く認められる存在である」ことです。私はそんな人間をめざしているのですが,今,まず心掛けているのは,②どのような状況でも「無理です」とは決して言わないこと。実現するためには何が必要かと考え,行動しています。たとえば,……(後略)。　　　　　　　　**(エーザイ/文系・男子 バランス)**

 人事の目

　①のように言うことで,以下の発言はこの応募者自身の志の高さのアピールにつながっている。また②のように,すでに行動に移しているのが良い。

攻略例 表現が具体的であるほど,面接官の記憶に残りやすい

　その道のナンバー1です。私自身がめざしているのは,自らの実績が評価されて『AERA』や『日経ビジネス』の表紙を飾るくらい優秀なレベルに達することです。

(パーソルキャリア/文系・男子 体育会)

 人事の目

　表現が具体的で良い。あとは,プロになるために何をすればいいのかを自覚していることが重要だ。

質問 Q29

「キャリアプラン」に関する質問

海外赴任は大丈夫ですか？

質問意図▶海外赴任が問題ないかどうかを確認したい

　海外赴任が発生しそうな企業では必ず聞かれる質問。ただ「大丈夫です」と答えても，面接官は「無理して苦しまぎれにウソをついているのでは？」と疑ってかかるので，面接官に「この応募者は本当に大丈夫だ」と安心させる工夫が必要。

攻略ポイント▶海外赴任が問題ないことを具体的な話を交えて伝えたい

　海外赴任が問題ないことを印象づける，具体的なエピソードを話す。

攻略例　海外勤務に前向きな姿勢を具体的なイメージで伝える

　むしろ，大歓迎です。①イチロー選手が世界で勝負していたように，自分も，ビジネスで，世界を相手に勝負したいと強く思っています。日本とはものの考え方も生活習慣も，ビジネススタイルも異なる土地で，自分がどれだけのパフォーマンスを上げられるか，ぜひ，挑戦したいです。

（日産自動車／文系・男子 ハイスペ）

 人事の目

　①のような具体的なイメージを伝えることで，「海外赴任を歓迎する」という言葉に説得力が増す。

攻略例　仕事でも私生活でも海外生活を謳歌できる人間だとアピールする

　問題はありません。海外での生活・仕事を通じて，自分が人間的に成長できるのも大きな喜びです。また，私は①料理が趣味なのですが，海外赴任を機に，世界の料理のレパートリーをどんどん増やしたいと思います。

（味の素／文系・男子 バランス）

 人事の目

　①のような，私生活でも楽しめる様子を具体的に伝えることで，「海外赴任を歓迎する」という言葉に説得力が増す。

質問 Q30

「キャリアプラン」に関する質問

転勤は大丈夫ですか？

質問意図▶志望動機の本気度やキャリアプラン，転勤の可否を確認したい

転勤に対する覚悟があるかどうか，転勤の意味・意義を自覚できているかどうか，またキャリアプランを見ている。

攻略ポイント▶前向きな姿勢と，それを支える根拠を伝える

「大丈夫だ」と前向きな姿勢を答えるのが基本。その際，なぜそう思えるのか，その具体的な根拠を示せれば説得力が増す。

攻略例 ┃ **転勤を前向きに考えられる根拠を示すとアピール度が増す**

はい。いろいろな土地で力をつけたいと思います。①OB訪問をして先輩にお話を伺ったところ，地方で働くことでビジネスパーソンとしての視野が広がったということでした。私も，どんな仕事も，すべて自分を鍛える良い機会だと思って，とにかく仕事を楽しみたいと思います。　　　　　（ローソン／文系・男子 努力型）

 人事の目

①のような具体的な根拠があると，面接官に対する説得力が増す。

攻略例 ┃ **転勤の意義を自覚し，前向きな姿勢をアピールしたい**

問題はありません。私の知り合いに「○○」（大型ファッションストア）で働いている方がいるのですが，その方が原宿店から新潟店に転勤されて，現在，新潟の売上アップをめざして日々格闘されているんです。今でもよくその方とはお話するのですが，①全然カルチャーもトレンドも異なる土地で，そこで新たな成功モデルを作るのは，とてもエキサイティングなことだとおっしゃっていました。私も本当にそのとおりだと感じています。私も，どんな土地でも，成果を上げられる人間になりたいと思います。　　　　　（日本トイザらス／文系・男子 バランス型）

 人事の目

①のような具体的なエピソードがあると，説得力が増す。

「自分の弱点」に関する質問
あなたの短所（弱点）は何ですか？

質問意図▶面接官は短所を見抜いている。応募者がそれを自覚しているかを確認したい

　この質問には2つのパターンがある。1つは単純に面接官が「短所・欠点を知りたい」から。その場合，正直に答えてそれが仕事をするうえで決定的に問題となるものであれば，即不採用となる。もう1つは，面接を通じて面接官がすでにその応募者の短所・欠点に気づき，それを本人が自覚しているかどうかを探るため。本人が自覚し，克服する姿勢が感じ取れれば，セーフ。

攻略ポイント▶短所は伝えても，減点評価にならないよう工夫する

●「短所はない」は論外。致命傷にならない短所を伝えるようにしよう。

●短所は，性格・人格面よりも能力・知識面の弱い部分を伝えたほうが無難。

●短所と一緒に「克服計画」を伝える（132～134ページ参照）。

●ハイレベルを目指すことで，短所のマイナス度が軽減する。

攻略例　「性格」より「知識」の弱さを伝える方が減点されづらい

　①短所はＩＴ知識の少なさです。インターンシップ先のＩＴ企業の社員さんたちが，プログラムやＩＴにツールを使いこなして，びっくりするほどの作業スピードで分析資料を作成しておられるのを拝見し，驚愕しました。私も，どんどんＩＴツールを使いこなして，作業スピードも生産性も向上させたいと思っています。ちなみに，今は，②無料のノーコードツールはどんどん活用するようにしており，少しづつ作業効率が上がり始めているとは思います。

（野村証券／文系・男子 バランス）

　人事の目

　①のように，性格より知識の課題を伝える方が良い。性格の改善は容易ではないが，②のように，知識は努力で容易に克服できる。

攻略例 弱みを自覚し，克服中であることをアピール

　これまでの私の実績はどれも私個人の努力で実現したもので，確かに，集団プレーで実績を上げた成功体験を持っていないことは私の弱みだと思います。ただ，私は集団プレーの重要性もすばらしさも頭では理解しているつもりです，今度は体でも理解できるように，集団プレーを楽しみたいと思います。実は現在，ゼミ生の仲間とゼミ論文を準備中で，私は○○のリサーチを担当しています。しっかりとチームに貢献できるように頑張ります。

（東北電力／文系・男子 バランス）

 人事の目

　このように弱みを自覚し，克服する姿勢を伝えれば，面接官から評価されやすい。

攻略例 ハイレベルな短所は逆に長所になる

　①私の課題は「仕切る力」だと思います。私はビジネスコンペを主催するサークルのリーダーを務めておりまして，（中略／サークルの説明が続く）段取りのまずさから，無駄な作業，コストがかさみ，メンバーに多くの負担を強いてしまい，リーダーの難しさ，仕切ることの難しさを痛感しました。

　質問：仕切る力は大切だよね

　はい。ただ，仕切るうえで重要なことに2つ気づきました。1つは，全体計画と部分計画双方を詰める作業。もう1つは，メンバー全体が共通のゴールを目指すための意識の方向づけです。そして，②前者では，「タスクマネジメント」という手法が有効だと知り，その手法を書籍で学びました。後者は，ビジョンゴールを明文化することの有効性を学びました。現在，○月の○○というイベントに向けて準備中ですが，今度は上手くできると思います。

（三井物産／文系・男子 ハイスペ）

人事の目

　回答全体から，短所よりも「志の高さ」「戦略的思考力」などの長所ばかりが伝わる。①の課題に対し，②のように克服しようと努力する姿勢も評価できる。また，その克服内容もレベルが高く，プロ意識が伝わる。

Part

8

みんなの内定実例　質問別編

質問 Q32

「自分の弱点」に関する質問
あなたは〇〇の能力・資質が足りない気がするけど，大丈夫?

質問意図▶応募者が弱点・欠点を克服できるタイプかどうかを確認したい

　面接をしていると，面接官は大抵，応募者の弱点に気づく。その弱点が仕事をするうえで決定的な致命傷になりかねない場合，面接官は今一度，応募者に確認の意味を込めてこのような質問をする。この質問はまさに，合格・不合格を決める分岐点となると思って，心して回答したい。

攻略ポイント▶弱点があっても「この応募者なら大丈夫」と思わせること

●ただ「大丈夫です」と言っても説得力はない。大丈夫だと相手を説得するための根拠（具体的エピソード）が必要。

●自分の弱点・欠点を認める時は，真摯に向き合い，そのうえできちんと克服したいという，前向きな態度を伝えることが必要。

●弱点を克服するための「克服計画」の伝え方は，132〜134ページを参照。

●自分の弱点・欠点を認める時は，真摯に向き合い，しかもそれを帳消しにできるような「別の強み」を言えば，面接官に与える印象は変わる。

攻略例　弱点を克服するための具体的な克服計画をアピール

質問：あなたは本当に営業できますか?　営業にはノルマがありますよ?

　はい，営業は本当に大変な仕事だと思います。私の知り合いにも生命保険会社で営業している方がいて，営業の大変さは何度も聞かされてきました。ただ，私は①ライフプランニングのプロフェッショナルになって多くの方に貢献したいと思っています。営業はもちろん，どんなハードな仕事でも，すべては自分の能力を高めるチャンスだと思って一生懸命取り組みたいと思います。ちなみに，恥ずかしながら，もう営業の練習をしているんです。私はいま②飲食店〇〇でウエイトレスのアルバイトをしているのですが，自分の接客でどれだけ注文を増やせるか，練習しているのです。

（第一生命保険／文系・女子 バランス）

人事の目

　①のように，強いビジョンがあるのは良い。それよりも②のように具体的に弱点克服のための行動を取り始めているのが良い。面接官の不安も和らいだはずだ。

　はい。確かに自分一人で頑張った経験が多いですが，決して，①みんなで頑張ることが苦手だったり嫌いということはございません。②学校のグループスタディでは，私はファシリテーターを務めることが多く，みんなが意見を出しやすい環境作りや，計画をスムーズに進める進行管理，あと意見の取りまとめもどちらかというと得意ですので，チームで成果を生み出すことも問題はないと思います。

（セブンイレブン／文系・女子 ）

 人事の目

　①のように，指摘された弱点は弱点ではないということを伝えるには，②のように具体的なエピソードを添えて伝えると説得力が増す。面接官も，この応募者なら大丈夫だろうと感じるはずだ。

質問：君は柔和な印象だけど，うちでちゃんとやっていける？　この仕事は皆自己主張が強くて，いろんな特徴を持った人ばかり。君は動物園に入るようなものですよ。たとえば，動物の中なら君はどんな動物だと思う？

　私はチンパンジーだと思います。というのも他の人，つまりライオンであったり，ゾウであったりといったすぐにわかるような特徴や強さはないかもしれませんが，①考え方の幅の広さや技術といった，他の人にはない，私らしいアピールポイントで頑張っていきたいと考えています。

（船井総合研究所／文系・男子 ）

人事の目

　上手い切り返し方だ。面接官が期待する個性や強みはなくても，それに代わる①のような「別の強み」があるとアピールしている。突然の質問に機転を利かせた対応ができるところが評価できる。また，この企業で活躍するには実際①も重要になってくるだろうが，この応募者がそれを理解したうえで①をアピールしている点も評価できる。

質問 Q33

「自分の弱点」に関する質問
留年した理由を教えてください

質問意図▶留年した理由を聞き，応募者の思考・行動パターンを確認したい

なぜ留年したのか？　ネガティブな理由か，ポジティブな理由か？　応募者の能力・生活態度に問題はないか？　それを面接官は知りたい。

攻略ポイント▶留年した理由より，留年して得た成果を強くアピールする

● 留年した理由は端的にまとめて伝え，留年して得た自分ならではの成果をアピールする。

● 留年した理由がネガティブな場合，そこからいかに自分が成長したのか，問題を克服したのかを，前向きに明るく語る。

攻略例　留年してでも達成したかった「主体的な目的」をアピールする

　どうしても，①社会に出る前にこの目で世界中の実際のファッション，食，建築，カルチャーを見て回りたくて，7か月放浪してきました。ただ，この経験は私の人生に大きなエネルギーを与えてくれる最高の7か月間でした。

　①**質問：何を得たの？**

　③一番の収穫は「匂い」です。訪れた国は，インド，ベトナム，イタリア，フランス，イギリス，アメリカですが，その土地の空気，匂いはもちろん，ルーブル美術館に入った瞬間のヒンヤリとした空気感，ベトナムの民族衣装アオザイから香る匂いなど，文字どおり，匂いです。今は，インターネットや，特にグーグルアースがありますから，知りたい情報，見たい風景，建築は，ほとんどインターネットで見られますが，匂いを知ったことで，その実物の空気感まで，私は頭の中で鮮明にリアルにイメージできるんです。④今後出版人として，読者に情報を発信する時，生々しさを伝えるコツがわかったような気がします。　**（出版社／文系・男子 ユニーク）**

👤 **人事の目**

　①のように，留年で大きなものを得たとすぐにアピールしているのが良い。また①のように言うと，当然，面接官から②のような質問を引き出すことができ，それが自分をアピールする格好のチャンスとなる。そして，③のようにユニークな切り口を端的に言っているのが良い。面接官を一気に自分のペースに引き込んでいる。そして最後に，④のように自分が得たことを仕事でどう活かせるのか，そこまでアピールしているのも良い。

質問 Q34

「自分の弱点」に関する質問

〇年，浪人してますね

質問意図▶浪人した理由を聞き，応募者の思考・行動パターンを確認したい

なぜ浪人したのか？　浪人時代を経てどう成長したのか？　について確認することで，応募者の地アタマの良さ，価値観，思考・行動パターンなどをチェックする。

攻略ポイント▶浪人で「成長したこと」「得たこと」をアピールする

●浪人して得た自分ならではの成果をアピールする。

●浪人した理由がネガティブな場合，そこからいかに自分が成長したのか，問題を克服したのかを，前向きに明るく語る。

攻略例 　**浪人したからこそ得られた「自分の武器」があればアピール度大**

質問：浪人してますね。

お恥ずかしい限りです。自分の至らなさを痛感しました。ただ，今では浪人をして本当によかったと心から思います。

質問：なぜですか？

1年で偏差値が10上がり，第一志望に入学できたことで，死ぬ気でやればどんな目標にでも手が届くという1つの成功体験が得られましたし，それに，勉強の仕方そのものを身につけられたことが，今でも自分の最大の武器になっています。

質問：勉強の仕方とは？

現役時代はただ漠然と勉強していましたが，浪人して〇〇予備校に通い，効果の上がる勉強法と効果の上がらない勉強法があることがわかりました。具体的には，(中略／受験テクニックの説明)。ですから大学に入ってからも，何かを初めて学ぶ時は，まず最初に効果の上がる勉強法を研究する癖がつきました。たとえば，①〇〇の試験も一度でできたのですが，これも，最初にまず短期間で合格するための勉強法を考え，それを実践してきたからです。本当に浪人して大きなものを得たと思っています。

（日本生命保険／文系・男子 ハイスペ）

👤 **人事の目**

この応募者は非常によい経験をしている。「勉強の仕方を知る」ことは本当に重要なことである。特に①のように，それが活かされているのがすばらしい。浪人というマイナスイメージを，一気に覆した回答になっている。

質問 Q35

「人柄」に関する質問
あなたは周りから どんな人だと言われますか?

質問意図▶あなたの本当の人柄を確認したい

本人の考える自分より,他人の目に映る自分の姿のほうが,本質を捉えていることが多い。そこで,面接官はこの質問で応募者の「素」の部分を探る。

攻略ポイント▶人間的幅の広さ,ネタがたくさんありそうな印象を与えよう

- ●バカ正直に答えない。確実に面接官に良い印象を与える回答を心掛ける。
- ●それまでの面接の中ではまだ伝えていなかった自分の意外なセールスポイントをアピール。

攻略例　意外な一面を,具体的エピソードを添えてアピールすると効果大

「見た目やまとなでしこ,中身クノイチ」と言われます。一見古風で大人しそうに見えるみたいですが,実際は,大変な重労働でも厭わず軽々とやってのけてしまう様子に,周りの人は驚くようです。サークルの企画でイベント会場を設営する際にも,①重い荷物の入ったダンボール箱50個を,道路から会場まで200メートルの距離を,1人で搬入搬出しました。あと,寝袋があればどこででもすぐに熟睡できますし,カセットコンロと食材があればすぐに,そこそこの味の料理を作れます。

（みずほフィナンシャルグループ／文系・女子 ユニーク）

 人事の目

ユニークでバイタリティがあり,印象に残る。特に①が具体的で説得力がある。

攻略例　絶妙なキャッチフレーズは面接官の記憶に残りやすい

①「芸術家の皮を被った事業家」と言われます。専攻はアート系ですが,話す内容は投資効率だのマーケティング効果だの,そんな発言が多く,また,いつも経営やマーケティングの本を読んでいるからだと思います。　　（テレビ局／文系・男子 ユニーク）

 人事の目

①のフレーズはインパクトがあり,かつ,応募者の人柄を端的に表現しており,面接官の記憶によい印象となって残りやすい。

質問
Q36

【「人柄」に関する質問】
あなたが力を発揮できるのは どんな職場かな?

質問意図▶あなたがどんなタイプの人物か, どんな性格かを確認したい

応募者の思考・行動の傾向, 性格を探り, 自社の職場環境に適しているかどうかを探る。

攻略ポイント▶企業が重視するコンピテンシーに沿った回答を心掛ける

企業が重視するコンピテンシー, 人物像とズレた回答をしないこと。

攻略例 本の解説をしながら自己 PR のネタを披露するのが面接の鉄則

質問:あなたが力を発揮できるのはどんな職場だと自覚してますか?

①「ここまでやればいいから」など, 上限を決めつけられるのではなく, どこまでも突き抜けて良い環境が理想です。私は, 自分で構想をどんどん膨らませて, どこまでも理想を追求するタイプですので。②御社はそんな環境だと思っています。突き抜けたビジネスモデルを追求します。　　　　　　　　　（GREE／文系・男子 バランス）

 人事の目

①から, この企業が重視するであろう「自走できる力」「志の高さ」「新しい構想を生み出す力」が伝わる。②からこの企業の特徴を理解しており, また「起業家マインド」も伝わる。全体的に, 企業が求める人物像に合致した回答ができている。

攻略例 「一人で頑張る」より「みんなで頑張る」のが好きな人が好印象

質問:どのように働きたい? 一人でばりばり? みんなと?

みんなで協力しながら働きたいです。①研究室や留学生支援のプロジェクトから, 一人では何もできないということを改めて実感しました。②一人でできるところはしっかりと頑張りながら, できないことは皆さんと協力をして成果を出していきたいです。　　　　　　　　　　　　　（大手電気機器／大学院・理系・男子 ハイスペ）

 人事の目

「一人で頑張るのが好き」という回答は, 大抵, 面接官の心象を悪くする。②のように,「みんなと頑張るのが好きだが, みんなに依存するだけでなく自分でも頑張れる」というのが模範回答。さらに①のようにエピソードを添えると説得力が増す。

質問
Q37

「人柄」に関する質問
怖いお客様，嫌なお客様に対応するコツは？

質問意図▶営業センス，取引先とのコミュニケーションセンスを確認したい

　面接中に，「この応募者は営業は大丈夫かな？　ちゃんとできるかな？」と面接官が気になった場合，この質問をすることが多い。この質問に対してもそつなく回答できなくては，思わぬ減点評価を下される可能性がある。

攻略ポイント▶アルバイトでの嫌な客に対する「大人の対応術」を披露したい

「アルバイトなどで，嫌なお客様に対応した経験は多い。その際のコツは～」と伝えるのが最も無難な回答。ただ，対応のコツは「大人の対応」が鉄則。

攻略例　**「ビジネスに徹して私的感情は持たずに対応する」が，模範回答の1つ**

　質問：嫌な取引先には，どのように対応しますか？

　①嫌だと思わないことが大切だと思います。私も②アルバイトで経験があるのですが，こちらが「嫌だな」と思っていると，必ず相手にも伝わって，それで余計にお互いの間をギクシャクさせてしまいます。どんなお客様に対しても，マイナスの感情を持たないようにして接することが大切だと思います。その上で重要なことは，お客様の要望をしっかりとよく聞いて，③お客様にメリットのある提案をすることに集中すること。それから，商談を遂行することに徹することが大切なように思います。もちろん，まだ私は本当のビジネスの場でとんでもなく嫌なお客様がどういうお客様なのかはイメージできませんが，現時点では，先ほど申し上げたことを心掛けたいと思うのですが，いかがでしょうか？

（マルハニチロ／男子 体育会）

 人事の目

　発言全体から，しっかりした人物だという印象を受ける。特に①と③はよい考え方をしている。②の経験があるので説得力もある。ちなみに，実際のビジネスでこの手の質問に対する模範回答の1つは，「ビジネスに徹して私的感情は持たずに対応する」。この応募者の回答は，ほぼその通りである。

質問 Q38

「人柄」に関する質問

嫌な上司と一緒に働くコツは？

質問意図▶人間関係を上手く築けるタイプかどうかを確認したい

　職場で上手く人間関係を築けるか？　献身性はあるか？　目上の人間を立てられるかどうか？を見ている。

攻略ポイント▶"目上の人を立てて，目上の人から学ぶ"姿勢を伝える

　アルバイト，サークル，部活などでも先輩や目上の人と上手くやっていることを伝えると説得力が増す。

攻略例 自分の献身性をエピソードに添えてアピールする

　質問：苦手な上司から飲みに誘われたら行きますか？　断りますか？

　もちろん行きます。経験を積まれた方から直接お話を聞く機会はとても重要だと思いますから。それに，中学，高校，大学で，部活やサークル，アルバイト先などで，いろいろなタイプの先輩と接してきました。確かに，すぐに打ちとけて意気投合できる先輩もいれば，ちょっと苦手に感じる先輩もいますが，私は誰からも積極的に何かを吸収したいと思えるタイプで，①コミュニケーションも自分から積極的に取っていくほうなんです。ですから，②職場でも，上司や先輩には，ぜひいろいろご教授いただきたいです。

（ニコン／大学院・理系・男子 ）

 人事の目

　①のように自分から積極的にコミュニケーションを取っていく姿勢はよい。実際の経験談を交えてアピールしているのでわかりやすい。また，②も良いことを言っている。

「思考力」に関する質問／金融業界
金融の中でも，なぜ銀行（損保，証券，生保）業界なのですか？

質問意図▶業界理解，業界分析力を確認したい

　金融業界では，「なぜ金融業界なのか？」に加えて，「なぜ銀行ではなく証券か？」「なぜ損保か？」「なぜ生保か？」と必ず聞かれる。業界理解度や業界の課題，分析力などをチェックしている。回答が曖昧だと「勉強不足な応募者」と評価が下がる。自分ならではの着眼点で，面接官が納得するような回答を心掛けたい。

攻略ポイント▶他の業界でもいいのでは？　と突っ込まれない理由が必要

●他業界とは違う，志望業界の特徴，課題，将来性を，論理的に伝える。

●自分の経験談，ビジョンを伝えて「この業界を志望する理由」を伝えると，説得力が増す。

●「この業界を志望する」自分ならではの分析を伝える。当然，その根拠は必要。

攻略例　業界分析に加えて独自の視点をアピールする

質問：なぜ銀行なのですか？

　銀行，保険，証券，カード，リースなど，金融商品の垣根はどんどん低くなっていっています。その中で企業の競争優位性を見た場合，どこがアドバンテージを持つかと考えると，私は銀行だと思います。理由は，①個人も法人も含めて顧客との接触頻度が最も高いからです。顧客との関係構築機会の差が，早い時期での顧客の囲い込みの差を生み，それが今後，企業の競争力の差として大きな鍵を握ると思って，銀行に特に興味を持ちました。

（三菱UFJ銀行／文系・男子 バランス）

　人事の目

　①のように独自の着眼点・仮説を伝えるのは良い。その内容も良い。具体的なデータや客観的な裏づけ資料などを披露できれば，もっと説得力は増す。

攻略例 実体験が絡むことで，説得力は一気にアップする

質問：なぜ生命保険業界なのですか？

①私は父を亡くしておりまして，父が入っていた生命保険のおかげで，家族がちゃんと生活していけるということを身にしみて感じているのが最大の理由です。生命保険は，病気，ケガ，その他，万が一の時の経済的負担をサポートしてくれます。私は，このいざという時の人の支えとなり，人々の人生に安心をお届けしたいと思いました。

（日本生命保険／文系・女子 バランス）

 人事の目

①のように実体験があると，志望動機に説得力が増す。

攻略例 「業界ではなく御社を希望するのだ」と伝えるのも良い

質問：なぜ証券業界なのですか？

ファイナンス術について極めたいからです。私は大学で経営戦略について学んでいます。強い企業経営を行う上で要となるのがファイナンス，特に資金調達と企業評価だと気づきました。資金調達に関しては，間接金融だけでなく，直接金融によっていかにオリジナリティ溢れる資金調達プランを実現できるか——また企業評価に関しては，財務諸表分析はもちろん，マーケットから得られるさまざまな情報を統合して，企業価値を高める分析術が企業経営には必要です。そして，①その分野で圧倒的なノウハウを備えているのが御社だと思い，志望しました。

（野村證券／文系・男子 ハイスペ）

 人事の目

発言内容全体から，しっかりしたビジョンとビジョン実現に向けた行動ぶりが伝わり評価できる。①のように，業界云々ではなく「御社を志望するのだ」と，その理由を添えて切り返すのも悪くない回答だ。

Part

8

みんなの内定実例 質問別編

「思考力」に関する質問／金融業界
形のない金融商品を売るために大切なことは？

質問意図▶業界に対する理解度，問題意識を確認したい

金融業界の本質，全体像を捉えているかどうかを見ている。

攻略ポイント▶解説ではなく自己PRにつなげる

金融業界について解説しても，別にあなたに対する評価が上がるわけではない。ダラダラと話すのではなく，本質をズバリ言い，そこから自己PRに話題を結び付けていくのが，得策である。

攻略例　業界や仕事の理解度を印象づける

質問：形のない金融商品を売るために大切なことは？

商品の特徴とリスクを正確に理解し，商品に愛着を持つこと，そして私自身がお客様に愛着を持たれるような人間になることだと思います。

質問：では聞くけど，リスクについてどう認識している？

危険と損失が発生する可能性です。さらには，①私自身の商品知識が曖昧なまま，お客様に営業してしまうことです。　　　　　　　　　（大和証券／文系・女子 バランス）

人事の目

発言全体から，証券業界のこと，営業という仕事のことを深く理解していることがうかがえ，評価できる。特に①は良いことを言っている。

攻略例　ダラダラと解説せずに，端的に本質を突く

質問：営業は大丈夫？　友人，知人にも保険を売れますか？

もちろんです。私は保険を売るというのは，相手の人生にとって本当にメリットのある人生設計を提案することだと思っているので，喜んで営業に行きます。

（第一生命保険／文系・女子 バランス）

人事の目

的を得た良い考え方を持っており，評価できる。

質問 Q41

「思考力」に関する質問／金融業界

これから金融業界は どうなると思う？

質問意図▶業界に対する理解度，分析力，問題意識，戦略的思考力を確認したい

業界に対する問題意識，独自の視点を備えているか？　をチェックしている。

攻略ポイント▶業界の課題・将来像は，具体例を添えて説明したい

「業界の課題・将来像」は一般論的な説明になりがちである。それでは面接官の印象に残らない。自分ならではの着眼点を，具体例を添えて説明しよう。

攻略例　業界動向を論じる際には，独自の見解，改善案を伝えること

　これからの金融業界は，これまで資産形成にうとかった40代以下を取り込むチャンスが高まっていると思います。ずっと金融業界は「貯蓄から投資へ」をスローガンにさまざまな取り組みをしてきましたが，現状は，依然，50歳未満の証券所有者の割合が25％程度で，必ずしも期待通りには進んでないと思います。原因は，日本人の金融リテラシー不足だと思います。しかし，年金受給額の低下や消費税増税による貯蓄額の低下により，老後資金を準備するには，若いうちから自主防衛的にも資産形成が不可欠な時代に突入してますし，景気回復による株価の上昇や，海外投資で高利回りを期待できる商品も増えるなど，資産形成効果が期待できる状況になっています。実際，私たち学生の間でも，資産形成をするなら今でしょ，という雰囲気が高まっています。

　質問：君はNISAをどう思う？

　①NISAが投資を促すかということでしょうか？　期待したいです。ただ，問題は②日本人の金融リテラシー不足ですから，これを解消しないと，効果は限定的だと思います。逆に言えば，そこを解決できるかどうかが，今後の金融業界を占うポイントだと思います。

　質問：どんな仕掛けが効果的だろうね？

　③若い世代には投資や証券会社は，依然，敷居が高く感じます。もっとカジュアルなサロンが有効だと思います。たとえば……（後略）。**（大和証券／文系・男子** ハイスペ**）**

👤 **人事の目**

　①②のように業界動向を理解し，独自の見解を言えるのは良い。さらに③のように，独自の改善案をきちんと言えるのも良い。

「思考力」に関する質問／メーカー
当社で好きな商品は？ どうすればもっと売れる？

質問意図▶分析力，論理的思考力，発想力，情報感度を確認したい

「好きな商品は？」という質問では，“情報を集めているか？”“他社商品と比較できているか？”といった分析力が試されている。ただ単に，自分の好きな商品の特徴をダラダラと説明しても評価されない。また，好きな商品について回答すると，その次に大抵「では，どうすればもっと売れると思う？」という質問がやって来る。回答は「具体的に」「その根拠」も添えて伝えるようにしよう。

攻略ポイント▶「自分ならこうする」という意見を根拠を添えて伝えること

「どうすれば売れる？」という質問に正解はない。社員たちですら答えが見つからずに日々悩んでいる難しい問題なのだ。とはいえ，ただ単に思いつきで回答すると，面接官から「この応募者はいい加減だ」と低評価を下される。回答する場合は，自分なりに考えたアイデアに「より具体性」を持たせて，かつ，そのアイデアを選ぶ「根拠」を添えて伝えること。そうすれば，そのアイデアが別に大した内容ではなくても，少なくとも熱意や誠実さは伝わる。

攻略例 「根拠」のある「提案」をするのが最も高く評価される

質問：当社の商品で好きなものは何かありますか？

○○の○○味がとても気に入っています。私はチョコレートが好きで，①世界中のチョコレートを食べてきましたが，特に気に入っているのが世界のチョコレート展「サロン・デュ・ショコラ」にも出展された□□です。その□□のコンセプトのチョコレートを日本のメーカーも作れば良いのにと思っていたら，早速御社から新発売されて，私もかなりの数をすでに買わせていただきました。ただ，私はコンビニでアルバイトをしているのですが，あまり売れていないのが残念です。

質問：どうすればもっと売れるようになると思いますか？

それは，②コンビニでもっと売る方法ですか？　それとも，もっと全体的に売れるようにするにはどうすればよいのか，ということでしょうか？

質問：では両方で，あなたの意見を聞かせてもらえますか？

③コンビニだと，実はあの○○をもっと売りたいと個人的に思って，すでにいろいろ試してみたんです。コンビニである商品の売上を上げようと思った場合，④仕掛けるポイントは「陳列場所」「陳列個数」「時期」「POP」の４つなんです（中略／コンビニでの販売のコツについて説明）。ですから，日本中のコンビニでもそれと同じような販売ルールを真似ていただければ売上は上がると思いますが，ちょっとそれ

は現実的ではないので，○○はコンビニで売るには売りづらい部類に入ると思います。

質問：では，全体的に売れるようにするには？

　⑤○○の商品コンセプトは，本来は高級志向なものなので，販売方法やパッケージからセレブ感をキーワードにして徹底してはいかがでしょうか？　⑥販売するお店も，ワインショップやバー，あとはGUCCI銀座でGUCCIブランドのチョコレートを販売しているのをご存知でしょうか？　あのように，⑦高級ブランドとタイアップして販売したり，ファッションショーでお客様にお土産として配るなど。そうやって，コンビニで売られている大衆向けチョコレートとは，明確なイメージの差別化を図らないと，○○のコンセプトのすばらしさは，人々には伝わりづらいと思います。

（大手食品メーカー／文系・男子 バランス）

👔 人事の目

「好きな商品は？　その理由は？」との問いに，普通の応募者はただ単に自分が好きな理由を述べて終わるが，この応募者は違う。発言の端々からコンピテンシーを感じさせる。まず，①から普段からチョコレートやお菓子について（無意識のうちに）情報収集しており，この分野に造詣が深いことがわかる。したがって，回答内容にも深みがある。また，「どうすれば売れるか？」との問いに，②のように逆質問しているのもよい。漠然とした質問を具体化して回答しようとする姿勢から，地アタマの良さ，問題を構造化して考える習慣が身についていることが伝わる。さらに③のように，コンビニのアルバイトで「自ら試している」のもよい。行動力，好奇心の旺盛さを感じさせる。しかも，④のように確立された理論をもとに実行しているのも良い。アルバイトでありながら，ここまで物事を深く考えて行動できることが素晴らしい。「何事にも問題意識を持って取り組む姿勢」や「戦略的思考力」が備わっていそうな印象を受ける。⑤や⑦のように，単なる思いつきでアイデアを述べるのではなく，コンセプトを理解したうえでアイデアを提案しているのもよい。また⑥からも，やはり①の発言同様，普段から街のいろいろな情報を積極的にキャッチしている「情報感度のよさ」が感じられる。

質問
Q43

「思考力」に関する質問／メーカー
当社の〇〇の広告，CMを どう思う？

質問意図▶分析力，洞察力，発想力を確認したい

自社の広告の感想を述べさせ，応募者の分析力，洞察力，発想力などをチェックしている。

攻略ポイント▶自分ならではの「提案」をする

単なる批評，ゴマすりでは面接官の印象に残らない。自分ならではの提案を伝えよう。

攻略例 CMに自分なりの改善案を伝えられるようにする

　御社のBOSSのプロモーション戦略はゼミでもマーケティングの模範的手法として研究しております。(中略)BOSSのコンセプトは「働く人の相棒」だと認識してますが，①足りない要素は，リアル感というか生っぽさではないでしょうか。リアルで働く人がBOSSをいかに愛飲しているかを訴求すると，もっとブランドロイヤリティが高まると思います。具体的には，TikTokで日本中の働く人の素人臭いダンス動画が面白いと思います。バズりやすいですし。　（サントリー／文系・男子 バランス）

人事の目

　CMの印象を語るだけでなく，①のように自分なりの提案を言える人が評価される。

攻略例 CMの感想を伝えながら自分の知識力をアピールする

　あのCMは黒髪の美しさや和の美しさをとても良く表現できていると思いました。実際，私もすぐに商品を購入しました。しっとり感と艶感が出て良かったです。映像的にもあのCMが本当に好きで，①どんな方たちが作っているのだろうと実際に調べたら，音楽は〇〇，ヘアメイクは□□，演出は△△，スタイリストは◎◎と，日本を代表するアーティストばかりで，どうりで綺麗な映像ができるはずだと納得しました。　（クラシエホールディングス／理系・女子 バランス）

人事の目

　CMを褒めても評価されないが，①のようにCMを自ら調べていることをアピールすることで，探究心や企業・業界への関心度が伝わり，評価できる。

質問 Q44

「思考力」に関する質問／IT・コンサル
SEについて知っていることを説明してください

質問意図▶仕事に対する理解度，問題意識，目的意識を確認したい

　IT業界の基本的な質問。SE（システムエンジニア）についての理解度を問うことで，問題意識，目的意識，情報収集力の"程度"を試している。

攻略ポイント▶自分ならではの意見，考え方を伝える

　SEの仕事の解説をしても評価はされない。しっかりと情報収集し，自分ならではの意見，考え方をアピールし，「この応募者は他と違う！」と面接官を感心させること。

攻略例　多面的に解説することで「地アタマのよさ」をアピールする

　質問：SEという仕事についてどんなイメージを持っていますか？

　①夢を現実する仕事だと思います。具体的には，まずお客様の希望やコストをもとにシステム化する対象を分析し，他のシステムとの連携や開発環境，またシステムを使う側の状況，つまりどういった人が，どういった目的や更新頻度で使うのかなど，システムを取り巻く状況を総合的に分析して，最適なシステムの設計，運用を取り仕切る仕事です。そして，②この仕事で特に重要なのがコミュニケーション力であることを知っています。開発プロジェクトのチームリーダーとして仲間を率いるコミュニケーション力，また，お客様の要望を現実するプロセス，仕組み作りについて提案しながら，お客様の双方の認識にズレがないように進めていくコミュニケーション力です。③さらに，私自身がめざすSE像に関して言うと，最新スキルと業務知識の習得に常に励み，上流工程のプロジェクトマネジャーとして，世の中のさまざまな不便を取り除き希望を現実化させていく，システムのお医者さんです。

　質問：具体的にこんなシステムを作ってみたい，とかある？

　④私が作りたいのは，……（後略／自分の構想の説明）。

（日立製作所／文系・男子 ハイスペ）

人事の目

　まず，①のように独自の視点を持っているのが良い。さらに②③④のように，さまざまな観点で話を広げていけるのも良い。普段から何事においても，深く広く考え，自分なりの考えを持って行動する姿勢や地アタマの良さが伝わり，高く評価できる。

質問 Q45

「思考力」に関する質問／IT・コンサル
この問題点についての解決策を提案してもらえますか？

質問意図▶論理的思考力，多面的に考える力，知識を確認したい

　コンサルティング会社の面接では論理的思考力を問う質問が必ず出る。質問内容は身近な話題から派生していくことが多い。居酒屋でアルバイトしている応募者には「では，居酒屋の売上を2倍にするには？」，サークルでサッカーをしている応募者には「では，Jリーグを活性化させるには？」などといった感じだ。もちろん正解はない。面接官も妥当な答えを言えないかもしれない。重要なのは答えではない。答えを導き出すプロセスが論理的かどうか，筋が通っているかどうかを試しているのだ。

攻略ポイント▶問題点を分解・構造化して，回答を探る姿勢をアピールする

　難問でも慌てずに問題を分解して考えよう（146〜163ページ参照）。正解はない。妥当な答えを導き出すことを目指して論理的に考えていく，そんな「考え方のプロセス」をしっかりと鍛えておこう。

攻略例　問題点を分解し，答えを導き出すこと

　質問：渋谷の駅前にあるカフェの売上を2倍にするには？

　それは，繁盛店を前提に考えた方がよろしいのでしょうか？　それともお客の入らないカフェを前提に考えた方がよろしいでしょうか？

　質問：その前提条件から，自分で設定して考えを聞かせてください。

　わかりました。では，客席が100席で，お客1人あたりの平均オーダーが1000円。平均滞在時間が1時間。1日の営業時間が10時間。営業時間中，100の客席に対して，平均……，8割の客席が埋まるお店だと仮定します。この場合1日の売上は……，80万円になります。このような前提のカフェを考えます。

　質問：はい。続けてください。

　売上を増やすには，①まずは平均オーダー額をあげる，客数を増やすこと，が考えられます。ただ，②平均8割の客席が埋まるお店なので，客席が常時100％埋まっても，客数の増加率は1.25倍です。また，③お客の平均滞在時間を30分にできて，他の条件が変わらなければ，1日の入店者数が2倍になって売上も2倍になりますが，④カフェで平均滞在時間を半分の30分にするのは現実的でないように思います。また，⑤渋谷なら，お客は学生や若い人が多いはずなので，平均オーダー額がいきなり2倍になるメニューを考えるのも現実的ではありません。ですので，私は，⑥平

均オーダー額は1.2倍を目標にします。

　今申し上げた状況を整理すると……，お店の客席が100％埋まる状態が作れたとして1日の売上は100万円。100％埋まったお客の平均オーダー額が1.2倍になれば，1日の売上は120万円。⑦1日の平均売上80万円の2倍の160万円にはまだ40万円届きません。したがって，今回設定した渋谷で平均8割のお客が入るカフェの場合，売上を2倍にするには，特に3点に取り組む必要があると考えます。

　質問：続けてください。

　⑧1つは客数を増やします。ただ，お客の少ないお店ではなく，8割は埋まるお店の客数をもうひと伸ばしする方法……。たとえば，普段は通り過ぎてしまうような人もちょっと寄ってみたくなるような方法……。コンセント席を作ったり，珍しい限定メニューをアピールしたり，です。

　⑨2つ目は，平均オーダー額を増やします。これも平均1000円を2000円にするのではなく1200円を目指します。この場合は，注文してもらう点数を増やす場合と，1品あたりのオーダー額をあげる方法があります。前者なら，たとえばいつもは1ドリンク1フードを注文しているお客さんが，もう1品追加注文したくなるような，手軽に食べられる限定スナック。後者なら，週替わりのスペシャルメニューや，各シーズンやイベントにちなんだスペシャルメニューなどでお得感を出して，高くても注文したくなるメニューを揃えます（中略）。

　⑩3つ目は，客席が100％埋まっても売上が2倍に届かないので，普通のカフェとは違う，新しい売上獲得のアイデアも必要です。たとえば，お店に飾っているインテリア，植物，絵を売ったり，オンラインショップもしたり……，あとは店内に広告スペースを設けて広告スポンサーを募ります（後略）。

（DeNA／文系・男子 バランス）

人事の目

「課題の解決策を提案して」と問われたら，まずは課題を「分解」し，その分解した要素に対して独自の「提案」をすることが重要である。この応募者の場合は，売上を左右する要素を「オーダー額」「客数」「滞在時間」に分解（①③）し，そして，それらの解決策を3つ（⑧⑨⑩）提案している。きちんと「分解」→「提案」ができており評価できる。また，この応募者は，洞察力が優れている点も評価できる。たとえば，②④⑤⑥⑦などだ。また，⑩のアイデアも，ユニークだ。

質問 Q46

「思考力」に関する質問／商社

商社にどんなイメージを持っていますか？

質問意図▶業界に対する理解度，問題意識を確認したい

商社の本質，業界の全体像を捉えているかどうかを見ている。

攻略ポイント▶解説ではなく自己PRにつなげる

商社について解説しても別にあなたに対する評価が上がるわけではない。ダラダラと話すのではなく，本質をズバリ言い，そこから自己PRに話題を結び付けていくのが，得策である。

攻略例　ダラダラと解説せずに端的に本質を突くほうが良い

質問：海外志向なの？　だったらメーカーでも良くないですか？

モノづくりに留まらない，もっとスケールの大きなビジネスをしたいです。私は，①商社のビジネスの本質は，モノを買って，付加価値を付けて売る，いわゆる「トレーディング」だと思っています。買って，付加価値を立案し，売る。サラリーマンでありながら，このすべてに携われるからこそ，商社マンになりたいのです。

質問：あなたは，そんな仕事に向いていると思いますか？

はい，商社マン向きだと思います。たとえば，私は，②焼肉屋でアルバイトしているのですが，焼肉屋を繁盛させるポイントは，肉の選定，調達から，店の立地，集客，店のFC化など，複合的な要素が絡みます。ビジネスは複合的要素の塊ですが，各要素全てを高次元に遂行できるようなトータル戦略を常に考えてしまう性分は，商社マン向きだと思います。

（三井物産／文系・男子 ハイスペ）

人事の目

　商社の面接ではよく「メーカーと商社の違い」を聞かれるが，この応募者は，上手く，①のように，商社の本質を，自分の言葉で端的に言い表せており，評価できる。また，②のように，商社に向いている自分の性分を，具体的な例で説明できているのも評価できる。回答全体から，商社の仕事をよく理解できているのがわかる。

質問 Q47 「思考力」に関する質問／商社

商社は今後どうなると思う？商社で果たしたい夢は？

質問意図▶業界に対する理解度，思考力，夢，ビジョンを確認したい

商社に対する理解と，応募者のビジョンと自社の実情とがズレていないか確認している。

攻略ポイント▶商社の課題・将来像は，具体例を添えて説明したい

「商社の課題・将来像」を説明すると，どうしても一般論になりがちである。それでは面接官の印象に残らない。自分ならではの具体例を挙げて説明しよう。

攻略例　自分ならではの着眼点，具体的事例をアピールすることが重要

　①総合商社の強みは，豊富なネットワークと金融・IT・物流・マーケティングなどの専門ノウハウの蓄積に支えられた「オーガナイズ機能」だと思っています。ただ，他業界でも独自にオーガナイズできる企業は増えているので，今後の商社は「オーガナイズ」に加えて，新規事業や新マーケットといった「企画」を自らプロデュースし，マーケットを先導しないといけないと思います。たとえば②私が興味を持った事例で，商社Aがプロデュースした通販サイト「○○」と，ネットベンチャーBの通販サイト「△△」の競争があります。現在，○○の売上は□億円で，△△の売上はその数倍多い□□億円です。△△は，今やファッション業界に絶大な影響を持つほどのメガサイトになっています。○○は△△に比べてメディアのプロデュース力において負けたわけですが，もし，○○を△△の上を行くサイトにできていれば，持ち前のオーガナイズ力を発揮して，○○とそれに付随するA社のビジネスの成長カーブは急激に上がったはずです。商社中抜きが叫ばれて久しいですが，今後の商社の成長を支えるうえで「プロデュース力」が非常に重要になっていくと思います。

　質問：では，そんなこれからの商社で果たしたいあなたの夢は？

　新しいマーケット，仕組みを生み出せるビジネスプロデューサーになりたいです。そして，社会や経済にインパクトを与えたいです。（後略）

（総合商社／文系・男子 バランス）

 人事の目

　①で商社の役目を「オーガナイズ機能」と「企画プロデュース機能」に分解し，②で後者の具体例を挙げている。具体例を挙げているので，発言内容に説得力があって良い。

質問
Q48

「思考力」に関する質問／小売り・外食
当社の店舗の印象は？課題は？

質問意図▶志望意欲，企業・店舗理解度，分析力，発想力を確認したい

「お店の印象は？」「お店の課題は？」という質問では，"情報を集めているか？""他店と比較できているか？"といった分析力が試されている。ただ単に，自分の意見をダラダラと説明しても評価されない。また，お店の課題について回答すると，その次に大抵「では，どうすればいい？」という質問がやって来る。回答は「具体的に」伝えるようにしよう。

攻略ポイント▶褒めたりけなしたりだけでなく，「自分ならではの提案」を言う

- ●表面的な印象ではなく，自分ならではの観察眼，着眼点から意見を言うことで，「分析力」「洞察力」をアピールしたい。
- ●お店の課題を伝えるだけでなく具体的な改善案を伝えることで，「この応募者はデキる！」と面接官に思わせたい。

攻略例 すでに調査してきたことを伝えて，意欲，分析力をアピールする

質問：ファミリーマートがもっと成長するには何が必要か？

目玉商品，目玉コーナーを作って，その地域の一番店をめざすことだと思います。私は小売店ビジネスを研究していて，コンビニについてもリサーチしてきました。

①一般的にコンビニは立地で勝負がつくと言われていますが，立地のハンデを乗り越えて繁盛店を生むにはどうすべきかを探ってみたのです。まずは，学生にアンケートをとって「あえて遠回りをしてでも通っているコンビニがあるか？」「どんなサービス・商品があれば，遠回りしてでも通いたいと思うか？」について調べたのです。その結果……（後略）。

（ファミリーマート／理系・女子 バランス）

人事の目

単なる思いつきを話すのではなく，①のように，すでに自ら調べてきたことを添えて自分の意見を説明することで発言に説得力が生まれるとともに，意欲，分析力，情報収集力をアピールできる。また，この応募者の発言は着眼点が全体的に的を得ており，それも評価できる。

質問：では，当店の印象，課題は？

（前略／お店の良いところを説明）店舗によるサービスレベルの差が気になりました。私は以前は○○に住んでいて，そのエリアは，ジョナサン，ロイヤルホスト，デニーズがひしめくファミレス激戦区ですが，私は特にレストランAに通っていました。店の清潔感，店員さんの接客が良い，トイレが綺麗など，全体的に居心地が他店よりも良くて，レストランAは店舗マネジメントが行き届いたお店だと思っていたのです。ですが，現在は□□に引越し，レストランAの□□店に行ったのですが，①残念ながらそこは女性には行きづらいお店のように感じております。お店が地下にあるためでしょうか，空気のよどみが特に気になります。また，店員さんの接客態度，店内のクレンリネスにも課題を感じます。各店舗とも高いレベルでマネジメントされた店舗実現が，重要だと思います。

質問：では，どうすればよいですか？

②お店のクレンリネスの徹底や第三者がお店のサービスチェックを定期的に行うなど，いろいろありますが，一番重要なのはやはり人材だと思います。スタッフ一人ひとりが，お店をより良くしようと常に考えて働いてくれることだと思います。ですから，スタッフの採用とモチベーションアップに工夫をこらすことだと思います。そのために，③たとえば「○○キャンペーン」などはいかがでしょうか？　これは，採用とお店の両方を一緒にPRするイメージアップ作戦で，実際，自分のサークル運営でも実践して効果があったものなんです。マクドナルドさんのやり方を応用しています。

（外食サービス／理系・女子　努力型）

 人事の目

まず，①の着眼点は具体的で良い。改善ポイントを②の「クレンリネスの徹底」「お店のサービスチェック」「人材」の3つに分解したうえで，3番目について解説している。このように分解できることがまずは大切。また，実際，着眼点も良い。それ以上に，③のように自分ならではの具体的な改善プランを言えていることが良い。また，その内容も，発想のセンスを感じさせる。

質問
Q49

「思考力」に関する質問／小売り・外食

こんな困ったお客様に どう対応しますか？

質問意図▶接客のセンスがあるかどうかを確認したい

感情的にならずに，状況に応じた適切な対応が取れるかどうかをチェックしている。また，客商売に向いているかどうかもチェックしている。

攻略ポイント▶冷静にクレーム対応できるタイプの人間だと印象づけたい

冷静にクレーム対応ができる人間だと相手に納得させるコツは以下の通り。

●どんな状況でも活かされる，（理に適った）クレーム対応のコツを知っている。

●クレーム対応に慣れていることをアピール。

攻略例　クレーム処理のコツを持ち，クレーム対応に慣れていることをアピール

質問：接客のアルバイトをしていますね。お客様との対応で困ったことは？

はい。飲食店ですから，トラブルは少なくありません。多いのは食事が冷めている，出てくるのが遅いといったものや，酔って騒ぎ出すお客様でしょうか。

質問：そんな時，あなたはどう対応するのですか？

すべてのクレームに，とにかく迅速に対応します。食事が冷たいと言われればすぐに食事を厨房に下げて熱を入れ直しますし，味の加減へのクレームも，要望通りに迅速に対応します。①コツは，お客様も驚くくらいの速さで，お客様が期待するアクションをこちらが取ることだと思います。そうすると，お客様に私のことを，お店側ではなく自分側の味方なのだという意識を持っていただけ，それ以上の不満，イライラが解消されます。また，酔って騒がれるお客様に対しては，こちらは膝を床につけるほどの低姿勢でお客様に向かい「大変申し訳ございませんが，少々お声を下げていただいてもよろしいでしょうか」とお願いします。その際，お客様の感情に触れないこと。その辺の感覚は，ちょっと言葉では伝えられないですね。間合いですから。あと，②すべてに言えることは，とにかくお客様の不満の内容を聞いて，不満を先にすべて吐き出させることです。（後略）　　　　（百貨店／文系・女子 ハイスペ）

人事の目

全体的に自分なりの対応法を持っているのは良い。特に①②のように，状況を冷静に捉えたうえで，しかるべき対応が取れているのが良い。

質問 Q50

「思考力」に関する質問／マスコミ

どんなメディアを作りたい？

質問意図▶企画のセンス，思考力，発想力，教養を確認したい

応募者に即実現可能なレベルの高い企画を求めているわけではない。将来，ヒットを飛ばせるようなポテンシャルがあるかどうかをチェックしている。

攻略ポイント▶アイデアとその根拠を併せてアピールすること

単なる思いつき，個人的趣味で考えたアイデアでは評価されない。「なぜそのアイデアを考えたのか，なぜそのアイデアが良いと言えるのか」まで伝えられると良い。

攻略例　"売れる"企画を提供すればアピール度大

子供向けの教材シリーズを作りたいです。これまで2年間，アルバイトで小学生相手の塾講師をしてきて，子供のニーズに合った学習書がないことを痛感してきました。学習書といっても参考書ではなく，子供の考える力や社会への関心を持つ力を養うような本です。①実は塾で子供たちの勉強の成績が上がるようなやる気アップシートや，算数が好きになるシートを自分なりに考案して，子供たちに配ってきたんです。たとえばこんな感じです（資料を面接官に提出）。そのシートでも多少の効果が上がっています。ただ，いろいろな分野で活躍されている専門家の方に作っていただければ，もっと効果の上がる，またもっと子供が好みそうな教材や書籍を作る自信があるんです。たとえば，②○○大学で□□を研究しているチームがあって，彼らに□□のテーマで図解ドリルを作ってもらえれば，きっと子供たちが喜ぶような本になると思います。

質問：売れますか？

③まずはご両親が買いたいと思えるタイトル，コピーをつけたり，学校の推薦図書にしてもらうとか，工夫が必要ですが，売れると思います。

（出版社／理系・女子 バランス）

人事の目

単なる思いつきではなく，市場を客観的に捉えたうえでアイデアを述べているのが良い。また，①からは編集者向けの資質を備えていることが伝わる。②のように切り口が具体的なのも良い。さらに③から，「売ること」の勘所をわかっているのがうかがえ，それも評価できる。

質問
Q51

「思考力」に関する質問／マスコミ

好きなメディアは？

質問意図▶メディアの感想を通して，思考力，教養，分析力を確認したい

　面接官が注目しているのは，その雑誌（番組・作家）が好きな「理由」だ。その理由を聞くことで，応募者の思考力，教養，分析力，嗜好，及び普段どれほど物事を深く多面的に考えているか，問題・目的意識を持って生きているかが浮き彫りになる。

攻略ポイント▶解説ではなく自己PRにつなげる

　重要なのは「理由」だ。「理由」を通じて，自分の思考力，教養，分析力をアピールしなくてはならない。具体的には以下の点に注意しよう。

●好きな雑誌（番組・作家）を，ジャンルの異なるものを2つ（1つはマニアックなもののほうが面接官の印象に残りやすい）以上答えることで，知識面での引き出しの多さをアピールする。

●好きな雑誌（番組・作家）の理由を語る際，自分が普段取り組んでいる内容・活動を絡めてアピールすることでポイントを稼ぐ。

攻略例　他社や他の業種では実現できない，志望企業でこそ果たせる夢を語る

　質問：好きな雑誌は？

『CanCam』『sweet』。あと，なくなりましたが『MERY』です。

　質問：なぜ『MERY』？

『MERY』は雑誌もアプリも広告も全て好きでした。可愛くて，私たちの気持ちが一番わかっていたメディアだったと思います。①メイクやファッション，流行りのお店など知りたいことが何でも探せました。他の雑誌だと，値段が高かったり，モデルさんがキレイすぎて自分に似合うかわからなかったり。『MERY』なら，自分が本当に共感できる情報がすぐに見つかりました。

　質問：ただ，問題があって閉鎖してしまったことについてはどう思う？

　作り方に問題があったのは，きちんと反省しないといけないと思いますが，そこさえ改善できれば，他にはない，本当に学生や若いOLさんに支持されるメディアになっていたと思います。

　質問：当社が，『MERY』に負けないメディアを作るためには何が必要かな？

　②雑誌とネットとイベントとショッピングの全てが連動するようなメディアを作る必要があると思います。特に大切なのは，読者の生活感覚と近い方が作ることだと思います。『MERY』も，大学生が書いていました。読者が作る側に参加すること

はとても大切だと思います。

質問：雑誌とネットメディアの違いは何だと思いますか？

　③雑誌は1か月に一度，憧れる存在。ネットは毎日使う存在だと思います。あとネットは，情報にどんどんコメントがついて拡散されたり，シェアされます。両方とも大切ですが，出版社は，情報のネットでの広がりが弱いと思うので，私は，④雑誌とネットの両方に携わって，読者のライフスタイルを素敵に演出できる力をつけていきたいと思っています。

（大手出版社／文系・女子 ）

　①で好きな雑誌について，良い点を客観的に分析できている点が評価できる。また，②や③のように問題点を理解し，その解決策を具体的に説明できるのはすばらしい。④のように自らの抱負を述べている点も評価できる。

攻略例　単なる感想ではなく，独自の分析眼をアピールする

　質問：NHKで好きな番組は？

「〇〇〇」です。私にとって番組作りのお手本だと思っています。

　質問：どこが？

　番組はコンセプトと演出が大切だと聞きます。私の知り合いに放送作家がいて，よく話を聞くのですが，視聴率の良し悪しはコンセプトの時点でもうすでに決まり，コンセプトが弱い企画を演出でどんなに盛り上げても視聴率は上がらないと教えてもらいました。①「〇〇〇」は，番組自体シンプルで演出もシンプルです。でも，日本人の心の琴線に触れるポイントを3つ突いていると思います。1つは，（中略）。それで，②これほどの長寿番組として国民に支持されているのだと思います。映画の寅さんとヒットのツボが同じだと思いました。視聴者の琴線に触れるコンセプトをまず固めることの重要性を，「〇〇〇」は私に教えてくれました。

（NHK／文系・男子 ）

　番組の感想ではなく，①②のように作り手の立場に立って分析できている点が良い。②からは多面的な視点を備えていることがうかがえ，評価できる。

特別資料

企業が評価する 「経験談・強み」 一覧

活躍イメージを感じさせる「コンピテンシー一覧」を紹介します。

これは，採用選考で企業が高く評価する「経験，能力」の一覧リストです。

エントリーシートでも面接でも，ここに書かれている経験，伝え方を意図的に伝えるだけで，採用者は必ずあなたを採用したくなります。

「自分を変える力，順応力」
を発揮した経験

この強みの
他の言い方

・状況に応じて，自分の考え方・やり方を変えられる力
・過去のやり方を捨て，新しいやり方に順応できる

この強みに
マッチする
エピソード例

・すべての機会をチャンスと捉え，状況に応じて臨機応変に対応し，成果を上げた経験
・過去の考え方・やり方を改め，新しい考え方・やり方を受け入れて成果を上げた
・新たな状況や苦手な状況に適応するために，自分の考え方・やり方を変えた経験

「自己向上力」
を発揮した経験

この強みの
他の言い方

・より高い目標に向けて努力・挑戦できる力
・自分の弱みや課題克服に向けて，努力・挑戦できる力

この強みに
マッチする
エピソード例

・現状レベルに満足することなく，より高い目標に向かって努力・挑戦した経験
・高い目標を設定し，それを実現するための行動計画を設定し，実践した経験
・自分の弱点や課題を克服するために，積極果敢に努力・挑戦した経験

「チャンレジ精神」
を発揮した経験

この強みの
他の言い方

・困難な状況，高い目標に挑戦できる力
・失敗・挫折しても，その理由を反省し，次に活かせる力

この強みに
マッチする
エピソード例

・自発的に，困難な状況，高い目標に挑戦した経験
・挑戦した結果，失敗や挫折をしても，その理由を反省・分析し，次に活かしている
・小さな挑戦でも目標設定→挑戦→結果分析→再挑戦のサイクルが身に付いている

「成果への執着心・限界突破力」
を発揮した経験

この強みの
他の言い方

・困難が多くても，成果達成まで絶対に諦めない執着心
・不可能を可能にするための方法を見つけ，成果を上げる力

この強みに
マッチする
エピソード例

・目標達成まで困難が多くても諦めずに行動し続け，目標を達成した経験
・自分に限界を設けず，不可能を可能にする方法を模索し，成果を上げた経験
・安易に妥協せず，より高レベルの成果を求めて工夫・努力し続けた経験

「イノベーション力，変革力」
を発揮した経験

この強みの 他の言い方	・既存のやり方，仕組みの問題点を変革・改善する力 ・既存のやり方，仕組みを刷新し，成果を上げられる力
この強みに マッチする エピソード例	・既存のルールや仕組み，組織など，何かを変革した経験 ・既存のやり方に固執せず，新たなやり方，ルールを立案，実行した経験 ・既存のやり方を望む人に，新たなやり方のメリットを伝え，納得させた経験

「課題解決力・戦略的思考力」
を発揮した経験

この強みの 他の言い方	・課題解決に向けて状況を俯瞰し，最善の策を立案する力 ・何をすべきか，どうやってすべきかを論理的に考えられる力
この強みに マッチする エピソード例	・課題を要素分解し，課題解決の糸口を見つけ，実行し，成果を上げた経験 ・「目標設定→計画→実行→検証→再実行」というサイクル（PDCA）を発揮した経験 ・課題解決のための必要作業（タスク）を洗い出し，実行計画を立てて成果を上げた

「情報収集力・多様な視点」
を発揮した経験

この強みの 他の言い方	・質・量ともに十分な情報を集めてくる力 ・独自の情報収集術を身に付けていること
この強みに マッチする エピソード例	・判断を下す際，少ない情報や自分の主観だけで判断せず，広く情報を集める行動 ・常識を疑い，常に違った意見や多様な視点も尊重し，最善策を導き出す行動 ・一見すると無関係な領域，ジャンル，関係者からも情報を集め，成果を出した経験

「学習の速さ・立ち上がりの速さ」
を発揮した経験

この強みの 他の言い方	・新たな分野のこともすぐに理解し，短期間で習得できる力 ・初めての分野でも吸収が速く，早急に期待に応える力
この強みに マッチする エピソード例	・勉強，スポーツなど，新たなことに短期で理解・順応し，得意分野にできた経験 ・周囲の状況を察知し，自分がすべきことを把握し，早急に期待に応えられた経験 ・身に付けた知識，スキルを短期応用し，独自性のある成果物をアウトプットした

「分析力，計数感覚」
を発揮した経験

この強みの
他の言い方
・情報やデータを詳細に調査し，理解し，問題を解決できる力
・社会や仕事など，身の回りの状況や変化を数字で表す力

この強みに
マッチする
エピソード例
・普段の活動，身の回りの状況や変化を，数字やデータで管理し，数字で説明できる
・統計分析，財務諸表分析，経済指標分析や，各種指標分析に慣れている
・ExcelやBIなどの分析ツールを使いこなしている

「発想転換力・柔軟性」
を発揮した経験

この強みの
他の言い方
・思い込みにとらわれず，発想を転換してアイデアを出せる力
・不確実性に対処し，さまざまな状況や環境に適応し，変化に対応する力

この強みに
マッチする
エピソード例
・自分の思い込みに固執せず，発想を転換して新しい考え方，やり方を打ち出した
・困難や逆境に直面した際，別の方法・解決策を考え，乗り越えた経験
・1つの問題，課題に対して，解決策をいくつも考えられる

「情報処理能力・几帳面さ」
を発揮した経験

この強みの
他の言い方
・ミス，ムラなく業務を効率良く安定して行える
・整理整頓が得意で，細かい作業や単調な作業もミスがなく行える

この強みに
マッチする
エピソード例
・ミス，ムラなく，定められた作業を効率良く安定して高い精度で行ってきた経験
・整理整頓が得意で，細かい作業や単調な作業を長時間してもミスがない
・何かを行う時，常に効率の良い方法，手順を考えて行動する

「メンタルタフネス・逆境力」
を発揮した経験

この強みの
他の言い方
・逆境や困難に陥ってもへこたれずに克服できる力
・ストレスや重圧の中でも成果をあげるコツを心得ている

この強みに
マッチする
エピソード例
・修羅場，逆境に陥っても，冷静に対処策を練り，実行し，逆境を克服した経験
・失敗や挫折を経験しても，それを糧に成長できた経験
・ストレス，ハイプレッシャーな状況で成果を上げるための独自のコツを持っている

「旺盛な好奇心」
を発揮した経験

この強みの 他の言い方	・新しい知識，情報，経験を探求し，どんどん吸収する力 ・幅広いことに関心を持ち，何でもまずはやってみようと行動に移せる
この強みに マッチする エピソード例	・経験・学習・吸収してきたことが多方面にわたっている ・博識であり，かつ，自分の足で確かめようという姿勢

「クリエイティビティ・企画力」
を発揮した経験

この強みの 他の言い方	・ユニークなアイデア，作品，企画を創造できる力 ・何事もオリジナリティを追求しようとするマインド
この強みに マッチする エピソード例	・ユニークなアイデア，作品，企画を創造した経験 ・創作時には，常にオリジナリティを追求しようとする姿勢

「新たな構想を打ち出す力」
を発揮した経験

この強みの 他の言い方	・自ら新しい構想，仕組み，組織を立案，実行できる力 ・構想を形にするために周囲の人を巻き込み統率できる力
この強みに マッチする エピソード例	・創造力とリーダーシップに長け，プロデューサー的な活動をした経験 ・自ら新しいプロジェクト，構想，組織，仕組み，サービスを立案し，実現した経験 ・自らの構想を形にする際に，周囲の人間を巻き込みながら，構想を実現した経験

「コミュニケーション力」
を発揮した経験

この強みの 他の言い方	・立場，世代，価値観の異なる人でも理解できるように効果的に情報を伝える工夫ができる ・円滑なコミュニケーションを図るためのコツを備えている
この強みに マッチする エピソード例	・立場・世代・価値観の異なる人にも，自分の意見を受け入れてもらった経験 ・自分と反対の意見を持つ人に，衝突せずに自分の意見を受け入れてもらった経験 ・円滑なコミュニケーションを図るために独自のコツ，ノウハウを備えている

「人間関係構築力，対人感受性」
を発揮した経験

この強みの
他の言い方
- 利害や考え方が異なる人と Win‒Win な関係を構築できる力
- 組織をまとめながら，イニシアチブを発揮できる

この強みに
マッチする
エピソード例
- 立場，世代，価値観の異なる人とも，良好な関係を構築した経験
- 自分と反対の意見を持つ人とも良好な関係を構築し，自分の意見に従ってもらった
- バラバラだった組織をまとめ，皆が同じ目標に向けて活動するように主導した経験

「交渉力・調整能力」
を発揮した経験

この強みの
他の言い方
- 対立する利害関係者がいても状況に応じて適切に調整を行える力
- メンバー間の異なる意見を取りまとめながら統率できる力

この強みに
マッチする
エピソード例
- 自分と利害が対立する相手に，自分の主張を受け入れてもらうことに成功した経験
- 意見の異なる相手と，意見が衝突しないように Win‒Win な結論を導き出した経験
- 相手の要求や主張，反応を事前に予測し，対応方法も想定して，交渉に臨んだ経験

「サービスマインド」
を発揮した経験

この強みの
他の言い方
- ホスピタリティマインドを備えている
- 自分と関わる人たちの満足度を高めるような対応ができる

この強みに
マッチする
エピソード例
- 最高のサービスを提供しようとする姿勢，ホスピタリティマインドを発揮した経験
- 顧客や仲間，同僚たちの満足度を高めるような応対ができる
- 接客に慣れており，接客のコツ，ノウハウを理解し，説明できる

「チームプレー力」
を発揮した経験

この強みの
他の言い方
- チーム内での自分の役割を理解し，チームに貢献できる
- チームに貢献しながらチーム全体の生産性を高めている力

この強みに
マッチする
エピソード例
- チーム内での自分の役割・働き方を理解し，チームのために貢献してきた経験
- 自分より「フォー・ザ・チーム（チームのために）」精神でチームで成果を上げた
- チームを積極的にサポートし，チーム全体の生産性を高めるコツを備えている

評価される 強み・経験 21

「指導力，人材育成力」
を発揮した経験

この強みの
他の言い方
- 組織やチーム，個人が成果を達成するように適切な指示ができる
- 相手が自分の指示に素直に従うような信頼関係を構築できる

この強みに
マッチする
エピソード例
- 他人を指導し，やる気と能力を引き起こし，成果を上げた経験
- 相手が素直に指示を聞き入れるように，自分の感情や伝え方をコントロールできる
- 相手のレベルに応じて能力を伸ばせるコツやノウハウを備えている

評価される 強み・経験 22

「リーダーシップ・組織を動かす力」
を発揮した経験

この強みの
他の言い方
- 他の人を導き，共通の目標やビジョンに向かって行動を促す力
- 組織のメンバーやリソースを効果的に調整し，推進する力

この強みに
マッチする
エピソード例
- リーダー経験の有無にかかわらずリーダーシップを発揮し，チームを牽引した経験
- チームの中で率先して，メンバーと協力しながら課題改善を行って成果を上げた
- チームを動かすコツ（目標設定，行動管理，やる気の引き出し方等）を知っている

評価される 強み・経験 23

「営業力・商売センス」
を発揮した経験

この強みの
他の言い方
- 顧客になりそうな人をいち早く見つけ，サービスを効果的に販売し，顧客を獲得できる力
- ビジネス，商売の勘所を理解し，売上を増やせる力

この強みに
マッチする
エピソード例
- 顧客第一主義を理解し，実践し，成果を上げた経験がある
- 何よりビジネス・商売が好きで，営業経験や商売経験がある
- 協賛金を集めたり，物を販売し，お金を稼ぐ楽しみを知っている

評価される 強み・経験 24

「起業家・事業家マインド」
を発揮した経験

この強みの
他の言い方
- 新たな事業，サービスを立ち上げようという開拓者精神
- 起業に関心が強く，新しいビジネスチャンスを追求できる力

この強みに
マッチする
エピソード例
- 自ら，新たな事業，サービスを立ち上げようというフロンティアスピリット
- 起業したいという強い意欲と，そのための準備・勉強をすでに開始している
- 型破りな成功体験や，何かを強力に推し進めてきた経験を持つ

人気企業内定者たちも活用したシークレット情報満載！

「キャリアデザイン＆就活」攻略情報を配信中

メールマガジンにて，夢の扉を開き，第一志望内定を果たすためのお得情報を配信中です。無料会員登録するだけで本書では書ききれなかったさまざまな就活・実践テクニックや，以下のような各種セミナー，実践プログラムなど，有益な情報をゲットできます。※メルマガの配信は予告なく終了する場合があります。

● 「1 Day 就活塾」開催告知
CDP リーダー松永夏幸の特別ワークショップ。あなたのセールスポイントを戦略的に組み立て，ES＆面接であなたの魅力を最大限に引き出し，効果的に伝える「自己ブランディング術」を伝授します。たった1日で驚くほどの効果を実感できるはずです。

● 「デキる就活生に変身するためのスキルアップ情報」配信
マスコミ，コンサル，商社，メーカーなど，人気企業内定の近道！「就活生に特に身につけておいてもらいたいスキルアップ情報」を配信します。ChatGPT の実践的プロンプトをはじめ，ロジカルシンキング，マーケティング戦略，企業分析，プレゼンテーション術，フェルミ推定，エクセル活用術 etc.。就活でも大いに役立ちます。

● 「無料メール相談」告知
CDP リーダー松永夏幸，及び，人事プロフェッショナルたちが，就活生の悩みに個別にお応えします。詳細は，メールにてお知らせします。

● 1，2年生〜内定学生向け，各種プロジェクト情報
ビジネス体験プログラムや，各種インターンシップの募集情報をお知らせします。1，2年生のうちから，早期に社会やビジネスの現場で自分を磨きたい学生や，内定後に早速，自分の能力試しをしたい学生には魅力的なお知らせ満載です。

無料会員登録はこちら

 https://www.cdproject.jp

本書を読まれた皆様へ

eメールにて，あなたの氏名，連絡先，会社・部署名もしくは大学・学部名，年齢，及び下記のうちご協力いただける内容をお知らせください。折り返し詳細をご連絡いたします。

 応募先 cdp1@dearjapan.co.jp

〈個人情報の取扱いについて〉
お知らせいただいた個人情報は，キャリアデザインプロジェクト事務局（株式会社 Dear Japan内）の管理のもと，希望される事項の実現のためのみに活用し，その他の目的に利用されることは一切ありません。また，当該個人情報の第三者への開示・提供・預託は，一切行いません。

内定者の皆様へ

● 内定者の「ES＆面接再現」募集！

内定者の方で，本書『内定勝者』に掲載するためのESや面接再現レポートを提供していただける方，また，あなたの就活体験談をお聞かせいただける方を募集しています（謝礼あり）。

人事関係者の皆様へ

● 「キャリアカウンセリングスタッフ」募集！

キャリアデザインプロジェクト主催のキャリアデザイン講義で，就活生たちに，「企業の仕組み」や「ビジネス人生」「デキる社員像」などについてお話しいただける方を募集。また，就活生たちの自己ＰＲや志望動機の添削にご協力いただける方も募集しています。

大学就職部，教員の皆様へ

● 「学生のキャリア教育研究会員」募集！

キャリアデザインプロジェクトでは，学生に最適なキャリア教育，就職力向上ノウハウを提供するために，大学の就職担当者，教員の方々のご意見を積極的に取り入れていきます。「大学のキャリア教育の課題」や「就職支援＆キャリア支援の成功事例と問題点」などについてお話をお聞かせいただける方を募集しています。

〈編著者紹介〉

キャリアデザインプロジェクト

キャリアデザインプロジェクト（CDP）とは「学生の就職力向上と夢実現」のための企業と学生の共同プロジェクト。同プロジェクト・リーダーを，戦略コンサルタント松永夏幸が務める。プロジェクトメンバーは，企業の人事関係者，ビジネスプロフェッショナル，及び，日本中の大学生たち。活動内容は，学生向けキャリアデザイン講義，大学への各種コンサルティング，課題解決型・価値創出型の産学協同プログラムの開発等。

〈監修者紹介〉

松永 夏幸（まつなが・なつゆき）

戦略コンサルティングファーム，株式会社Dear Japan代表。

人・組織・事業のインキュベーションを手がける戦略コンサルタント。

企業価値向上に直結させる人事組織戦略・キャリア開発戦略・リクルーティング戦略立案のエキスパート。CFP認定者。新卒採用，中途採用での面接官としての経験に加え，採用者への面接指導の経験も豊富。かつてはビジネス雑誌，ファッション雑誌編集長として活躍した経験を持ち，メディアクリエーションやブランドクリエーションも得意とする。講演依頼多数。大学生へキャリアデザイン講義も行う。大学生向け「キャリアデザインプロジェクト」リーダー。美大生向け「卒展JAPANプロジェクト」製作委員長。

著書に『転職で目指せ1000万円プレーヤー』（ダイヤモンド社），『絶対成功する 転職の面接・キャリアアピール』（成美堂出版）などがある。

●本書の内容に関するお問い合わせについて

本書の内容に誤りと思われるところがありましたらまずは，小社ブックスサイト（jitsumu.hondana.jp）中の本書ページ内の訂正表をご確認ください。訂正表がない場合は，書名，発行年月，お客様のお名前，連絡先と該当箇所の具体的な誤りの内容・理由等をご記入のうえ，メールにてお問い合わせください。

実務教育出版第二編集部問合せ窓口　e-mail：jitsumu_2hen@jitsumu.co.jp

【ご注意】

＊電話での問い合わせは一切受け付けておりません。

＊内容の正誤以外のお問合せ（詳しい解説・就活の指導等のご要望）にはお答えできません。

2026年度版
内定勝者 すごい就活術 面接編

2024年2月10日　第1版第1刷発行

編著者		キャリアデザインプロジェクト
発行者		淺井　亨
発行所		株式会社実務教育出版
		〒163-8671　東京都新宿区1-1-12
		編集　☎03-3355-1812
		販売　☎03-3355-1951
		振替　00160-0-78270
印　刷		株式会社文化カラー印刷
製　本		東京美術紙工
ＤＴＰ		ISSHIKI
